Das

Gesetz für Elsaß-Lothringen,

betreffend die

Aenderung verschiedener Justizgesetze,

vom 13. Februar 1905 (Justiznovelle)

nebst Ausführungs-Verordnung und Materialien.

Auf amtliche Veranlassung
mit Erläuterungen herausgegeben von

Hugo Molitor,
Geh. Regierungsrat im Ministerium für Elsaß-Lothringen.

Straßburg
Verlag von Karl J. Trübner
1905.

M. DuMont-Schauberg, Straßburg.

Vorwort.

Die Novelle vom 13. Februar d. J., mit deren vorliegender Bearbeitung ich einem mir gewordenen amtlichen Auftrage nachgekommen bin, enthält namentlich in zwei Richtungen Vorschriften von großer praktischer Bedeutung. Einmal ist u. a. die Eröffnung und Verwahrung der Verfügungen von Todeswegen im Artikel 4 neu geregelt. Bestrebungen auf Änderung der bisherigen Bestimmungen im Sinne einer Erweiterung der Zuständigkeit der Notare sind alsbald nach dem Inkrafttreten des neuen Rechtes im Landesausschusse wiederholt hervorgetreten. Die Regierung hat erst, nachdem die Grundlage für eine dauernde Regelung durch hinreichende Erfahrungen gesichert war, die Angelegenheit in Angriff genommen und im Entwurfe der Justiznovelle einen mittleren Weg in der Zuständigkeitsverteilung zwischen dem Nachlaßgericht und den Notaren eingeschlagen, der auch die Zustimmung des Landesausschusses fand. Eine ausführliche Erläuterung der nunmehr geltenden gesetzlichen und instruktionellen Bestimmungen auf diesem, dem früheren Rechte fremden Gebiete des Nachlaßwesens wird den zur Mitwirkung berufenen richterlichen Beamten und Notaren erwünscht sein.

In zweiter Linie ist von erheblichster praktischer Bedeutung die im Art. 3 II getroffene Regelung der Frage der Entschädigungspflicht des Staates und der anderen öffentlichen Anstalten bei Verletzung von Privatrechten durch öffentliche Arbeiten. Kaum auf einem Gebiete des Rechtes gehen die Meinungen der Theoretiker wie der Praktiker so wirr durcheinander wie hier. Angefangen von der Frage der theoretischen Berechtigung eines Schadensersatzanspruchs bis zur Auslegung und Verwertung der bestehenden Gesetze begegnen sich widerstrebende, oft unklare Auffassungen. Ist der Anspruch de lege ferenda gerechtfertigt? Ist er de lege lata begründet und, wenn er es ist, in welchem Umfange? Handelt es sich hierbei um eine Angelegenheit des öffentlichen oder des Privatrechts, und welche Bedeutung hat die Beantwortung im einen oder anderen Sinne für die Zuständigkeit? Nicht nur in diesen Hauptfragen herrscht Meinungsverschiedenheit und Unsicherheit; die Untersuchung und damit die praktische Rechtsanwendung wird vielfach auch dadurch beeinflußt, daß die Grenzen nicht klar genug abgesteckt werden, einmal nach der Seite des öffentlichen Rechtes mit seinem aus der Trennung der Gewalten folgenden Verbote der Würdigung von Verwaltungsakten durch die Gerichte, sodann nach der Seite des Verhältnisses des Staates usw. zu der Schadenshandlung eines öffentliche Gewalt ausübenden Beamten, und endlich nach der Seite der kein partikulares Sonderrecht duldenden vorbehaltslosen Vorschriften des Bürgerlichen Gesetzbuchs.

Weniger berührt von dem Streite der Meinungen, als in

anderen Rechtsgebieten, war dank der gesunden Rechtsentwicklung durch den französischen Staatsrat und dank der nach anfänglichem Schwanken richtigen Würdigung des § 4 des Einf.-Ges. zur ZPO. durch die Gerichte, die Rechtsanwendung in Elsaß-Lothringen. Die von voller Erfassung der Bedürfnisse des Lebens und Verkehrs getragene Rechtsprechung der Gerichte hat sich hier auch nach dem Wandel des Privatrechts bewährt; aber sie war doch, wie man sich nicht verhehlen darf, auf schwanken Boden gestellt. Eine gesetzliche Regelung war daher geboten. Die Gelegenheit dazu gab der Entwurf eines Enteignungsgesetzes; ist dieser auch gescheitert, so gebührt dem Landesausschusse Dank dafür, daß er dessen § 89 über die Schadensersatzpflicht bei öffentlichen Arbeiten in letzter Stunde bereitwillig in die Justiznovelle hinübergerettet hat! Damit ist in Elsaß-Lothringen zuerst die Schadensersatzpflicht bei öffentlichen Arbeiten mit Einschluß des vielumstrittenen Rechtes der Straßenanlieger auf eine ausdrückliche gesetzliche Grundlage gestellt. Aber man wird der neuen Vorschrift nur gerecht, wenn man sie aus ihrer Entstehungsgeschichte heraus, als die förmliche Emanation eines in Elsaß-Lothringen ständig gehandhabten lebendigen Rechtes betrachtet. Jedes neue Gesetz läuft die Gefahr, daß der, dessen Interesse es dienen will, mehr in ihm zu finden geneigt ist, als es bietet, und namentlich auf einem so komplizierten Gebiete, wie dem der auf verschiedenen Gründen beruhenden und in verschiedener Gestalt in Anspruch zu nehmenden Schadensersatzpflicht der öffentlichen Anstalten, begegnet man leicht dem Mißverständnisse, als decke die neue Vorschrift, weil sie eben die neueste und in gewissem Sinne allgemeinste ist, auch jene Fälle, für die die Frage eines Schadensersatzes in anderer rechtlicher Konstruktion, sei es an der Hand des allgemeinen Bürgerlichen Rechtes, sei es nach Maßgabe des § 40 des Ausführungsgesetzes zum Bürgerlichen Gesetzbuche oder anderer besonderer Gesetze des Landesrechts zu lösen ist. Ich habe es mir angelegen sein lassen, nicht nur den Sinn und die Bedeutung des neuen § 40 a des Ausführungsgesetzes aus dem Geiste des Entwurfs und dem Gange der gesetzgeberischen Beratungen heraus in möglichst erschöpfender Weise zu erläutern, sondern auch die Entschädigungsfrage auf den angrenzenden Gebieten verwandter Vorschriften (zu § 40 Ausf.-Ges. S. 9, in einer Vorbemerkung S. 19, und in einem Exkurse S. 47) in besonderer Darstellung übersichtlich anzugliedern.

Um den Text des wenig umfangreichen Gesetzes nicht noch mehr auseinanderzureißen, als es durch die Erläuterungen geschehen ist, sind die Materialien am Ende, soweit nötig mit Anmerkungen versehen, abgedruckt. Dies hat überdies den Vorteil, daß insbesondere die Amtsgerichte und Notare, die nicht im Besitze der Verhandlungen des Landesausschusses sind, die Materialien, soweit sie zum Verständnis des Gesetzes dienlich sind, hier im Zusammenhange finden.

Straßburg im Mai 1905.

Molitor.

Inhaltsverzeichnis.

Seite

I. Gesetz, betr. die Aenderung verschiedener Justizgesetze (Justiznovelle) 1

Art. 1 (Notariats-Gesetz v. 23. XII. 1873 §§ 9, 10) . . 1
Art. 2 (Ausf.-Ges. zum Gerichtsverfassungsgesetz v. 4. XI. 1878) 5
Art. 3 (Ausf.-Ges. zum B. G. B.) 8
§ 40 (Haftung des Staates usw. für Beamte.) 9
§ 40 a (Schadensersatzpflicht bei öffentlichen Arbeiten.) 19
Exkurs (Schadensersatzpflicht bei Mängeln des öffentlichen Gutes.) 47
Art. 4 (Ausf.-Ges. zum Reichsges. über die Angel. der freiw. Gerichtsbarkeit, § 28, § 28a, § 45, § 56) 53
Art. 5 (Ausf.-Ges. zur Z. P. O. u. K. O. § 7) 67
Art. 6 (Gerichtskostengesetz für Elf.-Lothr.) 68
Art. 7 (Gebührenordnung für die Notare) 71
Art. 8 (Schlußbestimmung) 74

II. Ausführungsverordnung.

Verfügung des Ministeriums, betr. das Notariat und das Verfahren in Angel. der freiw. Gerichtsbarkeit, v. 28. II. 1905 75

III. Materialien.

A. Begründung zum Entwurf des Gesetzes, betr. die Aenderung verschiedener Justizgesetze 84
B. Aus der Begründung des Entwurfs eines Enteignungsgesetzes 114
C. Bericht der Spezialkommission des L.-A. zur Justiznovelle 127
D. Denkschrift, betr. den § 40 Ausf.-Ges. z. B. G. B. (Haftpflicht des Staates für Handlungen der Beamten). 138
E. Aus dem Berichte der Spezialkommission des L.-A. über den Entwurf eines Enteignungsgesetzes . . . 147
F. Aus den stenographischen Berichten des L.-A.
a) Zweite Lesung der Justiznovelle 150
b) Dritte Lesung des Entwurfs eines Enteign.-Ges. 153
c) Dritte Lesung der Justiznovelle 155

Nachträge 161
Sachregister 163

Die Abkürzungen sind die üblichen. Die unter jedem Artikel des Gesetzes stehenden Verweisungen auf die Materialien bezeichnen zunächst die Stellen in der amtlichen Ausgabe der Verhandlungen des Landesausschusses; in zweiter Linie beziehen sie sich unter dem Stichworte „Hier" auf den Abdruck der Materialien in diesem Buche (S. 84 ff.). Wo im übrigen auf die Materialien verwiesen ist, bezieht sich die Verweisung auf den Abdruck in diesem Buche, soweit nicht die amtlichen „Verhandlungen" ausdrücklich bezeichnet sind.

Die bei Anführung von Reichsgerichtsentscheidungen hinter der Silbe „Ziv." stehende römische Ziffer gibt den erkennenden Zivilsenat an.

Wir Wilhelm, von Gottes Gnaden Deutscher Kaiser, König von Preußen 2c.

verordnen im Namen des Reichs, für Elsaß-Lothringen, nach erfolgter Zustimmung des Bundesrats und des Landesausschusses, was folgt:

Artikel 1.

Das Gesetz, betreffend das Notariat, vom 26. Dezember 1873 (Gesetzbl. S. 435) wird dahin geändert:

I. An die Stelle des § 9 treten folgende Vorschriften:

Im Falle der Erledigung eines Notariats wird die vorläufige Verwahrung der Urkunden und Dienstbücher (des Archivs) bis zur Wiederbesetzung oder Aufhebung der Stelle auf Antrag des Ersten Staatsanwalts durch den Landgerichtspräsidenten angeordnet.

Das Ministerium kann zur Verwaltung der Stelle bis zu deren Wiederbesetzung oder Aufhebung einen Amtsverweser bestellen. Mit der Übernahme der Geschäfte durch den Amtsverweser tritt die vorläufige Anordnung des Landgerichtspräsidenten außer Kraft. Die Fähigkeit zum Amtsverweser sowie dessen Rechte und Pflichten bestimmen sich nach den Vorschriften des § 2 Abs. 1 und des § 6 des Gesetzes, betreffend das Notariat, vom 8. Juni 1892 (Gesetzbl. S. 52). Für die von dem Amtsverweser wahrgenommenen Verrichtungen stehen ihm die Gebühren nach Maßgabe der Gebührenordnung für Notare zu. Im übrigen werden die dienstlichen Verhältnisse des Amtsverwesers durch Verordnung des Ministeriums geregelt.

Das zu der erledigten Stelle gehörige Archiv geht von Rechts wegen auf den Nachfolger über. Wird die Stelle aufgehoben, so bestimmt das Ministerium das Notariat, welchem das Archiv der aufgehobenen Stelle zu übergeben ist.

Verrichtungen, zu deren Vornahme der bisherige Notar an Stelle eines Gerichts bestimmt war, sind von dem Nachfolger auszuführen, unbeschadet der Befugnis des zuständigen Gerichts, einen anderen Notar zu bestimmen. Diese Vorschrift findet auf einen bestellten Amtsverweser sowie auf den vorläufigen Verwahrer eines Notariatsarchivs (Abs. 1) entsprechende Anwendung.

II. Der § 10 erhält folgenden Abs. 2:

Im übrigen kann das Ministerium über die Verwahrung älterer Notariatsurkunden und die Erteilung von Abschriften solcher Urkunden Bestimmung treffen, unbeschadet der besonderen Vorschriften, welche über die notarielle Verwahrung der noch nicht eröffneten Verfügungen von Todes wegen bestehen.

Entw. Art. 1. — Verh. d. L.-A. 1904 I Nr. 7; II S. 719, 723, 1215, 1223, 1390 ff.

Hier: Begr. S. 85, Komm.-Ber. S. 128.

I. § 9 des Notariatsgesetzes vom 26. Dezember 1873.

1. Die neue Fassung des § 9 hat den Zweck, den Notariatsstellen eine von der Person des Stelleninhabers unabhängige Selbständigkeit und Kontinuität und dadurch die Eigenschaft von Behörden zu verleihen. Die wesentlichen Änderungen gegenüber dem bisherigen Rechte sind:

Uebergang des Archivs auf den Nachfolger von Rechts wegen (Abs. 3), Uebergang einer gerichtlichen Delegation auf die Person des Nachfolgers (Abs. 4) und (von dem L.-A. zugefügt) Zulässigkeit der Bestellung eines Amtsverwesers für eine erledigte Stelle (Abs. 2).

Neben den sachlichen Vorteilen der Neuregelung wird durch sie eine sichere Grundlage gewonnen für die (teilweise) Zuweisung der Testaments-Eröffnung an die Notare im Art. 4 (vgl. Begr. S. 87).

2. Vorläufige Verwahrung eines Archivs. — Abs. 1 stimmt sachlich mit dem bisherigen § 9 Abs. 1 überein.

Der zur vorläufigen Archivverwahrung bestimmte Notar ist nicht Verweser der Stelle im Sinne des Abs. 2. Er nimmt keine Urkunden für die Stelle, deren Archiv er verwahrt, auf; die Urkunden, zu deren Aufnahme er anläßlich der ihm übertragenen vorläufigen Verwahrung und im tatsächlichen Zusammenhange mit dieser Verwahrungstätigkeit von Klienten der erledigten Stelle herangezogen wird, hat er in seiner Stellung als Inhaber einer eigenen Notariatsstelle aufzunehmen. (Zu vgl. Beschl. des Ob.L.G. Colmar vom 4. Mai 1904, Not.-Zeitschr. Bd. 24 S. 298). Diese Urkunden sind daher in das Repertorium und Gebührenregister des beurkundenden Notars einzutragen und in seinem Archiv zu verwahren. Eine Ausnahme trifft nur Abs. 4 des neuen § 9 bezüglich solcher Geschäfte, zu deren Vornahme der Inhaber der erledigten Stelle gerichtlich beauftragt war; diese hat gegebenenfalls auch der vorläufige Verwahrer für das erledigte Notariat auszuführen; vgl. Bem. 6.

3. Amtsverweser. — Die Vorschrift des Abs. 2 beruht auf einem Beschlusse der L.-A.-K. (vgl. S. 128). Das Gesetz vom 8. Juni 1892 kennt zwei Gattungen von Amtsverwesern: den bei längerer Krankheit oder Abwesenheit eines Notars von diesem selbst mit Ermächtigung des Ministeriums bestellten (§ 2 des Ges.) und den im Falle der Erkrankung eines Notars vom Ministerium von Amts wegen bestellten Verweser (§ 4 des Ges.). Hierzu tritt jetzt der Amtsverweser für eine erledigte Notariatsstelle nach Abs. 2. Die Bestellung in diesem Falle ist keine notwendige, sie kann erfolgen; maßgebend sind die Umstände des Falles (voraussichtliche längere Erledigung der Stelle, Zweifel über Wiederbesetzung, Schwierigkeit anderweitiger vorläufiger Fürsorge u. dergl.). Die Verweisung auf § 2 Abs. 1 und auf § 6 Ges. v. 8. Juni 1892 ergibt, daß auch dieser Amtsverweser aus der Zahl derjenigen zu nehmen ist, welche

die Befähigung zu dem Amte eines Notars besitzen oder dieses Amt früher bekleidet haben, daß der Amtsverweser alle Rechte und Pflichten der Notare hat, insbesondere hinsichtlich der Verpflichtung zur Leistung des Diensteids und zur Hinterlegung der Unterschrift und des Handzeichens sowie hinsichtlich der Disziplin, mit der Maßgabe jedoch, daß er an der Generalversammlung der Notare nur mit beratender Stimme teilnimmt, daß er nicht zum Mitgliede der Notariatskammer gewählt werden kann, und daß er zur Kautionsleistung nicht verpflichtet ist. Er unterscheidet sich von den Amtsverwesern des Gesetzes vom 8. Juni 1892 namentlich dadurch, daß er nicht eine bestimmte Vergütung bezieht (§ 7 des Ges.), sondern die Stelle auf eigene Rechnung verwaltet, daher die Gebühren nach der Gebührenordnung für Notare bezieht. Für die Verkehrssteuer haftet er, da er grundsätzlich alle Rechte und Pflichten der Notare hat, wie ein Notar nach §§ 9, 10 des Verkehrssteuergesetzes.

Die im übrigen dem Ministerium vorbehaltenen Bestimmungen sind getroffen in der Verfügung v. 28. II. 1905 (S. 75).

4. Nur im Falle der Erledigung eines Notariats kann ein Amtsverweser nach Abs. 2 bestellt werden, nicht etwa auch im Falle der zeitweiligen Amtsenthebung (Suspension) eines Notars.

5. Nur das zu der erledigten Stelle (definitiv) gehörige Archiv geht auf den Nachfolger von Rechtswegen über. Bezüglich eines von dem früheren Stelleninhaber vorläufig verwahrten Archivs vgl. die Begr. zu Art. 1 am Ende (S. 88).

6. Abs. 4. — Ein dem früheren Stelleninhaber erteilter gerichtlicher Auftrag (im Nachlaßsicherungs- oder im Auseinandersetzungsverfahren, im Immobiliarzwangsvollstreckungs-, Verteilungs- oder Löschungsverfahren) geht nicht nur von Rechtswegen auf den Nachfolger im Amte, sondern auch auf den Amtsverweser jeder Art sowie auf den gemäß § 9 Abs. 1 bestimmten vorläufigen Verwahrer des Archivs über. Dagegen ist die Vorschrift des Abs. 4 nicht ausgedehnt auf den Notar, der in anderen Fällen, insbesondere im Falle zeitweiliger Amtsenthebung eines Notars, mit der vorläufigen Verwahrung des Archivs betraut wird.

Vgl. auch eine an die Notare gerichtete allgem. Verf. des Oberstaatsanw. v. 9. März 1905 unter X.

II. § 10 Abs. 2 des Notariatsgesetzes vom 23. Dezember 1873.

Die Vorschrift wurde vom L. A. dem Gesetze eingefügt; vgl. Verhandl. Bd. II S. 1391. Testamente oder Erbverträge, die in besondere amtliche Verwahrung eines Notars genommen sind, dürfen, so lange der Erblasser lebt, und nicht etwa selbst die Urkunde — soweit zulässig — zurückverlangt (B. G. B. § 2256 Abs. 2, § 2272) oder die Verwahrung bei einem anderen Notar verlangt hat (§ 28 Abs. 5 A. G. z. R. G. F. G. in der Fassung des Art. 4) erst 54 Jahre nach der Errichtung, und zwar zwecks Eröffnung, der Verwahrung entnommen werden. Diese Vorschriften werden von einer gemäß § 10 Abs. 2 zu treffenden Anordnung über die Ablieferung älterer Urkunden in eine Zentralstelle nicht berührt.

Artikel 2.

Das Gesetz für Elsaß-Lothringen, betreffend die Ausführung des Gerichtsverfassungsgesetzes, vom 4. November 1878 (Gesetzbl. S. 65) wird dahin geändert:

I. Als § 22a wird folgende Vorschrift eingestellt:

Der Präsident des Oberlandesgerichts kann mit der Vertretung eines verhinderten Mitglieds für einzelne Sitzungen oder Geschäfte ein Mitglied eines Landgerichts oder einen Amtsrichter beauftragen, soweit die Vertretung nicht durch ein Mitglied des Oberlandesgerichts möglich ist.

II. In den Abschnitt „XI Schlußbestimmungen" werden als § 31a folgende Vorschriften eingestellt:

Die Bestellung der Untersuchungsrichter, die Bestellung zeitweiliger Vertreter von Richtern und von Beamten der Staatsanwaltschaft sowie die Bestellung von Hilfsrichtern und von Hilfsarbeitern bei der Staatsanwaltschaft erfolgt durch das Ministerium.

Das Gesetz, betreffend die Ernennung der Untersuchungsrichter und der Ergänzungsrichter bei den Landgerichten sowie die Bestellung zeitweiliger Vertreter eines richterlichen

Beamten oder eines Beamten der Staatsanwaltschaft, vom 22. September 1873 (Gesetzbl. S. 247) wird, soweit es noch Geltung hat, aufgehoben.

III. Als § 31 b werden folgende Vorschriften eingestellt:

Die Vorstände der Gerichte und der Staatsanwaltschaften sind nach näherer Bestimmung des Ministeriums dessen Organe bei den Geschäften der Justizverwaltung. Sie können bei der Erledigung dieser Geschäfte die Mitwirkung der ihrer Aufsicht unterstellten Beamten in Anspruch nehmen.

Die Gerichte und die Staatsanwaltschaften sind verpflichtet, auf Verlangen der Aufsichtsbehörden über Angelegenheiten der Gesetzgebung und der Justizverwaltung Gutachten abzugeben.

IV. Als § 31 c werden folgende Vorschriften eingestellt:

Für jedes Gericht ist ein öffentliches Blatt zu bestimmen, in welchem die amtlichen Bekanntmachungen des Gerichts, soweit hierüber nicht gesetzlich eine andere Vorschrift besteht, zu veröffentlichen sind. Die Bestimmung des Blattes erfolgt für die Landgerichte und die zu ihrem Bezirke gehörigen Amtsgerichte durch das Präsidium des Landgerichts, für das Oberlandesgericht durch das Präsidium des Oberlandesgerichts.

Die Bestimmung hat in der Regel jährlich im Dezember zu erfolgen und ist in dem für die Bekanntmachungen der oberen Landesbehörden bestimmten Blatte zu veröffentlichen.

Der Artikel 23 des organischen Dekrets über die Presse vom 17. Februar 1852 wird, soweit er noch Geltung hat, aufgehoben.

Entw. Art. 2. — Verh. d. L.-A. I Nr. 7; II. S. 718, 719, 722, 724, 1223 f., 1390.

Hier: Begr. S. 88, Komm.-Ber. S. 128.

1. Zu Nr. I—III vgl. die Begr. und den Komm.-Ber.

2. Zu Nr. IV. — Das von dem Präsidium zu bezeichnende Blatt ist für alle amtlichen Bekanntmachungen des betreffenden Gerichts bestimmt, nicht nur für diejenigen, welche nach Vorschrift der Prozeßgesetze „in dem für die Bekanntmachungen des Gerichts" oder in dem „für den Sitz des Gerichts" oder „in dem zu amtlichen Bekanntmachungen des betreffenden Bezirks" bestimmten Blatte zu veröffentlichen sind. Es fällt daher die zur Zeit in den Verordnungen der Bezirkspräsidenten gemachte Unterscheidung zwischen Bekanntmachungen, welche nach Vorschrift der Gesetze in das für den Sitz des Gerichts bestimmte Blatt einzurücken sind, und sonstigen gerichtlichen Anzeigen und Verlautbarungen (für die eine Mehrheit von Blättern bezeichnet wird), künftig weg.

In das vom Präsidium bezeichnete Blatt sind alle gerichtlichen Bekanntmachungen einzurücken, soweit nicht hierüber eine andere gesetzliche Vorschrift besteht. Solche Ausnahmevorschriften bestehen:

a) für die Veröffentlichung der Eintragungen im Handelsregister und im Genossenschaftsregister. Die hierfür bestimmten Blätter werden von den Registergerichten selbst alljährlich bezeichnet; zu vgl. H. G. B. §§ 10, 11, Genossenschaftsgesetz § 156, Verf., betr. die Einrichtung und die Führung des Handelsregisters und des Genossenschaftsregisters vom 4. Januar 1900 (Geschäftsanw. für die Gerichtsschreibereien der A. G. § 98), Minist.-Verf. vom 21. Nov. 1900.

b) für gewisse Bekanntmachungen, hinsichtlich deren die Art der Veröffentlichung ganz oder neben der Bekanntmachung in einem bestimmten Blatte ausdrücklich in das Ermessen des im einzelnen Falle mit der Angelegenheit befaßten Gerichts gestellt ist. Vorschriften dieser Art enthalten § 326 Abs. 1, §§ 333, 335 Str.Pr.O. (Beschlagnahme im Verfahren gegen Abwesende), ferner § 40 Str.Pr.O. (Zustellung an einen Abwesenden.)

Dagegen gilt für die nur im allgemeinen, ohne nähere Bestimmung vorgeschriebene „öffentliche Bekanntmachung" (so im § 687 Z. P. O.) die neue Vorschrift des Art. 2 IV.

3. Wegen der Bekanntmachungen der Notare vgl. die Begründung S. 93 (vorletzter Absatz).

4. Wegen des im Dekret vom 17. Februar 1852 vorgesehenen Tarifs vgl. die Begr. S. 93 am Ende und den Komm.-Ber. S. 131.

5. Eine Uebergangsbestimmung trifft Art. 8. Danach bleibt die für das Jahr 1905 erlassene Verordnung der Bezirkspräsidenten bis zum Ablaufe des Jahres in Kraft. Sollte ein für gerichtliche Bekanntmachungen bestimmtes Blatt während dieses Jahres eingehen, so hätte, da die neue Vorschrift Gesetzeskraft erlangt hat, die Ersatzbestimmung durch das zuständige Präsidium zu erfolgen.

Artikel 3.

Das Gesetz, betreffend die Ausführung des Bürgerlichen Gesetzbuchs (Gesetzbl. 1900 S. 1), wird dahin geändert:

I. Im § 40 wird hinter Abs. 1 folgende Vorschrift als Abs. 2 eingestellt:

Auf die Notare und Gerichtsvollzieher finden die Vorschriften des Abs. 1 nur insoweit Anwendung, als die Verrichtung, in deren Ausübung der Schaden verursacht wird, dem Notar oder Gerichtsvollzieher durch das Gericht übertragen worden ist.

II. Als § 40a werden unter der Randschrift: „Schadensersatz für öffentliche Arbeiten" folgende Vorschriften eingestellt:

Wird durch die Veranstaltung einer öffentlichen Arbeit oder durch den Betrieb eines dem öffentlichen Nutzen dienenden Unternehmens das Eigentum oder ein sonstiges Recht eines anderen beeinträchtigt, so ist derjenige, welcher die öffentliche Arbeit veranstaltet oder das Unternehmen betreibt, zum Ersatze des dadurch verursachten Vermögensschadens verpflichtet. Auf den Entschädigungsanspruch finden die Vorschriften des § 906 des Bürgerlichen Gesetzbuchs entsprechende Anwendung.

Als Beeinträchtigung eines Rechtes im Sinne des Abs. 1 ist es auch anzusehen, wenn im Wohngebiet einer Stadt oder einer sonstigen Ortschaft dem Eigentümer eines an einer öffentlichen Straße gelegenen überbauten Grundstücks durch die Beseitigung oder die Veränderung der Straße die Möglichkeit, die Straße in der bisherigen Weise zum Verkehr oder zur Befriedigung des Luft- und Lichtbedürfnisses zu benutzen, entzogen oder wesentlich erschwert wird. Auf vorübergehende Beeinträchtigungen, welche durch gewöhnliche Verbesserungen oder Unterhaltungsarbeiten oder durch Veranstaltungen, die der Natur und dem Zwecke der Straße entsprechen, verursacht werden, findet diese Vorschrift keine Anwendung.

Für die Entscheidung über den Anspruch sind die ordentlichen Gerichte zuständig.

Die Verjährung des Anspruchs bestimmt sich nach der Vorschrift des § 852 Abs. 1 des Bürgerlichen Gesetzbuchs.

Zu I.: Verh. des L.-A. 1904 II. S. 719 B, 724 A, 1215 Df., 1226, 1227 ff., 1393.

Hier: Komm.-Ber. S. 136, Denkschr. S. 138, Sten.-Ber. S. 150.

Zu II.: Enteign.-Entw. Art. 89. — Verh d. L.-A. 1904 I. Nr. 2; II. S. 681, 1107, 1212, 1389, 1393 ff.

Hier: Begr. S. 114, Komm. Ber. S. 147, Stenogr. Ber. S. 153 ff.

I. § 40 Ausf.-Ges. z. B.G.B.

1. Der § lautet jetzt:

Für den Schaden, den ein Beamter des Staates, eines Bezirks, einer Gemeinde oder einer anderen öffentlichen Anstalt in Ausübung der ihm anvertrauten öffentlichen Gewalt einem Dritten zufügt, haftet der Staat, der Bezirk, die Gemeinde oder die öffentliche Anstalt, in deren Dienst der Beamte steht, in gleicher Weise wie der Beamte, soweit der Ersatz von diesem nicht zu erlangen ist. Der Staat, die Bezirke, die Gemeinden und die öffentlichen Anstalten haben dabei die Stellung eines Bürgen.

Auf die Notare und Gerichtsvollzieher finden die Vorschriften des Abs. 1 nur insoweit Anwendung, als die Verrichtung, in deren Ausübung der Schaden verursacht wird, dem Notar oder Gerichtsvollzieher durch das Gericht übertragen worden ist.

Ausländern kann die Entschädigung verweigert werden, wenn nicht nachgewiesen ist, daß in dem Heimatstaate des Beschädigten eine der Vorschrift des Abs. 1 entsprechende Haftung Deutschen gegenüber anerkannt ist.

Zu Abs. 1 vgl. die Ausführungen in meinem Kommentar z. Ausf.-Ges. z. B. G. B. Hier sei ergänzend noch folgendes bemerkt: § 39 Ausf.-Ges. gibt bei zivil- oder strafrechtlicher Verfolgung eines öffentlichen Beamten [1]) der vorgesetzten Behörde das Recht, die Vorentscheidung darüber zu verlangen, ob der Beamte sich einer Ueberschreitung seiner Amtsbefugnisse oder der Unterlassung einer ihm obliegenden Amtshandlung schuldig gemacht habe. Das gleiche Recht hat die vorgesetzte Behörde, wenn für den von einem öffentlichen Beamten in Ausübung der ihm anvertrauten Gewalt verursachten Schaden der Staat [2]) auf Grund des § 40 in Anspruch genommen wird. Weder durch § 39 noch durch § 40 wird aber der Frage vorgegriffen, unter welchen Voraussetzungen die gerichtliche Verfolgung eines öffentlichen Beamten oder des Staates wegen einer Beamtenhandlung überhaupt zulässig ist. Diese Frage, deren Prüfung auch die Zuständigkeitsbestimmung des § 16 Ausf.-Ges. z. G. V. G. (zuständig sind die Landgerichte „soweit der Rechtsweg zulässig ist") voraussetzt, ist aus den grundlegenden Bestimmungen des öffentlichen Landesrechts über die Trennung der Gewalten zu beantworten. Maßgebend sind insbesondere:

das Gesetz über die Gerichtsverfassung vom 16. bis 24. August 1790, Tit. II, Art. 13: Les fonctions judiciaires sont distinctes et demeureront toujours séparées des fonctions administratives. Les juges ne pourront, à peine de forfaiture, troubler, de quelque manière que ce soit, les opérations des corps administratifs, ni citer devant eux les administrateurs pour raison de leurs fonctions.

und das Dekret vom 16. Fructidor III:

... Défenses itératives sont faites aux tribunaux de connaître des actes d'administration de quelque espèce qu'ils soient, aux peines de droit, sauf aux réclamants à se pourvoir devant le comité des finances pour leur être fait droit, s'il y a lieu, en exécution des lois ...

[1]) Auf Reichsbeamte bezieht sich § 39 nicht. Vgl. meinen Kommentar z. Ausf.-Ges. z. B. G. B. S. XX, Berichtigung zu S. 67.

[2]) Im Folgenden wird von den im § 40 bezeichneten Körperschaften der Kürze halber nur der Staat genannt.

Fundamentalsatz ist danach: Ein Verwaltungsakt (acte administratif) darf nicht zum Gegenstande richterlicher Beurteilung gemacht werden.[1])

An diesem Grundsatz ist durch § 11 Einf.-Ges. zum G.V.G. nichts geändert. Durch diese Vorschrift sind die landesgesetzlichen Bestimmungen, durch welche die strafrechtliche oder zivilrechtliche Verfolgung öffentlicher Beamten wegen der in Ausübung oder in Veranlassung der Ausübung ihres Amtes vorgenommenen Handlungen an besondere Voraussetzungen gebunden ist, aufgehoben und nur noch das Recht der vorgesetzten Behörde, Vorentscheidung zu verlangen, zugelassen worden. Eine besondere Voraussetzung dieser Art bestand für Elsaß-Lothringen im Art. 75 des Verfassungsgesetzes vom 22. Frimaire VIII (dazu Gesetz v. 30. XII. 1871 § 9 Abs. 3),

[1]) Von vielfältiger Bedeutung, auch in den folgenden Erörterungen, ist aber, daß im (reinen) französischen Rechte nicht nur dieser Grundsatz über die Trennung der Gewalten das entscheidende für den Ausschluß des ordentlichen Rechtswegs gewesen ist; es kam vielmehr hinzu, daß der Staat überhaupt, schon um seiner bloßen Beteiligung als Partei willen, der Zuständigkeit der ordentlichen Gerichte entzogen war. Nur in den Geschäften des täglichen privatrechtlichen Verkehrs, wo er „comme simple propriétaire" auftrat, war er der Zuständigkeit der ordentlichen Gerichte unterworfen. Im Uebrigen, d. h. in seiner Stellung „comme représentant l'intérêt général" war er nach einem von dem Staatsrat mit größerer oder geringerer Schärfe vertretenen Grundsatze, der übrigens schon dem Gesetze vom 18. Pluviôse VIII Art. 4 wenigstens zum Teil zugrunde lag, der ordentlichen Gerichtsbarkeit entzogen, auch wenn ein Verwaltungsakt im Sinne obiger Vorschriften gar nicht zur Beurteilung stand. Die Zivilgerichte sollten den Staat in dieser Stellung nicht können „déclarer débiteur". Zu vgl. Dalloz, rép. v. compétence administrative Nr. 98 ff., suppl. Nr. 174 ff. Aucoc, conférences sur l'administration, 2. Aufl. II. Bd. S. 438, u. a. Aus diesem letzteren Gesichtspunkt allein darf nach § 4 Einf.-Ges. z. Z.P.O. der ordentliche Rechtsweg nicht mehr ausgeschlossen werden. Bürgerliche Rechtsstreitigkeiten können daher (nach § 13 G. V. G.) nur unter der Voraussetzung den Verwaltungsgerichten oder -behörden unterstellt werden, daß dies dem Gegenstande oder der Art des Anspruchs nach, nicht bloß wegen der subjektiven Beteiligung des Fiskus geschieht. Deshalb ist für jede Materie eine genaue Herausarbeitung der Natur des Anspruchs erforderlich, die in Frankreich wegen der einheitlichen Zuständigkeit der Verwaltungsgerichte entbehrt werden konnte. Der Begriff „Bürgerliche Rechtsstreitigkeit" bestimmt sich in erster Linie nach Reichsrecht, in zweiter Linie (auf dem ihm vorbehaltenen Gebiete) nach Landesrecht, und, mangels eines ausdrücklichen Rechtssatzes, nach der Natur des Streitgegenstandes (R. G. Entsch. Ziv. Bd. 57 S. 352, Hellwig, Lehrbuch des deutschen Zivilprozeßrechts I. Bd. § 10. Vgl. hierzu auch S. 25 Anm. 1, S. 27 Anm. 1, S. 46 Bem. 28.

der die gerichtliche Verfolgung nur auf Grund einer Ermächtigung des Oberpräsidenten (in Frankreich des Staatsrats) zuließ. Keineswegs aber beseitigt der erwähnte § 11 die allgemeinen Vorschriften über die Trennung der Gewalten und die daraus sich ergebende Abgrenzung der zivilgerichtlichen und der verwaltungsgerichtlichen oder verwaltungsbehördlichen Zuständigkeit. Vgl. in diesem Sinne die Entscheidung des R. G. Ziv. Bd. 18 S. 123 im Gegensatze zu einer früheren gegenteiligen Entscheidung (Ziv. Bd. 5 S. 48). Daß die grundsätzliche Abgrenzung der beiderseitigen Zuständigkeit weder durch § 4 Einf.=Ges. z. Z. P. O., noch durch die besonderen Bestimmungen des Landesrechts in §§ 39, 40 Ausf.=Ges. z. B. G. B. beseitigt ist, wurde vom R. G. wiederholt bestätigt (Ziv. II. v. 7. Mai 1901, Jur. Wochenschr. 1901 S. 471, Ziv. VI. v. 27. Okt. 1902, Entsch. Bd. 52 S. 369, Ziv. VI. v. 10. Dezember 1903, Entsch. Bd. 56 S. 216). Die gerichtliche Verfolgbarkeit von öffentlichen Beamten und (an ihrer Stelle) des Staates nach §§ 39, 40 Ausf.=Ges. findet hiernach eine Schranke an dem öffentlichrechtlichen Grundsatz über die Entziehung von Verwaltungsakten aus dem Gebiete zivilgerichtlicher Würdigung. Die Anwendbarkeit der §§ 39, 40 beschränkt sich auf Handlungen (auch Unterlassungen) der Beamten, die zwar in Ausübung der ihnen anvertrauten öffentlichen Gewalt vorgenommen sind, die aber eine Ueberschreitung ihrer Amtsbefugnisse oder eine Unterlassung der ihnen obliegenden Amtshandlungen darstellen, in der französischen Rechtssprache ausgedrückt: auf in Ausübung des Amtes begangene „faits personnels" im Gegensatze zu den „actes administratifs". Als „actes administratifs" sind solche eine Angelegenheit der Verwaltung betreffende Anordnungen eines Verwaltungsbeamten oder einer Verwaltungsbehörde anzusehen, welche ihrem Inhalte nach in den Zuständigkeitskreis des anordnenden Beamten oder der anordnenden Behörde fallen.[1]) Liegt ein solcher Verwaltungsakt vor, so ist der Rechtsweg unzulässig. Wird ein Mißbrauch des Amtes (ein

---

[1]) Zu vgl. des Näheren Dalloz, rép. v. compétence administrative Nr. 6 ff., Suppl. Nr. 24 ff., Dalloz, Rec. pér. 1880 III. Abt., S. 57 und die dortigen weiteren Citate, ferner O. Mayer, Theorie des franz. Verwaltungsrechts S. 87 ff., Michaelis, Landesrechtl. Zivilprozeßnormen 2. Aufl., S. 159 ff.

fait personnel) behauptet, so kann die vorgesetzte Behörde hierüber die Vorentscheidung verlangen; zuständig für die Vorentscheidung ist das Reichsgericht (zu vgl. R. G. Ziv. II, Jur. Wochenschr. 1902 S. 418, Entsch. Bd. 52 S. 107). Ist die Vorentscheidung nicht verlangt, so ist das Gericht der Prüfung, ob tatsächlich ein seiner Zuständigkeit unterworfener Amtsmißbrauch, oder ob ein seiner Zuständigkeit entzogener reiner Verwaltungsakt vorliegt, nicht enthoben.[1]) Diese Prüfung darf aber nicht unter dem Gesichtspunkte der Angemessenheit oder der Zweckmäßigkeit des etwaigen Verwaltungsakts erfolgen, sondern lediglich unter dem Gesichtspunkt, ob der Beamte aus seinen mit dem Amte wesentlich verbundenen Amtsbefugnissen in das Gebiet einer in seinen Aufgaben nicht liegenden Verletzung des gemeinen Rechtes herausgetreten ist. Die in Ausübung des Amtes vorgenommene Handlung kann im gegebenen Falle mit den Weisungen einer vorgesetzten Behörde im Widerspruch stehen; alsdann wird sie regelmäßig nicht Verwaltungsakt, sondern „fait personnel" sein. Aber unrichtig wäre es, das Zuwiderhandeln gegen Weisungen als das einzige oder auch nur wesentliche Kriterium für die Unterscheidung anzusehen, wie dies mitunter, anscheinend auch in den Entsch. des R. G. v. 7. V. 1901 (Jur. Wochenschr. S. 471) und v. 10. XII. 1903 (Entsch. Ziv. Bd. 56 S. 218), angenommen wird. Denn einerseits kann auch die Amtshandlung eines die obere Verwaltungsbehörde und den Staat unmittelbar vertretenden Beamten möglicherweise aus dem Rahmen eines Verwaltungsakts heraustreten; und anderseits kann eine im Widerspruch mit der Weisung der vorgesetzten Behörde vorgenommene Amtshandlung unter Umständen doch ein Verwaltungsakt sein. Von Bedeutung war die hierarchische Unter- und Ueberordnung der Beamten nur für das frühere Recht, weil für die zivilgerichtliche Haftbarmachung des Staates der an sich für rein privatrechtliche Verhältnisse gedachte Art. 1384 C. c. nur in Ansehung von solchen Beamten angewendet wurde, welche im Abhängigkeitsverhältnisse zu den den Staat unmittelbar vertretenden oberen Behörden standen (vgl. Denkschr. S. 140). Gegenüber Handlungen der den Staat unmittelbar vertretenden Organe, die man als Handlungen „des

---

[1]) Abw. Ansicht Michaelis, Landesrechtl. Prozeßnormen 2. Aufl. S. 180, unter Bezugnahme auf die später vom R.G. wiederaufgegebene Rechtsansicht in R.G.-Entsch. Bd. 5 S. 48.

Staates selbst" ansah, war man nicht geneigt, den Art. 1384 C. c. anzuwenden und den ordentlichen Rechtsweg zuzulassen, weil dies — abgesehen von der umstrittenen Anwendbarkeit des Art. 1384 C. c. auf den Staat überhaupt — gegen den Grundsatz verstieß, daß der Staat „comme représentant l'intérêt général" der ordentlichen Gerichtsbarkeit entzogen sei (vgl. oben S. 11, Anm. 1). Da dieser Grund für die Ausschließung des ordentlichen Rechtswegs weggefallen ist, indem § 40 eine Unterscheidung nach den verschiedenen Beamtenklassen nicht macht, so ist für die Frage, ob ein Verwaltungsakt vorliegt oder nicht, lediglich entscheidend, ob der Beamte auf dem ihm durch den Kreis seiner Amtsbefugnisse und Amtspflichten umschlossenen Gebiete verblieben ist oder ob er es überschritten bzw. ob er die Amtspflicht außer acht gelassen hat. Ob die Amtsbefugnisse eines Beamten sich unmittelbar aus den organisatorischen Normen des Verwaltungsrechts bestimmen, oder ob sie aus den Weisungen höherer Organe abgeleitet sind, ist an sich gleichgültig. In beiden Fällen kann ein der gerichtlichen Würdigung entzogener Verwaltungsakt vorliegen, es kann aber auch ein darüber hinausgehender Exzeß vorliegen.[1]) Die §§ 39, 40 Ausf.=Ges. unterscheiden nicht, ob der handelnde Beamte den Staat

[1]) Beispiele von Verwaltungsakten, s. in der später als irrtümlich erkannten Entsch. des R.G. Ziv. II, Bd. 5 S. 48, ferner Jur. Zeitschr. für Els.=Lothr., Bd. 22 S. 297 ff. — Wiederholt waren die Gerichte mit Ansprüchen beschäftigt, die aus dem Bestehen und aus der Benutzung militärischer Schießplätze gegen den Reichsmilitärfiskus erhoben wurden. Zu vgl. die Entscheidungen des Appellationsgerichts Colmar in Jur. Zeitschr. für Els.=Lothr., Bd. 4 S. 108 und 110, des Kaiserl. Rates, ebenda Bd. 7 S. 130, des Reichsgerichts in Entsch. Ziv. VI. Bd. 54 S. 198. Es wird zu unterscheiden sein: Werden Nachbarberechtigte durch die Anlage oder die Benutzung eines Schießplatzes beeinträchtigt, so ist die (unmittelbare) Haftung des Reichsmilitärfiskus nach § 40a Ausf.=Ges. z. B.G.B. zu beurteilen. Wird in der Ausübung des militärischen Dienstes eine Person durch überfliegende Kugeln verletzt, so ist für die (subsidiäre) Haftung des Fiskus § 40 Ausf.=Ges. maßgebend (z. B. Verschulden eines militärischen Vorgesetzten durch Unterlassung gebotener Vorsichtsmaßregeln, Absperrung oder Bekanntmachung). Geschieht die Verletzung nicht in der Ausübung des militärischen Dienstes (vgl. einen ähnlichen Fall in Anm. 2 S. 15), so würde sich die Haftung des Fiskus nach den Vorschriften des B.G.B. (§§ 31, 89, § 831) bemessen. — Der Reichsmilitärfiskus wird in Els.=Lothr. durch die preuß. Kontingentsverwaltung vertreten, nach Maßgabe der bei dieser bestehenden Zuständigkeitsbestimmungen (R.G. Ziv.=Entsch. Bd. 35 S. 13, Bd. 43 S. 12; L.G. Straßb., Beschl. v. 20. Dezbr. 1902, Jur. Zeitschr., Bd. 28 S. 569).

verfassungsmäßig vertritt (im Sinne von § 31 B. G. B.) oder ob er nur zu bestimmten Verrichtungen berufen ist (im Sinne von § 831 B. G. B.).[1]) In der Praxis wird allerdings die Anwendung der §§ 39, 40 auf die regelmäßig bloße Anordnungen darstellenden Amtshandlungen der obersten Beamten seltener sein, als auf die Amtshandlungen der nur oder zugleich zu ausführender Tätigkeit berufenen Beamten. Ferner wird die ganze Frage gegenstandslos für Handlungen und Unterlassungen der den Staat unmittelbar vertretenden oberen Organe auf einem wichtigen Gebiete, auf dem die Vorschriften des Privatrechts über Verpflichtung zum Schadensersatz ausschließlich zur Anwendung kommen, nämlich bei der durch die Sicherheit des Publikums gebotenen Instandhaltung des öffentlichen Gutes; zu vgl. S. 47 ff.

2. Während die Anwendbarkeit der §§ 39, 40 Ausf.-Ges. nach der einen Seite begrenzt wird durch das Vorhandensein eines reinen Verwaltungsaktes, liegen nach der andern Seite außerhalb der Anwendbarkeit dieser Vorschriften solche Handlungen, welche nicht in Ausübung der öffentlichen Gewalt, sondern etwa nur aus Anlaß oder gelegentlich einer Amtsausübung vorgenommen worden sind, die also völlig auf privatrechtlichem Gebiete liegen. In Ansehung solcher Handlungen kann bei Verfolgung des Beamten eine Vorentscheidung nach § 39 nicht verlangt werden, und die Haftung des Staates ist lediglich nach §§ 31, 89 oder § 831 B. G. B. zu beurteilen.[2]) Aber selbstverständlich sind Handlungen, welche in der Ausübung des Amtes begangen sind, nicht bloß solche Handlungen, welche dem Amtscharakter wesentlich sind, vielmehr auch solche, die in einer mißbräuchlichen oder unvorsichtigen Ausführung oder in pflichtwidriger Vernachlässigung, also in einer Verkennung der amtlichen Aufgabe ihren Grund haben. Sonst wäre für die Anwendbarkeit des § 40 überhaupt kein Raum. Zu vgl. O. L. G. Cöln, Rhein. Archiv Bd. 94 S. 161.

---

[1]) Vgl. in diesem Sinne auch die oben zitierte Entscheidung des R.G., Bd. 56. S. 218.

[2]) Einen interessanten Fall der Abgrenzung s. in R.G. Entsch. Bd. 55 S. 171 (Verrichtungen eines Offiziers im militärischen Interesse, aber nicht unmittelbar in Ausübung des eigentlichen militärischen Dienstes verpflichten den Staat nach Maßgabe der Vorschriften des B.G.B. §§ 31, 89, § 831).

3. Die im Abs. 1 ausgesprochene allgemeine (subsidiäre) Haftbarkeit des Staates erfuhr eine wesentliche Einschränkung durch den auf Initiative des Landesausschusses neueingeschalteten Abs. 2 hinsichtlich der Notare und der Gerichtsvollzieher. Zu vgl. hierwegen die Verhandl. S. 136 ff., 150. Hierzu ist folgendes zu bemerken:

a) Fälle, in denen einem Notar Verrichtungen durch das Gericht übertragen werden, kommen vor: im Nachlaßsicherungsverfahren (Ausf.-Ges. zum R. G. F. G. § 24, Minist.-Verf. v. 6. XII. 1900), im erbrechtlichen Auseinandersetzungsverfahren (Ausf.-Ges. z. R. G. F. G. § 31), im Immobiliarzwangsvollstreckungsverfahren, im Immobiliarverteilungs- und im Löschungsverfahren (Ausf.-Ges. zum Zw.V.G. §§ 1, 32, 37). Auch die den Notaren in diesen Angelegenheiten obliegenden Verrichtungen in Ansehung der Zustellungen von Amts wegen (Ausf.-Ges. z. R. G. F. G. § 33 Abs. 2, Ausf.-Ges. z. Zw.V.G. § 5, Minist.-Verf. v. 8. II. 1900) müssen als durch das Gericht übertragene angesehen werden, da sie lediglich die gesetzlich ausgesprochene Folge der Uebertragung des Hauptgeschäfts durch das Gericht bilden.

Das gerichtlich-notarielle Auseinandersetzungsverfahren wird zwar meist deshalb, weil ein Beteiligter einer freien Auseinandersetzung nicht zustimmt, beantragt werden, um gegen ihn die Versäumnisfolgen des § 91 Abs. 3, § 93 Abs. 2 R. G. F. G. herbeizuführen (zu vgl. Bem. 2 zu § 30 in meiner Ausgabe des Ausf.-Ges. z. R. G. F. G.); eine notwendige Voraussetzung für das Verfahren ist die Nichtzustimmung eines Beteiligten jedoch nicht. Stimmen alle Beteiligten überein, so unterscheidet sich das Verfahren, soweit es sich um die Beurkundung ihrer Erklärungen und Vereinbarungen handelt, von dem Verfahren vor einem freigewählten Notar nicht. Allein trotzdem werden in solchem Falle die Verrichtungen des Notars solange als richterlich ihm übertragene anzusehen sein, als nicht von dem gerichtlich angeordneten Verfahren förmlich Abstand genommen und der Ueberweisungsbeschluß des Gerichts aufgehoben ist. — Im Immobiliarzwangsvollstreckungsverfahren und in den Fällen des landesrechtlichen Verteilungsverfahrens (§ 32 Ausf.-Ges. z. Zw.V.G.) übt der Notar, der im Falle der Einigung der Beteiligten über die Verteilungssumme die Einigung beurkundet (Zw.V.G. § 143) nicht eine gerichtlich ihm übertragene Verrichtung aus. Wird die Einigung von demselben Notar beurkundet, der zur amtlichen Anfertigung des Teilungsplans (Zw.V.G. §§ 106, 113) bestellt ist, so gilt an sich das Gleiche. Indessen ist es Tatfrage, ob hier lediglich die Beurkundung einer freien Einigung der Parteien vorliegt, oder ob nicht vielmehr der Notar die (im regelmäßigen Verlaufe des Verfahrens) ihm obliegende Aufstellung des Teilungsplans verbunden mit der Verhandlung hierüber (Zw.V.G. § 115) in der Form einiggehender Parteierklärungen zu Papier gebracht hat.

b) Die dem Gerichtsvollzieher durch das Gericht übertragenen Verrichtungen unterscheiden sich von den dem Notar übertragenen dadurch, daß sie von ihm nicht (wie vom Notar) an Stelle des Gerichts vorgenommen werden; es sind vielmehr Verrichtungen, die an sich in den Geschäftskreis des Gerichtsvollziehers fallen, zu deren Vornahme ihm aber nicht (wie regelmäßig) von der Partei, sondern von dem Gericht der Auftrag erteilt wird. Hierher gehören Vollstreckungshandlungen, die der Gerichtsvollzieher im Verfahren der freiwilligen Gerichtsbarkeit im unmittelbaren Auftrage des Gerichts vornimmt (Ausf.-Ges. z. R.G.F.G. § 9 Abs. 3 in Verb. mit § 10 Abs. 2, Geschäftsanweisung für Gerichtsvollzieher § 93 Nr. 2), ferner die Vollstreckung von Haft- und Vorführungsbefehlen oder Durchsuchungen, wenn der Auftrag vom Gerichte erteilt wird (z. B. Gesch.-Anw. § 83 Nr. 9, § 85 Nr. 2, § 88, § 89). Vollstreckt dagegen der Gerichtsvollzieher eine gerichtliche Entscheidung im Auftrage der Partei, wie im Zivilprozeß oder möglicherweise im Falle des § 10 Abs. 2 Ausf.-Ges. z. R. G. F. G., so fällt diese Verrichtung nicht unter § 40 Abs. 2. — Der Auftrag zur Zustellung von Amts wegen ist als gerichtlicher anzusehen, wenn er auch tatsächlich nur vom Gerichtsschreiber ausgeht; der Gerichtsschreiber handelt hier als Organ des Gerichts, dessen Vorstand auch grundsätzlich die für die Beauftragung der Gerichtsvollzieher zu treffenden Anordnungen zustehen (Minist.-Verf. v. 26. Dezember 1899

§ 8 Abs. 3). Das „Gericht" ist hier überhaupt im weiteren Sinne zu nehmen; daher sind auch Aufträge der Staatsanwaltschaft als gerichtliche anzusehen (zu vgl. Gesch.-Anw. §§ 88, 89, 90). Dagegen werden Zustellungen, die der Gerichtsvollzieher im Auftrag eines Notars vornimmt (Minist.-Verf. v. 8. Februar 1900 § 3) oder Verrichtungen, die er im Auftrage einer anderen Behörde ausführt, nicht zu den nach § 40 Abs. 2 den Staat verpflichtenden Verrichtungen gehören. [1])

4. Ob eine Partei sich kraft gesetzlicher Notwendigkeit eines Notars oder eines Gerichtsvollziehers bedienen mußte, ist für die Frage der Haftung des Staates für einen von diesen verursachten Schaden gleichgültig. Es kommt also insbesondere auf die Frage des sogen. Notariatszwangs nicht an. Dadurch kann sich ergeben, daß z. B. der Staat für das Verschulden eines Notars bei einem Erbvertrag, einem Kaufvertrag über ein Grundstück, wobei Notariatszwang besteht, nicht haftet, während die Haftung z. B. eintritt bei Beurkundungen im erbrechtlichen Auseinandersetzungsverfahren, obwohl unter Umständen (bei Mobiliarteilung) die bezügliche Vereinbarung einer notariellen Beurkundung nicht bedarf. Auch ob die Partei die (rechtlich ihr zustehende) Wahl hinsichtlich der Person des Notars oder Gerichtsvollziehers nach den Umständen des Falles auch tatsächlich ausüben konnte, macht keinen Unterschied: die einzige Voraussetzung, unter der der Staat in Anspruch genommen werden kann, ist der Auftrag zur Vornahme der amtlichen Verrichtung durch das Gericht.

[1]) Die Vorschrift ist in dieser Beziehung — was die Gerichtsvollzieher anlangt — nicht ganz folgerichtig. Sie wurde in dieser Fassung in der L.-A.-K. beschlossen und bildet einen Kompromiß zwischen der einen Meinung, welche die Notare und Gerichtsvollzieher, soweit sie kraft ihres Amtes handeln, den übrigen Beamten schlechthin gleichstellen wollte, wie es § 40 bisher tat, und der anderen Meinung, welche die Notare und Gerichtsvollzieher aus der staatlichen Haftung völlig ausschalten wollte, weil das bis zum Jahre 1900 geltende Recht auf diesem Standpunkte stand und weil sonst eine unabsehbare Inanspruchnahme des Fiskus zu gewärtigen sei. — Praktisch wird die Einschränkung der Haftung für Gerichtsvollzieher auf den Fall des gerichtlichen Auftrags in dem obenerörterten Sinne keine große Bedeutung haben, weil die Fälle, in denen eine Haftung des Staates tatsächlich vorwiegend in Frage käme, überhaupt nicht die Verrichtungen im behördlichen Auftrage, sondern solche im Auftrage der Parteien bilden, insbesondere bei der Zwangsvollstreckung.

II. § 40 a Ausf.-Ges. z. B. G. B.

A. Vorbemerkung.

1. Die Entschädigungsleistung des Staates[1]) aus Anlaß öffentlicher Arbeiten (im Sinne von travaux publics in der französischen Rechtsauffassung) kommt in mehreren Beziehungen in Betracht:

a) bei förmlicher Zwangsenteignung (Ges. v. 3. Mai 1841, v. 20. Juni 1887).[2]) Diese findet nur statt bei Entziehung von Grundeigentum und bei der Entziehung gewisser Rechte, mit denen der Besitz eines Grundstücks verbunden ist, und die deshalb als der „dépossession" des Eigentümers gleichwertig angesehen wird. Zu vgl. die Begr. zu dem Entw. eines Enteignungsges. S. 30 f. (Verh. des L.-A. 1904 I Nr. 2).

Es gehören hierher sodann die Abgrenzungsakte (arrêtés de délimitation), mittels welcher die Grenzen von öffentlichem Gute, insbesondere von Wegen und schiffbaren Flüssen, durch die Verwaltungsbehörde festgestellt wird (zu vgl. Dekret v. 22. XII. 1789, 3. Abt. Art. 2 Nr. 5; Art. 15 des Ges. über die Vizinalwege vom 21. Mai 1836, und namentlich die Begründung zu § 87 des erwähnten Entwurfs eines Enteignungsgesetzes). Der innerhalb der festgestellten Grenzen liegende Grund und Boden fällt durch die Feststellung dem öffentlichen Gute zu; insofern kann die Feststellung eine wirkliche Enteignung bewirken. Die Entschädigung wird solchenfalls, soweit der Sonderfall des Ges. v. 21. Mai 1836 vorliegt,

---

[1]) Auch im Folgenden wird der Kürze halber nur vom Staate gesprochen (zu vgl. S. 10 Anm. 2). Wegen der als ersatzpflichtig in Betracht kommenden Personen und Anstalten vgl. die Begr. S. 114.

[2]) Dazu kommen Sondergesetze über Enteignung: Ges., betr. die Austrocknung der Sümpfe, v. 16. IX. 1807, Ges., betr. die Zwangsenteignung und die zeitweilige Besitznahme von Privateigentum, das für dringliche Festungsbauten erforderlich ist, v. 30. III. 1831, Ges., betr. die Vizinalstraßen, v. 21. V. 1836 Art. 16, Ges. über die Syndikatsgenossenschaften v. 21. VI. 1865 Art. 18, Ges., betr. die Kriegergrabstätten in Els.-Lothr., v. 2. II. 1872, Bergges. v. 16. XII. 1873 §§ 115 ff., Ges., betr. die Errichtung von Marksteinen, v. 21. XI. 1875, Ges., betr. Wasserbenutzung und Wasserschutz, v. 2. VII. 1891 §§ 20, 34, Ges., betr. die autorisierten Genossenschaften zum Zwecke der Regelung von Feldwegen sowie der Herstellung von Bewässerungen und Entwässerungen, v. 30. VII. 1890.

durch den Amtsrichter nach dem Gutachten von Sachverständigen, im übrigen im Streitfalle durch die ordentlichen Gerichte festgesetzt. Der Anspruch auf Entschädigung wurde — außerhalb des Falles des Ges. von 1836, das ihn ausdrücklich begründet — auf Art. 545 C. c. gestützt. Trotz der Aufhebung dieses Art. besteht der Anspruch weiter, da der allgemeine Grundsatz der Entschädigungspflicht bei Eingriffen in das Privateigentum in dem Gesetz über die Zwangsenteignung und in dem neuen § 40a Ausf.=Ges. z. B.G.B. hinreichend zum Ausdrucke gekommen ist. Der Entwurf eines Enteignungsgesetzes hatte die Entschädigungspflicht ausdrücklich ausgesprochen und allgemein den ordentlichen Rechtsweg vorgesehen (§ 87).

b) Ueber Zulässigkeit und Art anderweitiger Eingriffe und die Entschädigungsfrage bestehen zum Teil besondere Gesetze:

1. Art. 4 des arrêt du conseil d'État vom 3. Mai 1720, betr. die Breite und die Bepflanzung der Straßen, in Verbindung mit Art. 21 des Ges. v. 21. Mai 1836 über die Vizinalstraßen, wonach die Eigentümer verpflichtet sind, zu dulden, daß der Aushub der Gräben auf ihre Grundstücke geworfen wird (vgl. auch das Rundschreiben des Ministers des Innern v. 21. Juli 1854 Art. 325).
2. Die Verordn. v. 7. Sept. 1755, das Ges. v. 28. Juli 1791 Titel I Art. 2, das Ges. v. 6. Okt. 1791 Titel I Abschn. 6 Art. I, das Ges. v. 16. Sept. 1807 Art. 55—57, das Ges. v. 21. Mai 1836 über die Vizinalwege Art. 17, das Ges. v. 15. Juli 1845 über die Eisenbahn=Polizei Art. 3 und das Dekr. v. 8. Febr. 1868, welche über die Besitzergreifung von Grundstücken und die Entnahme von Materialien aus denselben für öffentliche Arbeiten Bestimmung treffen. Dem Eigentümer steht der Anspruch auf Entschädigung zu.
3. Art. 40 des Ges. v. 6. Frimaire VII, welcher die vorübergehende Benutzung eines Grundstücks bei Ueberschwemmungen, Rutschungen, Eisgang usw. gegen Entschädigung gestattet.
4. Art. 2 Abs. 2 des Dekr. v. 7. März 1808, wonach Brunnen, welche innerhalb einer gewissen Nähe von Kirchhöfen angelegt sind, auf Anordnung der Verwaltungsbehörde zugeschüttet werden können.

5. Art. 10 des Ges. v. 15. Juli 1845 über die Eisenbahn-Polizei, wonach innerhalb gewisser Nähe von Bahnanlagen Bauten, Anpflanzungen und gewisse andere Anlagen im Interesse der öffentlichen Sicherheit oder der Erhaltung der Eisenbahn gegen Entschädigung beseitigt werden können.
6. Art. 3 Abs. 1, 2 des Ges. v. 22. Juni 1854, wodurch die Beseitigung von hölzernen Einfriedigungen, Baumanpflanzungen, Niederlagen von brennbaren oder anderen Stoffen, welche innerhalb einer gewissen Nähe militärischer Pulvermagazine angelegt sind, gegen Entschädigung zugelassen wird.

Die den nach 4 bis 6 zulässigen Eingriffen zugrunde liegenden Beschränkungen, wodurch das Verbot der Errichtung von Bauten usw. in gewisser Nähe von Kirchhöfen, Bahnanlagen und Pulvermagazinen ausgesprochen wird, sind, wie ähnliche Beschränkungen dieser Art, durch Art. 111 Einf.-Ges. z. B. G. B. aufrecht erhalten.
7. Art. 7, 9, 10 des Ges. v. 14. Juli 1856, welche die Vornahme von Arbeiten behufs Erhaltung, Leitung und Betrieb von Mineralquellen auf fremdem Grund und Boden gegen Entschädigung gestatten.
8. Die Ges. vom 28. Juli 1860, betr. die Nutzbarmachung der den Gemeinden gehörigen Sümpfe und Oedungen, u. betr. die Wiederbewaldung der Berge, sowie das Ges. v. 8. Juni 1864, betr. die Berasung der Berge, zur Ergänzung des Ges. v. 28. Juli 1860 über die Wiederbewaldung der Berge.
9. Die § 6 ff., 127 ff. des Bergges. für Elsaß-Lothringen v. 16. Dezember 1873;
10. Die §§ 4, 5 des Ges. betr. die Fischerei v. 2. Juli 1891;
11. Die §§ 5, 6 11 ff., 17, 18 f., 29, 41 des Ges. betr. Wasserbenutzung und Wasserschutz, v. 2. Juli 1891.

Ferner einzelne der S. 19 Anm. 2 angeführten Gesetze (vgl. Ges. v. 16. Sept. 1807 Art. 48 ff., Ges. v. 2. Febr. 1872 §§ 2, 3). Vgl. auch die einen Entschädigungsanspruch ausschließende Vorschrift des § 41 Ausf.-Ges. z. B. G. B.

c) Ohne förmliches Enteignungsverfahren können durch Anordnung der zuständigen Behörde das Eigentum und andere Rechte beschränkt oder solche andere Rechte entzogen werden zugunsten eines dem öffentlichen Nutzen dienenden und als solches erklärten („gemeinnützigen“) Unternehmens. Die Erklärung der Gemeinnützigkeit und die Ermächtigung zur Ausführung der Arbeiten erfolgt, wenn es sich um größere Unternehmen des Landes oder von Privatgesellschaften handelt (Straßen, Kanäle u. dergl.), nach dem Ges. v. 27. Juli 1870, dessen Gültigkeit in Elsaß-Lothringen jedoch umstritten ist — vgl. die Bem. in der Möller'schen Samml. 1. Aufl. II. Bd. —, durch Gesetz; wenn es sich um ein Unternehmen von geringerer Bedeutung oder um das Unternehmen eines Bezirks oder einer Gemeinde handelt, durch landesherrliche Verordnung (zu vgl. außer dem zitierten Ges. v. 1870 das Ges. v. 3. Mai 1841 Art. 2, 3, den diesen Art. 3 abändernden Art. 4 des Senatsbeschlusses vom 25. Dez. 1852 und die Kaiserliche Verordnung vom 5. November 1894, betreffend die Uebertragung landesherrlicher Befugnisse auf den Statthalter in Elsaß-Lothringen). Bei Unternehmungen des Reichs ist in allen Fällen eine Kaiserliche Verordnung [1]) genügend (zu vgl. die Entsch. d. R.O.H.G. v. 25. Februar 1876, Puchelts Zeitschr. für franz. Zivilrecht Bd. VII S. 680). Wo das Ges. v. 27. Juli 1870 nicht gilt, erfolgt die Erklärung der Gemeinnützigkeit allgemein durch landesherrliche Verordnung. Dem Gesetz oder der Verordnung geht ein Vorverfahren voraus, in welchem der öffentliche Nutzen des Unternehmens festgestellt wird und Bemerkungen hinsichtlich desselben entgegengenommen und geprüft werden (vgl. Art. 3 des Ges. v. 3. Mai 1841 und die Ordonnanzen vom 18. Februar 1834 und vom 23. August 1835). Zwar ist das Erfordernis eines Vorverfahrens in dem in dieser Beziehung in Betracht kommenden Art. 4 des Senatsbeschlusses vom 25. Dezember 1852 nicht (wie im Art. 3 d. Ges. v. 3. Mai 1841 und in dem späteren Ges. v. 27. Juli 1870) ausdrücklich ausgesprochen; nichtsdestoweniger ist das Erfordernis selbst, soweit es sich nicht etwa bloß um Arbeiten akzessorischer

[1]) Diese wird nach ständiger Praxis, wenn es sich um Arbeiten der Reichseisenbahnverwaltung handelt, nicht vom Statthalter, sondern vom Reichskanzler gegengezeichnet. Zu vgl. hierwegen Leont u. Mandel I S. 89 Anm. 2, die Begr. des Enteign.-Entw. zu § 86 und die Verh. des L.-A. 1904 II. S. 681 ff., 1096 ff. 1204 ff. Anders bei der Militärverwaltung.

Natur handelt, allgemein anerkannt (zu vgl. Dalloz, Rép. v. travaux publics Nr. 332, Batbie, VII. Bd. Nr. 36, Perriquet, I. Bd. Nr. 39 f.) Arbeiten, welche die Anlegung oder Geraderichtung von Vizinalwegen bezwecken, werden durch Beschluß des Bezirkspräsidenten genehmigt. Auch dieser Beschlußfassung hat das in den gewöhnlichen Fällen der landesherrlichen Verordnung vorgängige Vorverfahren vorauszugehen (vgl. De Lalleau, Traité de l'expropriation, Bd. II Nr. 1069 bis 1072).[1])

d) Außer den gewollten, ausdrücklich angeordneten und dementsprechend plangemäß durchgeführten Beschränkungen hat die Veranstaltung oder der Betrieb eines gemeinnützigen Unternehmens häufig die Beeinträchtigung von Privateigentum oder sonstigen Privatrechten in anderer (zufälliger) Weise zur Folge. Es handelt sich dabei vorwiegend um Sachschäden (z. B. durch Senkung der Fundamente eines Hauses infolge von Aufgrabung der Straße, durch Eindringen von Wasser aus einem Kanal in ein Gebäude, durch den Funkenflug einer Lokomotive, durch nachteilige Veränderung im Straßenniveau u. dergl.). Es kann sich aber auch um die Verletzung von Personen handeln (durch schadenbringende Einrichtungen oder durch Unterlassung von Sicherheitsvorrichtungen); das französische Recht unterstellte die Ersatzpflicht für Personenschäden den gleichen Grundsätzen wie die Sachschäden (dag. jetzt: Bem. 2 c).

Soweit besondere Vorschriften nicht platzgreifen, besteht einerseits als Ausfluß der privilegierten Stellung der als gemeinnützig anerkannten Arbeiten die Duldungspflicht des von dem Eingriffe Betroffenen (vgl. § 1004 Abs. 2 B. G. B.), andererseits als Korrelat hierzu die Schadensersatzpflicht des Staates ohne das Erfordernis eines Verschuldens. Der Grundsatz der Schadens-

[1]) Der Entw. eines Enteign.-Ges. hielt die Sondergesetze (oben b), jedoch für die Entschädigung mit allgemeiner Zulassung des ordentl. Rechtswegs nach vorausgegangener Entscheidung der Verwaltungsbehörde, aufrecht (§§ 103, 104) und fügte im übrigen (oben c) die bloße Beschränkung des Eigentums und die Entziehung und Beschränkung von Rechten in den Rahmen des förmlichen Enteignungsverfahrens ein, indem er sie grundsätzlich den gleichen Vorschriften wie die Eigentumsentziehung unterstellte (§§ 10, 21), zum Teil aber, soweit es sich nämlich um nur vorübergehende Beschränkungen geringfügiger Art handelte, vereinfachte Formen zuließ (§ 88); zu vgl. hierzu insbes. die allgemeine Begründung des Entwurfs in Verh. d. L.-A. 1904 I. Nr. 2 S. 30 f.

ersatzpflicht, deren Art und Begrenzung fand im französischen Rechte seine Ausbildung und Entwickelung in der Lehre von den travaux publics. Es handelt sich hierbei wesentlich um solche Eingriffe, die nicht durch Gesetz ausdrücklich geordnet sind, also um die unter Buchst. c und d erörterten Schädigungen.

2. Das Bürgerliche Gesetzbuch läßt die Enteignungsmacht des Staates unberührt (Einf.-Ges. Art. 109). Doch erfuhr der Rechtszustand, wie er für Els.-Lothr. in Bem. 1 skizziert ist, durch das Inkrafttreten des B.G.B. und die Aufhebung des alten Privatrechts gewisse Modifikationen.

a) In Ansehung der durch die allgemeinen Enteignungsgesetze oder durch besondere Vorschriften geregelten Enteignung oben a und b trat eine Aenderung nicht ein.[1])

b) Die außerhalb des allgemeinen oder sondergesetzlichen Enteignungsverfahrens, sei es auf Anordnung der Verwaltungsbehörde (Bem. 1 c), sei es als zufällige Folgeerscheinungen eines gemeinnützigen Unternehmens (Bem. 1 d) eintretenden Eingriffe in Privatgut bleiben zwar gleichfalls innerhalb des unberührt gelassenen Bereichs des Landesrechts; denn der Art. 109 Einf.-Ges. umfaßt die Zwangsenteignung im weitesten Sinne, im Sinne jeder im öffentlichen Interesse erfolgenden Sachbeschädigung oder -benutzung, Rechtsentziehung oder -beschränkung (vgl. auch Prot. der II. Komm. Bd. VI S. 471; ferner die Begr. zu § 89 des Entw. eines Enteign.-Ges., S. 117). Allein die Existenz des hier vorbehaltenen Landesrechts selbst ist durch den Wechsel des Privatrechts in Frage gestellt. Abgesehen kann zunächst davon werden, daß der Vorbehalt des Art. 109 sich nicht auf Personenschäden bezieht; in dieser Beziehung trifft das Bürgerliche Gesetzbuch unmittelbar Ersatz (vgl. S. 28 c und S. 47). Was durch den Wechsel der Gesetzgebung ins Wanken geriet, das sind die außerhalb des förmlichen Enteignungsverfahrens geltenden Rechtsnormen über die Entschädigungspflicht des Staates bei Eingriffen der im Art. 109 vorbehaltenen Art. Wo fanden diese Rechtsnormen ihren verbindlichen Ausdruck? Ist der

[1]) Abgesehen selbstverständlich von Aenderungen im Verfahren, die sich durch die Neuregelung hierbei eingreifender allgemeiner Vorschriften, wie namentlich im Liegenschaftsrecht, Vormundschaftsrecht, Eherecht, ergaben.

Gegenstand, den sie regeln, öffentlich-rechtlicher oder privatrechtlicher Natur? Darüber herrschte schon zur Zeit des früheren Rechtes Streit und Unklarheit, nun gewann die Frage eine besondere Bedeutung. War die staatliche Entschädigungspflicht, sei es daß man sie auf einen ungeschriebenen Grundsatz der Billigkeit, der ausgleichenden Gerechtigkeit zurückführte (O. Mayer), sei es daß man in bestehenden Gesetzen des öffentlichen Rechtes ihre (mittelbare) Anerkennung erblickte, ein Bestandteil des geltenden öffentlichen Rechtes, so war ihre Weitergeltung auch ohne den Vorbehalt des Art. 109 Einf.-Ges. gesichert.[1])

[1]) O. Mayer verweist die ganze Materie ins öffentliche Recht und nennt die zu leistende Entschädigung „öffentlich-rechtliche Entschädigung" (zu vgl. schon dessen „Theorie des französischen Verwaltungsrechts" S. 345, „Deutsches Verwaltungsrecht" II. Bd. S. 345 und neuerdings ein Vortrag: „Die Entschädigungspflicht des Staates nach Billigkeitsrecht", Neue Zeit- und Streitfragen, Heft 8, Dresden 1904). Er findet die Entschädigungspflicht begründet in der Billigkeit, der Idee der ausgleichenden Gerechtigkeit; ausgeglichen werden soll nicht jeder Nachteil, sondern nur (in Anlehnung an § 75 der Einl. des allg. preuß. Landr.) „das besondere Opfer". Alles Zivilrecht, selbst zur Bestimmung des „besonderen Opfers" (als Entziehung oder Beschränkung eines Rechtes) wird abgelehnt. Von seinem Standpunkt aus folgerichtig bekämpft O. Mayer mit Nachdruck die Zulässigkeit des ordentlichen Rechtswegs. [Er bleibt übr. hierbei auf dem Gebiete der öffentl. Arbeiten nicht stehen, sondern verneint weitergehend die Zuständigkeit der ordentlichen Gerichte auch wegen der Ansprüche aus rechtswidrigem Verhalten der öffentlichen Beamten bei Ausübung der ihnen verliehenen öffentlichen Gewalt (oben zu § 40 Ausf.-Ges.) und aus Verletzungen von Personen durch mangelhafte Beschaffenheit von öffentlichem Gute (unten S. 47).] Allein im öffentlichen Rechte wurzelt das Verhältnis nur nach der einen Seite, insofern es sich nämlich, und zwar nicht sowohl bei der Entschädigungspflicht und dem mit dieser korrespondierenden Entschädigungsanspruch, als vielmehr nur bei dem vorausgegangenen Eingriff, um die solche Eingriffe rechtfertigende Enteignungsmacht des Staates handelt. Eminent privatrechtlich stellt sich die Sache in Ansehung der Folgen des staatlichen Eingriffs dar, da der Betroffene hier nicht als „Untertan" zu einer alle Staatsbürger in gleicher Weise treffenden Pflicht zur Mitwirkung an der Erfüllung allgemeiner Zwecke herangerufen, sondern als Einzelner in seinem Privatgute verletzt wird. Daß eine solche res mixta sich wegen ihres einseitigen Zusammenhangs mit dem öffentlichen Rechte zu landesgesetzlicher Regelung eignet, ist selbstverständlich; daher der Vorbehalt des Art. 109, dessen Motive die Gemischtheit der Angelegenheit nicht verkennen, aber dabei davon ausgehen, daß hier „ein Hinübergreifen der Vorschriften über die Zwangsenteignung in das Gebiet des Privatrechts insofern stattfindet, als der Staat bei dem Enteignungsverfahren sich nicht darauf beschränkt, einen Zwang zu einem Tun oder Unterlassen

Aber dann fehlte eine sichere Grundlage für die Zulässigkeit des ordentlichen Rechtswegs, die seit 1. X. 1879 (§ 4 Einf.-Ges. z. Z.P.O.) in der Praxis der Gerichte nicht mehr ernstlich streitig war. War dagegen die Entschädigungspflicht eine Angelegenheit des Privatrechts, die in den bis 1900 geltenden privatrechtlichen Gesetzen ihre Grundlage hatte, so verlor sie diese Grundlage mit dem Wegfall jener Gesetze.

Eine ausdrückliche Vorschrift über die Schadensersatzpflicht bei öffentlichen Arbeiten enthielt das französische Recht nicht, wenn sie auch in der Zuständigkeitsbestimmung im Art. 4 Ges. v. 28. Pluviose VIII eine mittelbare Anerkennung gefunden hatte. Die Ausbildung des Instituts ist vielmehr wesentlich der Praxis zu verdanken. Aber sie entwickelte sich in Anlehnung und mindestens analoger Verwertung des Zivilrechts.[1]) Die deutschen Gerichte des rheinisch-französischen Rechtsgebiets, auch das Reichsgericht, die die Grundsätze des französischen Rechtes im wesentlichen aufnahmen, haben ihre Rechtsprechung noch unmittelbarer auf Sätze des früheren Zivilgesetzbuchs oder auf zivilrechtliche Konstruktionen gestützt. In Betracht kamen der Art. 545 C. c., der Art. 1382 C. c. (letzterer in Umprägung des dort ausgesprochenen Verschuldungsprinzips in das hier naheliegende Verursachungsprinzip), ferner die nach französischem Rechte auch auf dem Gebiete des Sachenrechts mögliche Konstruktion eines stillschweigenden Vertrags und eines dadurch begründeten dienstbarkeitsähnlichen Verhältnisses,[2]) eine Konstruktion, deren Möglichkeit und

---

gegen den Einzelnen auszuüben, sondern unmittelbar umgestaltend in die privaten Rechtsverhältnisse eingreift". — Was den Rechtsgrund für den Entschädigungsanspruch anlangt, so kann dieser nicht in der bloßen Billigkeit gefunden werden, wenn der Anspruch nicht auf eine ganz unsichere Grundlage gestellt und seine Begrenzung nicht eine willkürliche werden soll. Zu vgl. insbes. Bem. 17, 22 (S. 37, 42).

[1]) Wie in so vielen Dingen war auch auf dem vorliegenden Gebiete im französischen Rechte eine scharfe Unterscheidung zwischen öffentlichem und Privatrecht nicht durchgeführt und auch tatsächlich entbehrlich wegen der weitgehenden Ausschließung des ordentlichen Rechtswegs schon um der bloßen Beteiligung des Staates usw. als Partei willen. Zu vgl. oben S. 11 Anm. 1.

[2]) Die Vorstellung eines Dienstbarkeitsverhältnisses auf Grund stillschweigenden Vertrags wurde namentlich vom Reichsgericht hinsichtlich der Rechte der Straßenanlieger vertreten, findet sich aber auch schon in der Rechtsprechung des franz. Staatsrats. Vgl. S. 37.

ausreichender Erfolg nach den Vorschriften des Bürgerlichen Gesetzbuches fragwürdig ist (s. Anm. 1 zu Bem. 17). Zu vgl. auch die Begr. S. 119. Die neuen Vorschriften des Privatrechts schaffen keinen hinreichenden Ersatz. Es war deshalb für Elsaß-Lothringen eine Neuordnung geboten, wie sie im § 40a erfolgt ist. Hierbei ist, wie die in unmittelbarer Anlehnung an das bürgerliche Recht erfolgte Formulierung und die Bestimmung der gerichtlichen Zuständigkeit ergeben, die Angelegenheit in Uebereinstimmung mit dem bisherigen Rechte wie namentlich mit dem Wesen der Sache völlig auf privatrechtlichen Boden gestellt. Denn es handelt sich bei der Begründung des Entschädigungsanspruchs des Beeinträchtigten — und hierin zeigt sich das Wesen der Sache — nicht um einen Gegenstand des öffentlichen Interesses, des Gemeinwohls, sondern um das Rechtsgut und die individuelle Rechtssphäre der einzelnen Person (zu vgl. hierzu die Entsch. des R. G. Ziv. IV. v. 15. II. 1904, Entsch. Bd. 57 S. 350, insbes. S. 352). [1])

[1]) Für das frühere rhein. Rechtsgebiet hat das R.G. Ziv. V. nach Aufhebung des Art. 545 C. c. die von Verschulden unabhängige Entschädigungspflicht in einem interessanten Urteil v. 11. V. 04 (Entsch. Bd. 58 S. 130) bejaht, zwar unter starker Berücksichtigung auch im B.G.B. zum Ausdrucke gekommener allgemeiner Rechtsgrundsätze, aber doch als entscheidend und wesentlich auf Grund des Art. 9 der preuß. Verfassung (Unverletzlichkeit des Eigentums, Entziehung nur aus Gründen des öffentlichen Wohles und gegen Entschädigung), also auf Grund einer partikularen Rechtsnorm. Für das Gebiet des Allg. Landr. stützt das R.G. seine gleiche Rechtsprechung auf den aufrechterhaltenen Art. 75 der Einl. des Allg. Landr. (vgl. Ziv. VII 17. I. 05, Jur. Wochenschr. 1905 S. 131).
Für Els.-Lothr. hat das R.G. in einem Urt. Ziv. II., 13. XII. 04 (Jur. Wochenschr. 05 S. 70) die fortdauernde Geltung der Entschädigungspflicht und die Zuständigkeit der ordentlichen Gerichte anerkannt. Die erstere sieht es als in verschiedenen Gesetzen zum Ausdrucke gekommen und im öffentlichen Landesrechte begründet und durch Art. 55 und 109 Einf.-Ges. z. B.G.B. aufrecht erhalten, an. Auch das „Billigkeitsrecht" und „besondere Opfer" in der Theorie O. Mayer's, die die Gerichte in dieser Allgemeinheit bisher nicht angenommen hatten, werden verwertet. Die Zulässigkeit des ordentlichen Rechtswegs folgert das R.G., obwohl es die „privatrechtliche Grundlage" des Klageanspruchs verneint, daraus, daß „ein vermögensrechtlicher Anspruch und damit eine bürgerliche Rechtsstreitigkeit" in Frage stehe. Hier scheint ein richtiger Gedanke nicht exakt zum Ausdrucke gekommen zu sein. Ist die Angelegenheit — d. h. nicht das die Rechtsnorm enthaltende oder anerkennende Gesetz oder Prinzip, sondern der dem Geschädigten zustehende Anspruch, worauf es allein ankommt —

c) Auf Schadensersatzansprüche für die Verletzung von Personen infolge öffentlicher Arbeiten bezieht sich § 40a nicht, ebensowenig wie Art. 109 Einf.-Ges. In dieser Beziehung kommen jetzt nur die Vorschriften des Bürgerlichen Gesetzbuchs zur Anwendung. Zu vgl. das Nähere unten S. 47ff.

B. Der Inhalt des § 40a.

3. Der § 40a Ausf.-Ges. z. B. G. B. hatte ursprünglich seine Stelle im Entw. eines Enteign.-Ges. als § 89. Abs. 1 lautete dort: „Wird außer den Fällen der §§ 10, 88 die Veranstaltung usw.“ Dies hing damit zusammen, daß die plangemäß vorgesehenen und demgemäß angeordneten Rechtsbeschränkungen im Entwurf (§§ 10, 88) als förmliche Enteignung behandelt wurden; zu vgl. oben Bem. 1 unter c. Der § 89 konnte sich hiernach nur noch auf die Beeinträchtigungen beziehen, die unbeabsichtigt als Folge der Veranstaltung oder des Betriebs eines Unternehmens eintreten (Bem. 1d). Bei der Herübernahme des § 89 in die Justiznovelle wurden die Worte „außer den Fällen der §§ 10, 88“ gestrichen, so daß der § 40a sich jetzt auf alle

---

eine solche des öffentlichen Rechtes, so handelt es sich nicht um einen bürgerlichen Rechtsstreit, wenn auch der Gegenstand des Streites eine Geldsumme ist. Das Entscheidende ist, daß der seiner Natur nach (s. oben S. 25) zweifellos privatrechtliche Anspruch durch Art. 109 Einf.-Ges. aufrecht erhalten ist. Die Frage ist also nur gewesen: findet sich im geltenden Landesrechte ein Titel für diesen Anspruch? Ist dies der Fall, so besteht er weiter, aber nur auf Grund des Art. 109, nicht auf Grund des Art. 55, mag auch der Titel für die privatrechtliche Pflicht und den korrespondierenden Anspruch in einer Norm des im übrigen öffentlichen Rechtes liegen. Der Rechtsweg ist gegeben, da nicht etwa das Landesgesetz von § 13 G.V.G. Gebrauch gemacht hat. — Auch ein Urt. des O.L.G. Colmar v. 5. I. 1904 sieht nicht nur die Grundlage des Anspruchs im öffentlichen Rechte, sondern bezeichnet das Schuldverhältnis zwischen dem Fiskus und dem Geschädigten geradezu als „kein privatrechtliches“, nimmt aber dennoch die Zulässigkeit des ordentlichen Rechtswegs an (Jur. Ztschr. Bd. 30. S. 34). — Bei diesen dem allgemeinen Interesse gerecht werdenden, wenn auch in der Konstruktion nicht einwandfreien Entscheidungen bleibt übrigens die Frage eine offene und in hohem Grade zweifelhafte, ob auch der Schadensersatzanspruch der Straßenanlieger ohne positive Rechtsnorm, wie sie jetzt § 40a Abs. 2 des els.-lothr. Gesetzes trifft, weiterbestehen blieb; denn hier muß auch bei Annahme der Entschädigungspflicht im allgemeinen die Vorfrage beantwortet werden: ist es ein Recht der Anlieger, das durch Beseitigung oder Veränderung der Straße verletzt wird? Zu vgl. unten S. 37ff.

Sachschäden bezieht, mögen sie angeordneten Beschränkungen oder zufälligen Folgeerscheinungen des Unternehmens entspringen, soweit nicht ein besonderes Gesetz eingreift. Andererseits berührte die Regelung der Entschädigungspflicht im § 89 die besonderen Gesetze nicht, welche den Eingriff in die Privatrechtssphäre und den Entschädigungsanspruch hierwegen ausdrücklich und in bestimmter Weise regeln (vgl. S. 20 unter b). Diese Vorschriften sollten nach dem Entwurfe — soweit sie nicht durch die Neuregelung des Enteignungsverfahrens ersetzt oder in einzelnen Richtungen ausdrücklich geändert wurden — unberührt bleiben (vgl. §§ 103, 104 des Entw. und oben S. 23 Anm. 1). Sie bleiben als Sondergesetze, wie diese Entstehungsgeschichte bestätigt, auch jetzt durch den § 40a unberührt.

4. Darüber, wer Veranstalter einer öffentlichen Arbeit sein kann (die öffentliche Körperschaft, der Konzessionär) vgl. die Begr. S. 114. Schadensersatzpflichtig ist immer der Veranstalter. Dies kann eine andere öffentliche Verwaltung sein, als diejenige, auf deren öffentlichem Gute die Arbeit ausgeführt wird. So ist z. B., wenn die Reichseisenbahnverwaltung eine unter § 40a Abs. 2 fallende Veränderung an einer Staatsstraße vornimmt, nicht der Landesfiskus, sondern der Reichsfiskus schadensersatzpflichtig (vgl. hierwegen unten S. 38 Anm. 1).

5. Veranstaltung einer öffentlichen Arbeit, Betrieb eines dem öffentlichen Nutzen dienenden Unternehmens. — Beides fällt unter den Begriff der „travaux publics" im Sinne des französischen Rechtes. Die Worte „durch die Veranstaltung" dürfen nicht zu enge aufgefaßt werden. Auch Schäden, die das fertige Werk verursacht, fallen unter die Vorschrift; vgl. übrigens Bem. 9, 10. Um das bisherige Recht in zweifelsfreier Weise aufrecht zu halten, ist in der Fassung des § 40a neben die Veranstaltung der Betrieb des Unternehmens gestellt. An eine Beschränkung des Begriffs „Unternehmen", etwa im Sinne einer mit Erwerb verbundenen Unternehmung darf hierbei nicht gedacht werden. Vgl. hierwegen sowie wegen des Begriffs eines „dem öffentlichen Nutzen dienenden Unternehmens" die Begr. S. 118 f. Ein solches Unternehmen ist nach geltendem öffentlichem Rechte nicht etwa jedes beliebige Privatunternehmen, welches einem größeren Personenkreise Vorteil bringt, sondern es muß wegen seiner Gemeinnützigkeit autorisiert sein. Vgl. hierzu Bem. 1 c. Wenn

der Schaden durch ein Unternehmen eintritt, das zwar von einer öffentlichen Verwaltung, jedoch ohne die vorgeschriebene Autorisation ausgeführt wird, so gelten die Grundsätze des allgemeinen Privatrechts: der Betroffene hat die Negatorienklage (B.G.B. § 1004), und nach Maßgabe des § 823 B.G.B. Anspruch auf Schadensersatz. Indessen kann gegenüber dem Anspruch auf Beseitigung der Störung die öffentliche Verwaltung die mangelnde Autorisation stets nachholen. Vgl. den im Archiv für öffentliches Recht Bd. XV S. 511 ff. besprochenen Fall (S. 528).

6. Der Unterschied des Abs. 1 Satz 1 gegenüber der Vorschrift des § 823 Abs. 1 B.G.B. besteht einmal darin, daß die dort geschützten Rechtsgüter der Person: Leben, Körper, Gesundheit, Freiheit im § 40a nicht genannt sind; in dieser Beziehung vgl. oben Bem. 2c und unten S. 47. Sodann — und dies ist hier das Wesentliche — ist im Gegensatze zu § 823 B.G.B. weder Widerrechtlichkeit noch Verschulden erforderlich. Grade hierin liegt der Rechtsgrund für die Vorschrift: die öffentliche Arbeit, den Betrieb des gemeinnützigen Unternehmens kann der schädlich davon Betroffene nicht hindern; die Veranstaltung, der Betrieb erfolgen im öffentlichen Interesse erlaubter Weise, sind also nicht rechtswidrig und den Veranstalter trifft — so lange er nicht über den Rahmen der Autorisation schuldhaft hinaustritt — kein Verschulden; die Negatorienklage (§§ 1004, 1024 B.G.B.) ist ausgeschlossen. Zur Ausgleichung für die zu erleidende Beeinträchtigung wird dem Betroffenen ein von dem Vorhandensein des Verschuldens befreiter Schadensersatzanspruch gewährt. Zu vgl. die Begr. S. 115.

7. In der Fassung und in der Begrenzung der Entschädigungspflicht lehnt § 40a sich unmittelbar an die Vorschriften des bürgerlichen Rechtes an. Während die Art. 1382 ff. C. c. auf jede schuldhafte Schadenszufügung die Folge der Entschädigungspflicht setzten, ohne den Gegenstand der Schädigung näher zu bestimmen, macht § 823 B.G.B. zur Voraussetzung, daß bestimmte Rechtsgüter oder absolute Rechte verletzt sind. Hiermit parallel gehend schützt auch § 40a (nach Ausscheidung der Persönlichkeitsgüter, oben Bem. 6) nur das Eigentum und die sonstigen Rechte. Für die Bestimmung des Begriffs „sonstige Rechte" wird, neben der dem § 40a zugrunde liegenden Rechtsentwickelung hinsichtlich des Instituts der öffentlichen Arbeiten,

wesentlich die Auslegung maßgebend sein, die der § 823 B.G.B. findet. Jedenfalls gehören dahin alle absoluten Rechte, also namentlich die nach sachenrechtlichen Vorschriften begründeten Rechte. Hinsichtlich der obligatorischen Rechte war das R.G. schwankend. Während es in Entsch. Ziv. I Bd. 50 S. 191 die Gebundenheit des vertraganbietenden Teiles zugunsten des anderen Teiles (B.G.B. § 145), also eine rein obligatorische Beziehung, als Recht i. S. des § 823 Abs. 1 auffaßte, hat es in Entsch. Ziv. VI Bd. 57 S. 353 diese Vorschrift auf die obligatorischen Rechte für unanwendbar erklärt; vgl. auch die in diesem Urteil angezogene Literatur. Indessen werden Miete und Pacht insbesondere auch die durch Pacht erlangten Jagd- und Fischereirechte unter § 40a fallen. Denn, wenn es auch nicht gerechtfertigt ist, Grundstücksmiete und -Pacht als dingliche Rechte anzusehen (wie Fuchs in Gruchots Beiträgen Jahrg. 46 S. 566 ff.), so erschöpft sich doch andererseits auch nicht das Recht des Mieters und Pächters in seinen obligatorischen Beziehungen zum Vermieter oder Verpächter, und nur diese sollen nach der erwähnten Entsch. des R.G. nicht Gegenstand der Verletzung i. S. des § 823 Abs. 1 sein können. Mieter und Pächter genießen den Schutz des Sachbesitzes gegen Dritte (vgl. hierwegen Neumann, Jahrb. d. deutsch. Rechts I 1 zu § 823 Note 8 ff.), und das gepachtete Recht des Jagd- oder Fischereiberechtigten ist gegen Verletzung durch Dritte mit Strafgesetzen geschützt. Daraus kann nicht nur die Schadensersatzpflicht auf Grund des § 823 Abs. 2 B.G.B. (Verstoß gegen ein Schutzgesetz), sondern es muß auch die Eigenschaft eines gegen Dritte wirkenden Rechtes, eines absoluten Rechtes, gefolgert werden. Dies gilt um so mehr für § 40a im Hinblick auf dessen Entstehungsgeschichte und die ihm zugrundeliegende partikulare Rechtsentwickelung; zu vgl. in dieser Beziehung auch die Begr. S. 120 und (für das frühere Recht) bezügl. des Mieters die Entsch. des R.G. v. 21. IX. 1895 (Ziv. Bd. 36 S. 272, insbesondere S. 275), ferner unten Bem. 21. Auch ein Gewerbebetrieb ist ein Recht im Sinne des § 40a. Dies gilt zwar nicht schon von der Erwerbsmöglichkeit, sondern nur von dem bereits eingerichteten und ausgeübten Gewerbebetriebe zumal, wenn ihm gesetzlicher Schutz gewährt ist. Zu vgl. R.G. Ziv. VI v. 14. 12. 1902 (Entsch. Bd. 56 S. 271) und Ziv. I v. 27. II. 1904 (Entsch. Bd. 58 S. 29).

8. Die Beeinträchtigung (des Eigentums oder eines sonstigen Rechtes) kann von der verschiedensten Art sein: Entziehung einer Sache oder Beschädigung in ihrer Substanz, Beschränkung in der Ausübung des Eigentums[1]) oder eines anderen Rechtes oder die völlige Unterdrückung der Ausübung (vgl. insbes. §§ 903, 906, 1004, 1027 B.G.B. u.a.). — Die Sache kann ein Grundstück oder eine bewegliche Sache sein. Satz 2 des Abs. 1 bestimmt jedoch eine Einschränkung der Haftpflicht, indem er für nur unwesentliche Beeinträchtigungen oder solche, die nach den örtlichen Verhältnissen im gegebenen Falle gewöhnlich und deshalb von Jedermann schlechthin zu dulden sind, die Schadensersatzpflicht ausschließt. Beeinträchtigungen, die im gewöhnlichen, privatrechtlichen Verkehre nach § 906 B. G. B. von dem Eigentümer nicht verboten werden können, geben vermöge der im Satz 2 ausgesprochenen entsprechenden Anwendbarkeit des § 906 auf dem Gebiete der öffentlichen Arbeiten keinen Anspruch auf Schadensersatz. Die entsprechende Anwendbarkeit des § 905 Satz 2 B. G. B. brauchte nicht vorgeschrieben zu werden, da beim Mangel eines Interesses an der Ausschließung einer Einrichtung ohnehin keine Beeinträchtigung und kein Schaden entsteht.

9. Die Schädigung muß auf das öffentliche Werk (dessen Anlage oder dessen Betrieb) als Ursache zurückzuführen sein. Wenn zwar einerseits ein Verschulden des Veranstalters keineswegs erforderlich ist, so fällt doch andererseits ein Schaden, der durch höhere Gewalt entstanden ist, nicht unter § 40a, wenn er auch in einer gewissen Beziehung zu dem Werke steht. Z. B. ein Bergsturz verursacht den Wasser-

[1]) Die Frage, ob eine Gemeinde, wenn sie zum Zwecke einer Wasserleitung eine Quelle auffängt, wodurch den Nachbargrundstücken Wasser entzogen wird, Schadensersatz schuldet, ist, auch wenn es sich hierbei um eine „öffentliche Arbeit" handeln sollte, ebenso zu beantworten, wie die Frage, ob der Eigentümer eines Grundstücks einem privaten Nachbarn das Fassen der Quelle verbieten kann. Ein solches Verbietungsrecht besteht auf Grund der §§ 903, 905 B.G.B. nicht, vielmehr hat der Nachbareigentümer das Recht, das Wasser auch unter der Oberfläche seines Grundstücks sich nutzbar zu machen (vgl. den cit. § 905 und Ausf.-Ges. z. B.G.B. § 57); er verletzt durch Ausübung dieses Rechtes nicht ein anderes Recht, vorbehaltlich der Vorschrift des § 58 Ausf.-Ges. z. B.G.B. und des Verbots eines Mißbrauchs (§ 226 B.G.B). Vgl. auch den Bericht der L.-A.-Komm. in meinem Komm. zum Ausf.-Ges. z. B.G.B. S. 110; ferner u. a. Staudinger. Sachenrecht 2. Aufl. Note 3 z. § 905.

austritt aus einem Stauweiher und dadurch eine Ueberschwemmung; hier liegt die Ursache des Schadens — sofern nicht ein Verschulden der öffentlichen Verwaltung vorliegt — nicht in der Anlage des Stauweihers, sondern in dem Bergsturz. Zu vgl. Perriquet, Traité théorique et pratique des travaux publics 1883 Bd. II Nr. 885. Wegen der Würdigung des Kausalzusammenhangs gelten die allgemeinen Grundsätze; zu vgl. bezüglich der verschiedenen Theorien, Enneccerus-Lehmann, Bürgerl. Recht I S. 406 Text und Anm. 10; vgl. auch insbes. Rehbein, Das Bürgerl. Gesetzb. Bd. II. S. 45 (Bem. 38) ff.

Die französische Praxis nahm, wenn der Schaden teils auf höhere Gewalt, teils auf das öffentliche Werk zurückzuführen war, eine teilweise Ersatzpflicht der öffentlichen Verwaltung an. Zu vgl. die Beispiele bei Perriquet II. Bd. Nr. 886 und Dalloz Rép., suppl. v. travaux publics Nr. 1624 ff. Wie diese Beispiele dartun, wird nicht sowohl der Umstand, daß das bloße Bestehen eines öffentlichen Werkes Anteil an einem durch höhere Gewalt verursachten Schaden hat, als Grund für die Ersatzpflicht betrachtet, sondern es ist immer die Fehlerhaftigkeit der öffentlichen Anlage, durch die der zufällig eingetretene Schaden erhöht wird, und die daher als mitwirkende Ursache angesehen wird. In solchen Fällen wird aber § 40a besser überhaupt außer Betracht gelassen und die Ersatzpflicht der öffentlichen Verwaltung lediglich auf das allgemeine bürgerliche Recht gestützt. Sind z. B. die Abflußröhren eines Kanalisationswerks so unzureichend beschaffen, daß sie beim Eintritt eines in die Berechnung mit einzuziehenden Hochwassers das Wasser nicht abzuführen vermögen, wodurch die Häuser beschädigt werden, so liegt ein Verschulden der öffentlichen Verwaltung vor, und die Schadensersatzpflicht ist auf Grund der allgemeinen Vorschriften (§§ 31, 89, 823 B. G. B.) nach dem Maße zu bestimmen, in welchem der Schaden auf die mangelhafte Beschaffenheit der Röhren zurückzuführen ist. Das Gleiche gälte, wenn in dem obigen Beispiel die Stützmauern des Stauweihers in mangelhaftem oder nach den Umständen unzureichendem Zustande wären. Liegt dagegen ein Verschulden der öffentlichen Verwaltung nirgends vor, so wird in solchen Fällen eine Ersatzpflicht derselben auch auf Grund des § 40a nicht anzunehmen sein. Hierzu führt die Erwägung, daß die im § 40a ausgesprochene Haftpflicht nicht sowohl schon in der Anlage oder iu dem Betrieb eines öffentlichen Werkes ihre Ursache hat, als vielmehr in dem Ausschlusse der Negatorienklage. Hiervon und infolgedessen von der Schadensersatzpflicht des § 40a kann aber nur die Rede sein, wenn das öffentliche Werk einen Schaden verursacht, was beim Zusammentreffen höherer Gewalt mit dem Bestehen eines ordnungsmäßigen öffentlichen Werkes im Rechtssinn ebensowenig der Fall ist, wie beim Zusammentreffen mit irgend einer den Schaden tatsächlich aber unverschuldet erhöhenden privaten Einrichtung.

10. Aehnlich, wie im Verhältnisse zu einem Ereignisse höherer Gewalt, ist die Verantwortlichkeit für das öffentliche Werk zu beurteilen in Ansehung von künftigen Schädigungen, die in ihrer Wirkung durch das Bestehen des öffentlichen Werkes beeinflußt, bei richtiger Würdigung des Kausalzusammenhangs aber nicht auf dieses, sondern auf ein anderes, späteres Ereignis als Ursache zurückzuführen sind Zu vgl. das in der Begr. S. 120 angeführte Urteil des R. G. (Entsch. VIII S. 304).

11. Nur ein bereits eingetretener Schaden wird vergütet, nicht ein künftiger, bloß eventueller. Dagegen ist ein feststehender dauernder, auch in die Zukunft sich erstreckender Schaden, soweit möglich, in vollem Umfange zu berücksichtigen. Zu vgl. Perriquet Bd. II Nr. 887 f., Dalloz a. a. O. suppl. Nr. 1613 ff.

12. Nur die Schädigungen, die unmittelbar auf das autorisierte Werk als solches zurückzuführen sind (qui résultent de l'existence même des travaux) fallen unter § 40a. Verursacht ein Beamter der öffentlichen Verwaltung durch eine zum Schadensersatz verpflichtende Handlung, die über den Rahmen der Autorisation hinausgeht (durch ein fait personnel) einen Schaden, so haftet er nach allgemeinen Grundsätzen. Ob der Staat usw. selbst haftet, ist nach der Verschiedenheit der Fälle zu beurteilen:

a) Bewegt sich die Handlung auf dem Gebiete des privatrechtlichen Verkehrs, so haftet der Staat usw., wenn der Beamte verfassungsmäßiger Vertreter ist, gemäß § 31, 89 B. G. B. unbeschränkt und ohne Einrede der Vorausklage; wenn dagegen der Beamte bloß Bediensteter im Sinne des § 831 B. G. B. ist, mit den aus dieser Vorschrift ihm zur Seite stehenden Einreden.

b) Liegt die Handlung auf dem Gebiete der Ausübung öffentlicher Gewalt, so haftet der Staat subsidiär wie ein Bürge gemäß § 40 Ausf.-Ges. z. B. G. B.

Aehnlich verhält es sich, wenn die öffentliche Verwaltung ein Werk nicht selbst (en régie) ausführt, sondern durch einen bestellten Unternehmer (entrepreneur) ausführen läßt. Ihre Haftbarkeit für ein fait personnel des Unternehmers richtet sich nach § 831 B. G. B.

Wird ein Werk nicht durch den Staat, sondern durch einen Konzessionär ausgeführt, so haftet dieser als Veranstalter im Sinne des § 40a. Ob mit ihm etwa auch der Staat selbst (nach dem Grundsatze des § 840 B. G. B. samtverbindlich) in Anspruch genommen werden kann, hängt davon ab, ob er mit als Veranstalter anzusehen ist. Die Konzessionserteilung allein ist nicht Veranstaltung. Tritt der Konzessionär aus dem Rahmen der Autorisation heraus, so richtet sich seine Haftbarkeit nach allgemeinen Grundsätzen; ebenso wenn einer seiner Angestellten persönlich widerrechtlich schädigt (§ 831 B. G. B.). — Vgl. auch Begr. S. 127 und für das franz. Recht Perriquet II. Bd. Nr. 957.

13. Für den Umfang des Schadensersatzes finden die allgemeinen Bestimmungen des bürgerlichen Rechtes Anwendung (insbes. die §§ 249, 252). Jedoch kann die Wiederherstellung des früheren Zustandes nicht verlangt werden, da gerade in der Pflicht zur Duldung der Beeinträchtigungen die Schadensersatzpflicht ihre Grundlage hat (s. Bem. 6). Der Schaden ist demnach, falls nicht etwa ein Naturalersatz freiwillig vereinbart wird, immer in Geld zu vergüten. Einen Anspruch auf Herstellung schadenverhütender Anlagen im Sinne des § 26 der Gew.-Ord. hat der Beeinträchtigte nicht. Zu vgl. in dieser Beziehung für das franz. Recht Dalloz a. a. O. suppl. Nr. 1574 ff., auch R. G. Ziv. II v. 26. I. 1883, Jur. Zeitschr. für Els.-Lothr. Bd. 8 S. 106. Der Grund für den Ausschluß eines derartigen Anspruchs ist nicht darin zu sehen, daß von dem Vorbehalte des Art. 125 Einf.-Ges. z. B. G. B. in Els.-Lothr. kein Gebrauch gemacht worden ist. Dies war insofern nicht nötig, als die im § 26 Gew.-Ord. ausgesprochene Duldungspflicht wenigstens gegenüber den für gemeinnützig erklärten Unternehmen ohnehin besteht. Andererseits liegt aber in der Gewährung eines Schadensersatzanspruchs nicht schon die

Gewährung eines Anspruchs auf schadenverhütende Anlagen; solche Anlagen und Einrichtungen liegen, da sie zur Ausgestaltung des Unternehmens gehören, an sich im Ermessen der das Werk veranstaltenden öffentlichen Verwaltung.[1]) Indessen ließ das französische Recht eine Verurteilung mit der Maßgabe zu, daß der zu leistende Schadensersatz für den Fall bestimmt wird, daß nicht der Schaden durch entsprechende Anlagen beseitigt werde (Dalloz a. a. O. Nr. 1579 ff.). Dies wird auch künftig zulässig sein. — Hat der Geschädigte zum Schutze gegen die schädigende Beeinträchtigung selbst eine Einrichtung vorgenommen, die den Umständen nach gerechtfertigt ist, so gehört der Ersatz für die hierbei gemachten Aufwendungen zu der ihm geschuldeten Entschädigung.

14. Aus der Anwendung der allgemeinen Grundsätze über den Umfang des Schadensersatzes folgt auch, daß ein mitwirkendes eigenes Verschulden des Geschädigten entsprechend dem § 254 B. G. B. zu berücksichtigen ist. Vgl. auch für das franz. Recht Dalloz a. a. O. suppl. Nr. 1624 ff.

15. Der Geschädigte muß unmittelbare und besondere Vorteile, die ihm aus der öffentlichen Arbeit erwachsen, sich auf seinen Schaden anrechnen lassen. Vgl. für das franz. Recht Dalloz a. a. O. suppl. Nr. 1655 ff. Dies gilt auch bei der Anwendung des § 40a, da der Schaden, der als Folge der beeinträchtigenden Wirkung des öffentlichen Werkes zu ersetzen ist, richtig nur bemessen wird, wenn man die Einwirkung im ganzen in Betracht zieht. Ueberdies ist die Aufrechnung unmittelbarer und besonderer Vorteile im Art. 51 des Enteign.-Ges. vom 3. Mai 1841 als Grundsatz ausgesprochen.[2]) Der

[1]) Mitunter wird die Schädigung der Privaten schon durch die im öffentlichen Interesse vom Veranstalter des öffentlichen Werkes vorzunehmenden Einrichtungen verhütet. Bezüglich dieser Einrichtungen hatte der Entw. eines Enteign.-Ges. nähere Bestimmungen getroffen im § 6 und im § 102 Abs. 3.

[2]) Der Entw. eines Enteign.-Ges. hatte den im Art. 51 des geltenden Enteignungsgesetzes ausgesprochenen Grundsatz nicht aufgenommen, namentlich deshalb weil die Vorteile, die zur Aufrechnung kommen, sich erst bei der Ausführung der Arbeiten ergeben, im Enteignungsverfahren aber die Folgen der Ausführung des Unternehmens (auch hinsichtlich der sich ergebenden Nachteile) grundsätzlich nicht berücksichtigt werden; zu vgl. Ges. v. 20. VI. 1887 § 7 (s. die Begr. des gen. Entw. zu §§ 15, 16). Hier, wo es sich gerade um die Ausführung eines Werkes handelt, ist dagegen die Aufrechnung von Vorteil und Nachteil durchaus berechtigt.

Vorteil muß unmittelbar sein, d. h. sich auf diejenigen Arbeiten selbst zurückführen lassen, die zugleich die schädigende Einwirkung verursachen; er muß sich als ein besonderer, d. h. gerade dem Eigentum oder dem Rechte des im übrigen Geschädigten zukommender Vorteil darstellen (vgl. übrigens in dieser Beziehung die Bem. bei Dalloz a. a. O. suppl. 1668—1672).

16. Besondere Gesetze, welche die Schadensersatzpflicht bei öffentlichen Arbeiten ausschließen (s. § 41 Ausf.-Ges. z. B. G. B.), desgleichen die besonderen Gesetze über die Verpflichtung zum Schadensersatz bei der Ausführung oder dem Betrieb öffentlicher Unternehmen, bleiben unberührt. Zu vgl. die Begr. S. 122 und die Bem. 3 oben.

17. Abs. 2 betrifft den besonderen Fall der Beeinträchtigung des Rechtes der Straßenanlieger auf Benutzung der Straße. Die Frage, ob die Anlieger an einer öffentlichen Straße ein Recht auf deren Benutzung haben, war im allgemeinen streitig, wurde aber, wie für das Gebiet des Allg. pr. Landr., so für das französische Rechtsgebiet sowohl von der französischen Jurisprudenz wie namentlich in ständiger Rechtsprechung vom Reichsgericht angenommen (vgl. die Begr. S. 116 und ferner die in R. G. Entsch. B. 10 S. 273 angeführte Literatur). Der Entw. eines Enteign.-Ges. enthielt sich einer ausdrücklichen Bestimmung im § 89; die Begründung nahm an, daß es einer solchen im Gesetze nicht bedürfen werde, nachdem in Uebereinstimmung mit der französischen Rechtsprechung die Praxis der Gerichte auf das Verhalten der öffentlichen Verwaltung, welche die Straße zu der ihrem Zwecke entsprechenden Anbauung bereit stellte, ein Recht der Angrenzer gegründet habe (vgl. oben S. 26 und Anm. 2). Ob die bisherige Konstruktion eines Rechtes (einer „Servitut", eines „Dienstbarkeits-Verhältnisses", wie das R. G. annahm), unter der Herrschaft des B. G. B. aufrecht zu halten war, unterlag jedoch erheblichen Zweifeln und das R. G. selbst hat die Herleitung eines solchen Rechtes aus den Vorschriften des B. G. B. in einer Entsch. Ziv. V vom 30. April 1902 (Entsch. Bd. 51 S. 251) verneint.[1]) In den Beratungen des Landesausschusses wurde

[1]) Warum das R.G. seine Konstruktion auf Grund des B.G.B. verläßt, ist nicht ausgesprochen. Anscheinend, weil das B.G.B. mit seinen strengen sachenrechtlichen Formerfordernissen eine Dienstbarkeit durch stillschweigenden Vertrag nicht mehr zuläßt. Sofern man aber

deshalb der Abs. 2 eingefügt. Regierung und Landesausschuß waren dabei einig, daß neues Recht nicht geschaffen, sondern lediglich im Sinne der bereits in der Begründung vertretenen Auffassung im bisherigen Umfang aufrecht erhalten werden solle. Zu vgl. Komm.-Ber. S. 149, die Ausführungen des Abg. Fürst und des Regierungsvertreters im Plenum des L.-A. S. 153 ff., 156, 159. Die bereits in der Begründung im Anschluß an die Rechtsprechung des Reichsgerichts (vgl. u. a. Entsch. Bd. VII S. 213) vertretene Auffassung über den Rechtsgrund des zu schützenden Anspruchs der Straßenanlieger war auch für dessen Formulierung im Abs. 2 bestimmend. Es ist das der Zweckbestimmung der Straße entsprechende Verhalten der öffentlichen Verwaltung, die die Straße unter der Verpflichtung für die Bebauer, die Richtung der Straße einzuhalten, regelmäßig auch zu der Instandhaltung der Straße beizutragen, zum Zwecke der Anbauung zur Verfügung

---

nicht gerade eine (dingliche) Servitut, sondern ein durch stillschweigenden Vertrag begründetes (obligatorisch zugesichertes) besonderes Benutzungsrecht annimmt, was ohnehin das richtigere zu sein scheint, ist nicht ersichtlich, warum dies mit den Vorschriften des B.G.B. unvereinbar sein soll. Damit würde sich auch der mitunter erhobene Einwand, an einer res extra commercium könnten Benutzungsrechte einzelner nicht begründet werden, erledigen, ein Einwand, der in dieser Allgemeinheit übrigens weder nach französ. noch nach deutschem Rechte begründet ist (vgl. R.G. Entsch. Bd. X S. 272 und meinen Kommentar zum Ausf.-Ges. z. B.G.B. Bem. 4 zu § 44; im § 44 ist nur an einen Rechtserwerb auf Grund der Vorschriften der §§ 873 ff. B.G.B. gedacht). Die Konstruktion als eines einfachen stillschweigend geschlossenen Vertrags würde auch zum Schutze Dritter, die ein an der Straße bereits angebautes Haus erst später erwerben, ausreichen; denn wenn man eine Bereitstellung der Straße zum Anbau mit Vertragsfolgen einmal annimmt, so ist es gerechtfertigt, den Vertragswillen auch im Verhältnisse zu den erst später Erwerbenden anzunehmen. Unzureichend wäre diese Konstruktion nur insofern, als der Entschädigungsanspruch als vertraglicher nur gegen die öffentl. Verwaltung, der die Straße gehört, bestünde; gegen eine andere Verwaltung, die die Straße verändert (Bem. 4), war er wohl auf Grund des weitgehenden Art. 1382 c. c. gegeben, wäre dies aber nicht mehr auf Grund des § 823 B.G.B., weil das verletzte Recht nur ein obligatorisches wäre (vgl. Bem. 7). — Nicht verkannt werden soll aber, daß überhaupt die ganze Vertrags-Konstruktion für die unmittelbare Rechtsanwendung auf schwankem Boden steht, wie sie ja auch für das gemeine Recht nicht anerkannt war, so sehr sie auch — und zwar als allein brauchbares Element — für die Verwirklichung des Entschädigungsgedankens zum positiven Rechtssatze sich eignet (vgl. obigen Text und Anm. 1 zu Bem. 22).

stellte, einerseits, und der Anlieger, die von diesem Angebot im Vertrauen auf die Ständigkeit der Straßenanlage Gebrauch gemacht haben, andererseits. Konnte nach dem geltenden Privatrechte aus diesem Verhalten nicht mehr ein klagbares Recht unmittelbar hergeleitet werden, so sollte durch positive Gesetzesvorschrift ein Recht in dem bisherigen Umfange darauf gegründet werden. Dies kommt namentlich in der gemeinschaftlichen Feststellung von Regierung und Landesausschuß (S. 149) zum unzweideutigen Ausdruck. Diese Entstehungsgeschichte und die zum Ausdrucke gebrachte Uebereinstimmung der gesetzgebenden Faktoren ist für die Tragweite der Vorschrift von der größten Bedeutuug und sichert ihre richtige Anwendung, indem sie eine richtige Umgrenzung des hier den Straßenanliegern gewährten Rechtes im Sinne der bisherigen Rechtsauffassung ermöglicht und indem sie die ganze reiche Judikatur des französischen Staatsrats und des Reichsgerichts, die in der gleichen grundlegenden Rechtsanschauung fußt, wie nunmehr das Gesetz, hinsichtlich dieser Umgrenzung des Anspruchs als zur unmittelbaren Rechtsanwendung verwertbar aufrecht erhält. Vgl. in dieser Beziehung insbes. die Bem. 18, 22 u. a.

18. „Im Wohngebiet einer Stadt oder sonstigen Ortschaft". — Vgl. über die Bedeutung dieser Worte die gemeinschaftliche Feststellung in der Komm. des L.-A. S. 149. Nur wo die Straße zum Zwecke der Besiedelung bereitgestellt ist, trifft die der Vorschrift zugrundeliegende Konstruktion eines Rechtes (Bem. 17) zu. Der Anspruch ist versagt, wenn außerhalb der städtischen oder dörflichen Ansiedelung eine Straße verlegt oder verändert wird; solchenfalls war die Straße nicht zum Zwecke der Anbauung zur Verfügung gestellt, und jeder Anbauer mußte mit einer Veränderung rechnen. Außerhalb der Stadt bestehende Ansiedelungen, die offenkundig nicht allgemeinen Wohnzwecken, sondern einem bestimmten beschränkten Zwecke dienen, z. B. die um isolierte Kasernements, um einen Hafen oder eine Bahnhofhaltestelle sich abgeschlossen bildenden Wohn- oder Wirtschaftsstätten werden regelmäßig nicht zum Wohngebiete der Stadt zu rechnen sein. Auch wird die Vorschrift nach dem ihr zugrundeliegenden Gedanken jedenfalls dann nicht zutreffen, wenn nach der Natur einer solchen isolierten Ansiedelung mit einer gewissen Variabilität der Verkehrsein-

richtungen gerechnet werden mußte oder, wenn die vorgenommene Veränderung den davon Betroffenen in den Beziehungen seines Hauses zu der Ansiedelung selbst nicht beeinträchtigt. —

19. Oeffentliche Straßen sind alle Straßen, die zum domaine public des Staates, des Bezirks oder der Gemeinde gehören. Zu den Straßen im Sinne der Vorschrift gehören auch die öffentlichen Plätze. Zu vgl. hierzu Leoni u. Mandel II S. 217 ff. Das R.G. hat in wiederholten Entscheidungen einen Entschädigungsanspruch nur anerkannt bei Veränderung von städtischen oder Dorfstraßen, weil nur hier das den Schadensersatzanspruch rechtfertigende Verhalten der öffentlichen Verwaltung (zu vgl. Bem. 17) vorliegt; es ist aber nicht erforderlich, daß die Straße im öffentlichen Eigentum der Stadt- oder Dorfgemeinde steht; es genügt vielmehr, wenn sie tatsächlich den Charakter einer städtischen oder Dorfstraße hat. Abs. 2 hat diesen Grundsatz dadurch zum Ausdruck gebracht, daß er eine öffentliche Straße im Wohngebiet einer Stadt oder sonstigen Ortschaft verlangt (Bem. 18). Unter das Gesetz fällt demnach auch eine Staats- oder Vizinalstraße, die zunächst die Verbindung verschiedener Orte bezweckt, die aber durch das Weichbild einer Ortschaft sich als bebaute Verkehrsstraße hindurchzieht. Sie behält zwar in diesem Teile ihre Klassifikation bei (vgl. Ges. v. 8. VI. 1864), dient aber tatsächlich mit dem Willen der öffentlichen Verwaltung der gleichen Zweckbestimmung, wie die im Eigentum der Gemeinde stehenden Straßen und unterliegt in Elsaß-Lothringen den allgemeinen Vorschriften über die Bauflucht wie diese. Sollte die Straße noch nicht zu der einen oder andern Gattung „klassiert" sein, so hindert dies die Anwendung des Gesetzes nicht, wenn sie nur tatsächlich dem Verkehr als öffentliche Straße übergeben ist (vgl. Dalloz, suppl. v. travaux publics Nr. 1443). Gleichgültig ist es auch, ob an einer lediglich die Verbindung verschiedener Orte bezweckenden Landstraße sich erst später durch Anbau ein Dorf gebildet hat. Zwar ist in einer das preußische Recht betreffenden Entscheidung der Anspruch in diesem Falle versagt worden (vgl. R.G. Ziv. V v. 30. XI. 1887, in Gruchots Beitr. Bd. 32 S. 699, preuß. Just.-Minist.-Bl. 1888 S. 150; ebenso R.G. Ziv. V v. 16. VI. 1897, Jur. Wochenschr. 1897 S. 427, wo übrigens der Umstand entscheidend war, daß ein vertragsmäßiger Vorbehalt der öffentlichen Verwaltung vorlag). Doch ist in anderen, namentlich

das rheinische Recht betreffenden Entscheidungen auf die Priorität der Straße im obigen Sinne kein Gewicht gelegt worden (vgl. die Entsch. des R.G. im rhein. Archiv Bd. 85 Abt. II S. 26 und des O.L.G. Köln im rhein. Arch. Bd. 82 Abt. I insbes. S. 88, und ebenso die franz. Rechtsprechung). Dieser Auffassung entspricht der Wortlaut des § 40a Abs. 2. Umgekehrt ist es, wo es sich um eine städtische oder Dorfstraße handelt, auch gleichgültig, ob ein Haus schon bestanden hat, ehe die Straße diesen Charakter erlangte, da in dem Zeitpunkte, in dem dies geschah, das Haus in den dadurch begründeten Rechtsnexus eintrat und an den Vorteilen und Lasten desselben teilnahm (vgl. R.G. Entsch. Bd. X S. 272, Entsch. Bd. VII S. 216).

Auch Flüsse werden unter besonderen Umständen, die ihre Bestimmung als notwendige Kommunikationsmittel für die Anlieger dartun, als öffentliche Straßen im Sinne des Gesetzes anzusehen sein; vgl. hierwegen R.G. in Gruchots Beitr. Bd. 29 S. 676, Eger, Eisenbahnrechtl. Entsch. u. Abh. Bd. 3 S. 364, Jur. Wochenschr. 1882 S. 228, 1883 S. 283.

20. Nur überbaute Grundstücke werden von der Vorschrift betroffen. Vor allem kommen die Wohnhäuser in Betracht, aber auch andere Gebäude, für deren Benutzung Licht und Luft oder der Zugang zu der Straße wesentlich ist, sind inbegriffen. Der Eigentümer eines unbebauten Grundstücks kann niemals Anspruch auf Schadensersatz nach Abs. 2 erheben. Für den Eigentümer eines Bauplatzes insbesondere mag das Vorhandensein der Straße ein Faktor bei seiner Spekulation gewesen sein; im Besitze der im Abs. 2 als Recht geschützten Vorteile befindet er sich nicht.

21. Der Eigentümer hat den Anspruch. Indessen muß er auch dem Erbbauberechtigten, wenn er an dem Bauwerk das Eigentum hat, nach dem Sinne der Vorschrift zustehen (vgl. B.G.B. § 1017). Andere dinglich Berechtigte können gemäß Art. 109 in Verbindung mit Art. 52, 53 Einf.-Ges. ihren Anspruch auf die Entschädigung geltend machen. Die landesrechtliche Vorschrift des § 32 Ausf.-Ges. z. Zw.V.G. trifft hier nicht zu, nur für den eigentlichen Enteignungsfall tritt nach Landesrecht das Immobiliarverteilungsverfahren ein (Ges. v. 3. Mai 1841 Art. 54, 59). In dieser Weise hatte auch der Entw. eines Enteign.-Ges. im § 75 die Frage der Verteilung der Entschädigung geregelt. — Sind nicht oder nicht nur die Voraussetzungen des Abs. 2,

sondern durch die zur Veränderung an der Straße vorgenommene öffentliche Arbeit auch die Voraussetzungen des Abs. 1 gegeben, so kann jeder hiervon betroffene Inhaber irgend eines Rechtes (im Sinne des Abs. 1) den Anspruch des Abs. 1 geltend machen. Zu vgl. den Fall der R.G.=Entsch. Bd. 36 S. 272 ff. (insbesondere S. 275) betr. einen Mieter und hierzu obige Bem. 7, ferner R.G.=Entsch. Bd. 37 S. 253 ff. am Ende.

22. Beseitigung oder Veränderung der Straße. — Außer der völligen Unterdrückung der Straße kommen namentlich Niveau=Veränderungen in Betracht (Aufführungen von Rampen behufs Ueberführung der Straße über eine Eisenbahn u. dergl.); welche den Bedarf an Licht oder Luft oder den bisherigen Zugang aufheben oder wesentlich beeinträchtigen. Voraussetzung für die Anwendbarkeit der Vorschrift ist immer, daß die Möglichkeit, die Straße in der bisherigen Weise zum Verkehr oder zur Befriedigung des Luft= und Lichtbedürfnisses zu benutzen, entzogen oder wesentlich erschwert wird. Die Worte „zum Verkehr usw." bezeichnen den Zweck der als Recht geschützten Benutzung der Straße, nicht den Gegenstand des Schutzes selbst. „Zum Verkehr" ist gleichbedeutend mit „zum Zwecke der Verbindung mit dem Straßennetze". Gegenstand des Rechtes der Straßenanlieger ist also nicht die Erhaltung der Verkehrsmöglichkeit auf und mittels der Straße in dem ganzen bisherigen Umfange, sondern nur die wesentlich unveränderte Erhaltung der bestehenden Möglichkeit, mittels der ihr Haus berührenden Straße die Verbindung mit den übrigen Anwohnern wie mit den übrigen Teilen des Straßennetzes gewinnen zu können, wenn auch mit veränderter Richtungslinie. Auf Erhaltung des Straßennetzes an sich, in seinem das Haus nicht unmittelbar berührenden bisherigen Verlaufe hat kein Straßenanlieger ein Recht. Daraus ergibt sich, daß Veränderungen im Zuge des Straßennetzes niemals einen Anspruch auf Schadensersatz geben. Entschädigung ist daher nicht geschuldet, wenn z. B. die bisher durchgehende Straße (etwa durch Aufführung einer Böschung oder infolge Durchquerung durch eine Eisenbahn usw.) zur Sackgasse wird, oder wenn durch Abzweigung einer neuangelegten Straße eine bestehende Straße jenseits des Abzweigungspunktes ihren lebhaften Verkehr verliert. Vgl. in dieser Beziehung die zahlreichen Entscheidungen bei Dalloz, suppl. au rép.

v. travaux publics Nr. 1433, Perriquet, Bd. II Nr. 906 ff., wie auch die ständige Rechtsprechung des Reichsgerichts (Ziv VI v. 28. XI. 1889 in Entsch. Bd. 25 S. 242, Ziv. VI v. 25. I. 1892 in einer Abhandl. in Gruchots Beitr. Bd. 36 S. 929, Ziv. II. v. 5. II. 1895, Jur. Wochenschr. 1895 S. 155, Ziv. VII v. 9. I. 1900, Jur. Wochenschr. 1900 S. 167, Ziv. VII v. 3. XI. 1903 in Entsch. Bd. 56 S. 101. Vorausgesetzt ist dabei, wie das R. G. in der letzterwähnten Entscheidung ausführt, jedoch immer, „daß die Straße nach der einen Seite hin als solche in wesentlich unverändertem Zustande bestehen bleibt, und daß sie den Verkehr mit den benachbarten Häusern in der bisherigen Weise, oder wenigstens wesentlich so wie bisher ermöglicht, wenn schon der Anschluß an das Straßennetz nach der andern Seite beseitigt oder, wie hier, durch den Fortfall des Wagenverkehrs beschränkt ist“. Wollte man darüber hinaus dem Straßenanlieger ein Recht auf Erhaltung der Straße, nicht nur soweit sie ihm Licht, Luft und die Möglichkeit der Kommunikation, sondern auch soweit sie ihm in ihrem Zuge noch besondere Vorteile bietet, zugestehen, so würde dies sowohl der dem Abs. 2 zugrunde liegenden rechtlichen Konstruktion wie der Konsequenz des gesetzgeberischen Gedankens widersprechen. Denn — was den ersten Punkt betrifft — in dem Verhalten der öffentlichen Verwaltung (Bem. 17) läßt sich wohl eine Zusicherung des Fortbestandes der Kommunikationsmöglichkeit, schlechterdings aber nicht eine mit den Aufgaben jeder geordneten Gemeindepflege unvereinbarliche Zusicherung der Erhaltung des Straßennetzes in seinem ursprünglichen Verlaufe finden. Eine solche Zusicherung konnte daher auch kein Bebauer voraussetzen; mit der Möglichkeit einer Veränderung der Straßenzüge muß vielmehr jeder von vornherein rechnen. In der zweiten Richtung kommt folgendes in Betracht: Der Nachteil, der durch die einseitige Sperrung einer Straße die Anlieger dieser Straße trifft, kann ganz ebenso, vielleicht noch mehr von einem Anwohner einer in diese Straße einmündenden Seitenstraße empfunden werden, möglicherweise auch von dem Anwohner einer entfernteren Straße. Wollte man die einseitige Sperrung der ersten Straße für den Anlieger als Entschädigungsfall ansehen, so müßte konsequenterweise der Anspruch auch den benachteiligten Anwohnern der anderen Straßen zugestanden werden. Wie das letztere nach Abs. 2 ausgeschlossen ist, so darf auch das erstere aus dieser

Vorschrift nicht gefolgert werden. Auf die gleiche Konsequenz hat auch das R. G. in der Entsch. vom 28. XI. 1889 (Entsch. Bd. 25 S. 246) hingewiesen.[1])

Als Beseitigung der Straße ist nicht nur ihre Ausschaltung aus dem Straßennetz, und unter Veränderung der Straße ist nicht nur eine Veränderung am Straßenkörper anzusehen, auch die Sperrung einer Straße durch besondere Vorrichtungen kann, wenn im übrigen die Voraussetzungen des § 40a vorliegen, den Entschädigungsanspruch begründen.

23. Dem Rechtsgrunde der Vorschrift (Bem. 17) entspricht es, daß Entschädigung dann nicht geschuldet ist, wenn an einer zwar in ihrer Lage und Richtung bereits feststehenden, aber noch nicht fertigen Straße, die sonach noch der Regulierung des Niveaus bedarf, Veränderungen im Niveau vorgenommen werden, die auf die Benutzung der anliegenden Gebäude nachteilig einwirken. Auf solche Veränderungen muß in dem erwähnten Falle jeder gefaßt sein. Vgl. auch R. G. VII v. 21. I. 1902, Jur. Wochenschr. 1902 S. 192f. Dabei kann aber wohl ein Anspruch aus Abs. 1 sich ergeben.

24. Nur wesentliche Erschwerungen der Benutzbarkeit der Straße (zur Kommunikation und Befriedigung des Licht- und Luftbedarfs) geben einen Entschädigungsanspruch. In gewissem Sinne folgt dies schon aus dem auch hier anwendbaren Satz 2 des Abs. 1; es ist aber auch im Abs. 2 ausdrücklich ausgesprochen. Es ist hierbei insbesondere von der wiederholt vom Reichsgericht ausgesprochenen Auffassung auszugehen, daß das

[1]) Die im Texte hervorgehobene doppelte Erwägung tut auch die Unzulässigkeit der Auffassung dar, die den Grund für die Schadensersatzpflicht lediglich in der „Billigkeit", der „ausgleichenden Gerechtigkeit" erblickt (S. 25 Anm. 1). Vom Standpunkt eines bloßen, an objektive Schranken nicht gebundenen Billigkeitsgrundsatzes wäre nicht einzusehen, daß der Entschädigungsanspruch in den obenerwähnten Fällen ausgeschlossen ist. Auch das Erfordernis des „besonderen Opfers" (O. Mayer) ist nur zu verwerten, wenn dieses Opfer im Sinne der Aufgabe eines Rechtes aufgefaßt wird, wie es auch das R. G. bezüglich der Vorschrift des § 75 Einl. z. Allg. preuß. Landr. tut (vgl. Entsch. Bd. 36 S. 273). Für die Konstruktion eines Rechtes fehlen aber in den erwähnten Fällen alle Elemente. Ebenso unmöglich wäre es, auf der Grundlage des Gemeingebrauchs (den Manche als die einzige mögliche Grundlage des Entschädigungsanspruchs bezeichnen, so v. Blume in der Festg. d. Königsberger Jur. Fak. 1900 S. 101, vgl. auch Kisch, Elf.-lothr. Privatrecht S. 368) eine einigermaßen bestimmte und brauchbare Umgrenzung des Anspruchs zu konstruieren.

Recht des Anliegers sich nicht weiter ausdehnen läßt, als das Kommunikationsinteresse unbedingt erfordert. Eine wesentliche Erschwerung der Benutzung der Straße in der bisherigen Weise liegt z. B. dann vor, wenn die Straße infolge der Einengung des Fahrdammes durch eine aufgeführte Rampe zwar noch gangbar, aber nicht mehr zum Wagenverkehr tauglich ist, zu vgl. Dalloz a. a. O. Nr. 1434, R. G. in Jur. Wochenschrift 1896 S. 141, R. G. in Entsch. Ziv. VII Bd. 56 S. 101. Die Entziehung tatsächlicher Vorteile oder bloß unwesentliche Veränderungen des Straßenkörpers (z. B. geringe Erhöhung oder Tieferlegung des Niveaus) geben keinen Anspruch auf Entschädigung. Vgl. R. G. 5. VI. 1889, Entsch. Bd. 24 S. 245; 28. Juni 1892, Rhein. Arch. 85 Abt. II S. 26 ff., und die unter sich etwas abweichenden Entsch. Bd. 37 S. 252 u. Bd. 44 S. 282. Eine Niveauerhöhung kann im Sinne des Abs. 2 unwesentlich, aber (z. B. infolge Eindringens von Wasser in ein Haus) schädigend im Sinne des Abs. 1 sein.

25. Abs. 2 Satz 2 beschränkt — auch hier in Uebereinstimmung mit dem bisherigen Rechte — den Entschädigungsanspruch auf solche Fälle, in denen es sich um Aenderungen handelt, mit denen nicht von vornherein, der Natur- und Zweckbestimmung der Straße entsprechend, gerechnet werden muß. Vorübergehende Störungen, die die Anlieger sich gefallen lassen müssen, sind insbesondere die Legung von Röhren, Pflasterung, Asphaltierung und ähnliche Arbeiten. Vgl. die Entsch. des R. G. v. 21. IX. 1895 (Bd. 36 S. 275). Die Erbauung von Tribünen bei Gelegenheit von Festlichkeiten, Leichenfeiern u. dergl. wird nur ausnahmsweise, wenn sie z. B. den Zugang zu einem Hause tatsächlich und schadenbringend sperrt, den Anspruch auf Entschädigung rechtfertigen; vgl. hierwegen R. G.-Entsch. Bd. 24 S. 245. An sich widerspricht die Erbauung von Tribünen nicht den Zwecken der Straße, und außerdem wird sie regelmäßig, wenn überhaupt, so nur eine unwesentliche Beeinträchtigung darstellen. — Auch bei Arbeiten, die unter Abs. 2 Satz 2 fallen, ist Beeinträchtigung des Eigentums usw. im Sinne von Abs. 1 möglich, z. B. Beschädigung von Fundamenten anläßlich der Legung von Kanalisierungsröhren. — Vgl. auch noch die Entsch. des O. L. G. Colmar in Jur. Zeitschr. Bd. 27 S. 338.

26. Bringt die vorgenommene Veränderung außer ihrer

nachteiligen Einwirkung dem Anlieger Vorteile, so sind diese aufzurechnen. Auch ohne besondere Vorschrift ergibt sich dies daraus, daß nur der als Gesamtergebnis der Veränderung, als eines einheitlichen Vorgangs, ermittelte Schaden zu vergüten, und daß bei dessen Abschätzung alle Faktoren in Rechnung zu setzen sind. Hierbei kann der eingetretene Nachteil durch den erwachsenen Vorteil völlig aufgehoben werden. — Vgl. oben Bem. 15, auch R.G. Ziv. V v. 18. IV. 1899, Bd. 44 S. 282, insbesondere auch schon für das franz. Recht die dort S. 287 Fußnote 1, angeführte Literatur.

27. Abs. 2 wahrt das Recht des Straßenanliegers auf Benutzung der Straße. Sein Recht ist aber nicht ein ausschließliches; er teilt die Benutzung mit allen anderen, denen die Straße ihrem Zwecke nach zu dienen hat. Störungen und Erschwerungen im Aus- und Eingang, die z.B. durch den Schienenweg oder die Fahrt von Straßenbahnen für ihn eintreten, muß er sich daher gefallen lassen; derartige Erschwerungen, selbst wenn sie als „Veränderung" der Straße angesehen werden könnten, begründen keinen Schadensersatzanspruch. Vgl. R. G. Ziv. V v. 24. II. 1892 bei Eger, Eisenbahnrechtl. Entsch. und Abhandl. Bd. 9 S. 157.

28. Die Vorschrift des Abs. 3 über die gerichtliche Zuständigkeit steht im Einklange mit der herrschenden Praxis des bisherigen Rechtes (vgl. Begr. S. 122 ff.). Die Würdigung von Verwaltungsakten kommt hier nicht in Frage, da gerade das Vorliegen eines Verwaltungsaktes (die staatliche Ermächtigung zu dem Werke) die Grundlage für die Duldungspflicht und den vom Nachweis eines Verschuldens unabhängigen Schadensersatzanspruch aus dem Gesichtspunkte des Instituts der öffentlichen Arbeiten gibt. Vgl. Dalloz, rép. v. compétence administrative Nr. 98, suppl. Nr. 174 ff. Die im französischen Rechte für diesen Fall anerkannte Zuständigkeit der Verwaltungsgerichte beruhte daher nicht auf dem Grundsatze von der Trennung der Gewalten (Ges. v. 16—24. August 1790 Tit. II, Art. 13, Dekr. v. 16. Fructidor III), sondern auf der Parteistellung des Staates, weil er hier nicht „comme simple propriétaire", sondern „comme représentant l'intérêt général" (vgl. S. 11 Anm. 1.) auftritt, und ist demgemäß durch § 4 Einf.-Ges. zur Z. P. O. beseitigt worden, ohne daß dies im Ausf.-Ges. zum G. V. G. (§ 8) ausgesprochen zu werden brauchte.

— Wegen der Notwendigkeit, vor Erhebung der Klage gegen den Fiskus eine Denkschrift einzureichen, vgl. § 2 Ausf.-Ges. z. Z. P. O. v. 13. November 1899 [1]).

29. Die Verjährungsfrist ist 3 Jahre von dem Zeitpunkt an, in dem der Verletzte von dem Schaden und der Person des Ersatzpflichtigen Kenntnis erlangt, ohne Rücksicht auf diese Kenntnis 30 Jahre von der Begehung der schädigenden Handlung an (§ 852 B. G. B.).

III.

(Exkurs zu § 40 und § 40a Ausf.-Ges. z. B. G. B.)

Die Haftung des Staates usw. für Schädigungen aus der Verwaltung des öffentlichen Gutes.

1. Wie auf S. 23 bemerkt ist, erstreckten sich die Grundsätze über die Haftung des Staates und der anderen öffentlichen Verbände [2]) wegen Schädigung durch öffentliche Arbeiten nach französischem Rechte auch auf die Verletzung von Personen. Die Vorschrift des § 40a trifft dagegen entsprechend dem Vorbehalte des Art. 109 Einf.-Ges. z. B. G. B. nur Sachschäden; für die landesgesetzliche Begründung einer ähnlichen, vom Verschuldensnachweis unabhängigen Haftpflicht für Personenschäden ist im Einf.-Ges. z. B. G. B. — abgesehen von den Sonderbestimmungen der Art. 105, 106 — ein Vorbehalt nicht gemacht; [3])

---

[1]) Eine Entsch. des O. L. G. Colmar v. 23. III. 1904 (Jur. Zeitschr. 1905 S. 27) bezieht die Notwendigkeit der Einrichtung einer Denkschrift nur auf den Fall einer Klage, die das Staatsgut betrifft (cause domaniale). Diese Ansicht wird nicht haltbar sein. Gesetz und Materialien geben für sie keinen genügenden Anhalt; vielmehr nimmt die Begründung (Verh. des L.-A. 1899 Nr. 24 S. 6) Bezug auf die gleichartigen und ganz allgemeinen Vorschriften des Ges. v. 10. V. 1838 Art. 37 und der Gem.-Ord. § 56 Ziff. 15. Auch der Komm.-Ber. (Verh. II S. 1944) geht von der unbeschränkten Notwendigkeit einer Denkschrift aus (vgl. die Worte: „die fast ausschließlich hier in Frage kommenden vermögensrechtlichen Streitigkeiten", „jede gegen den Fiskus gerichtete Klage"). Übrigens ist diese Auffassung im Verkehrssteuergesetz § 50 Abs. 2, § 51 Abs. 2 zur gesetzlichen Anerkennung gelangt.

[2]) Auch wo hier im folgenden der Kürze halber nur vom Staate gesprochen wird, sind die anderen öffentlichen Verbände, die öffentliches Gut haben (Reich, Bezirke, Gemeinden) darunter mitbegriffen.

[3]) Eine Vorschrift im Sinne des Art. 105 besteht zwar im Art. 22 Ges. v. 15. Juli 1845 über die Eisenbahnpolizei; diese bezieht sich aber nicht, wie Kisch, Elf.-lothr. Landesprivatrecht S. 333f., irrig annimmt,

hier kann sich sonach der Schadensersatzanspruch nur nach Reichsrecht bestimmen. Auch in anderen Fällen, wo es sich nicht eigentlich um öffentliche Arbeiten handelt, können Schädigungen eintreten, die in Beziehung mit der staatlichen Herrschaft über öffentliches Gut stehen, so wenn eine öffentliche Straße bei Glatteis nicht bestreut, wenn eine für die Passanten gefährliche Stelle einer Straße nicht beleuchtet oder sonst unschädlich gemacht, wenn eine Brücke, ein gefährlicher Weg, nicht mit genügendem Geländer versehen ist, oder wenn ein morscher Baum, dessen Entfernung versäumt ist, umstürzt und dergl. Hier kann es sich sowohl um die Verletzung von Personen, wie um die Beschädigung von Sachen handeln. Auch in dieser Beziehung enthält das Einf.-Ges. keinen allgemeinen Vorbehalt. Das Landesrecht ist auch nicht etwa aus dem Gesichtspunkte des öffentlichen Rechtes zuständig. Denn die Rechtsgüter: Leben, Körper, Gesundheit, ferner das Eigentum und ähnliche Rechte sind, wie § 823 B. G. B. ergibt, vom Standpunkte des B. G. B. aus Gegenstände des privatrechtlichen Schutzes. Nur soweit das Einf.-Ges. einen Vorbehalt zugunsten der Landesgesetzgebung enthält und diese hiervon Gebrauch macht, kommt daher Landesrecht in Frage. Soweit diese Voraussetzungen nicht vorliegen, kann Landesrecht nur mittelbar in Betracht kommen. Falls nämlich eine reichs- oder landesrechtliche Vorschrift — wozu auch eine Polizeiverordnung gehört — welche im Interesse des Schutzes des Publikums eine bestimmte Obsorge für das öffentliche Gut (z. B. eine Straße) anordnet, schuldhaft übertreten wird, ergibt sich die Schadensersatzpflicht aus § 823 Abs. 2 B. G. B. Die Verantwortlichkeit kann dem Eigentümer der Anlage (s. z. B. § 367 Nr. 12 Str. G. B.), wie etwa durch besondere Polizeiverordnung dritten Personen (z. B. den

---

auf Personen-, sondern nur auf Sachschäden und erweitert in dieser Beziehung die gemeine Haftpflicht. Ein Vorbehalt, der über § 1 des Reichshaftpflichtgesetzes hinausgehende Vorschriften der Landesgesetze aufrecht erhielte, besteht nicht; § 9 des genannten Reichsgesetzes läßt nur weitergehende reichsgesetzliche Bestimmungen unberührt, und hieran wird durch Art 105 nichts geändert. Vgl. auch Planck, Einf.-Ges. z. B. G. B., Bem. 6 zu Art. 42 und Bem. 1a zu Art. 105. Bedenklich ist daher die Entsch. des O. L. G. Colmar vom 19. März 1902, Jur. Zeitschr. für Els.-Lothr., Bd. 27, S. 465. — Von dem Vorbehalte des Art. 106 Einf.-Ges. ist in Els.-Lothr. kein Gebrauch gemacht worden. Vgl. die Begr. S. 127.

Straßenanwohnern hinsichtlich des Bürgersteigs) auferlegt sein. Besteht ein besonderes Schutzgesetz solcher Art nicht, so tritt die Schadensersatzpflicht auf Grund der allgemeinen Vorschrift des § 823 Abs. 1 B.G.B. ein, wenn die Anlage (Straße oder dergl.), durch deren mangelhafte Instandhaltung der Schaden verursacht ist, dem öffentlichen Verkehr gewidmet und die nach den Anschauungen des Verkehrs erforderliche Sorgfalt für ihre Instandhaltung außer Acht gelassen ist (§ 276 B.G.B.). Im einzelnen kommt folgendes in Betracht:

a) Wen — welche juristische Person des öffentlichen Rechtes — die Pflicht zur Instandhaltung trifft, bestimmt sich nach dem öffentlichen Landesrechte. Regelmäßig wird es die jur. Person sein, der das Eigentum an der Anlage zusteht. Daß dieses Eigentum ein „öffentliches" im Sinne des domaine public des franz. Rechtes ist, schließt die privatrechtliche Schadensersatzpflicht nicht aus; das Eigentumsrecht ist überhaupt nicht die eigentliche Grundlage der Haftung, diese beruht vielmehr auf der Inverkehrstellung der Anlage und der Unterhaltungspflicht. Grade diese (la surveillance et l'entretien) ist aber — wenn man mit einem Teile der französischen Rechtslehre ein eigentliches Eigentum (im privatrechtlichen Sinne) nicht annehmen will — der wesentliche Inhalt des Herrschaftsrechts über das öffentliche Gut; zu vgl. § 44 Bem. 4 in meiner Ausg. des Ausf.-Ges. z. B.G.B. Liegt nach landesrechtlicher Vorschrift die Unterhaltungspflicht einer anderen jur. Person des öffentlichen Rechtes als derjenigen ob, welcher das öffentliche Gut gehört, so trifft sie die Haftung.

b) Ob die erforderliche Sorgfalt außer Acht gelassen ist, ist nach den Umständen des einzelnen Falles zu prüfen. Maßgebend ist, ob eine nach den Anschauungen des menschlichen Verkehrs vernünftiger und billiger Weise zu fordernde Sorgfalt versäumt ist. Im freien Felde kann nicht die gleiche Rücksicht auf den Verkehr verlangt werden, wie in den Straßen einer Stadt. Ebenso werden die Anschauungen über verkehrssichernde Vorkehrungen in einem Dorfe andere sein, wie in der Großstadt. Was hier nach allgemeiner Anschauung als notwendig gilt, kann vielleicht dort als Last und zu den Gepflogenheiten der Einwohner nicht passend empfunden werden usw. Ferner ist auf Natur und Zweck der Anlage und die dadurch etwa gebotene eigene Vorsicht des Publikums Rücksicht zu nehmen.

In beiden Richtungen vgl. die eingehenden Ausführungen der Urteile des R. G. in Entsch. Bd. 52 S. 373, Bd. 54 S. 53, Bd. 55 S. 24 ff., ferner Jur. Wochenschr. 1902 S. 149 Nr. 93, S. 548 Nr. 21, Beil. S. 231 Nr. 99, 1903 S. 187 Nr. 49, 1903 Beil. S. 9 Nr. 20, 1905 S. 199; über die privatrechtl. Natur der Erfüllung der Wegebaupflicht, auch wenn sie auf Normen des öffentl. Rechtes beruht, R. G. in Jur. Wochenschr. 1904 S. 353. Vgl. noch Nachträge S. 161.

2. Das Verschulden, das die öffentliche Anstalt haftpflichtig macht, kann von einem verfassungsmäßigen oder besonders bestellten Vertreter, einem Organe (§§ 31, 89 B. G. B.) unmittelbar durch Außerachtlassung der ihm obliegenden Ueberwachungspflicht begangen sein; dann haftet die Anstalt ohne weiteres. Es kann aber auch bloß präsumiertes Verschulden vorliegen, derart, daß von einem Organe der öffentlichen Anstalt ein Bediensteter zu einer Verrichtung bestellt ist, der seinerseits in Ausführung der Verrichtung widerrechtlich handelt; in diesem Falle steht der öffentlichen Anstalt der Entschuldigungsbeweis nach § 831 B. G. B. offen. Es ist jedoch zu beachten, daß die Pflicht zu der erforderlichen Sorgfalt der öffentlichen Anstalt d. h. ihren verfassungsmäßig berufenen Vertretern selbst obliegt, wenn diese sich auch nach der Natur der Verrichtungen mit Recht der Tätigkeit eines Bediensteten bedienen können. Der Entschuldigungsgrund des § 831 B. G. B., daß culpa in eligendo nicht vorliege, befreit daher die öffentliche Anstalt hier nicht ohne weiteres von der Haftung; es ist vielmehr hierzu noch erforderlich, daß nach den Verhältnissen des Falles, insbesondere nach den von dem berufenen Vertreter der Anstalt getroffenen Anordnungen sich dieser mit Recht darauf verlassen konnte und durfte, daß der angestellte Bedienstete die nötige Achtsamkeit entfalte, und daß der Vertreter selbst es nicht an der nötigen Kontrolle und Ueberwachung hat fehlen lassen. Vgl. Entsch. des R. G. v. 20. III. 1902, Juristenzeitung VII S. 321, v. 15. V. 1904, Juristenzeitung IX S. 864 Nr. 74 a. E.

Begründet der festgestellte Sachverhalt die Annahme, daß die verfassungsmäßig mit der Beaufsichtigung und Unterhaltung der Anlage betrauten Organe der öff. Anstalt Kenntnis von dem mangelhaften Zustande der Anlage gehabt haben oder hätten haben müssen, so ist es nicht notwendig, daß von dem Geschädigten ein bestimmtes Organ, das schuldhaft gehandelt hat, bezeichnet wird; so die ständige Rechtsprechung des Reichsgerichts (vgl. Jur. Wochenschr. 1902 S. 548 Nr. 21, 1903, Beil. S. 65, 1904 S. 88 Nr. 5). Wegen des Begriffs „verfassungsmäßiger Vertreter" im Gegensatze zu dem zu einer Verrichtung Bestellten (einem Bediensteten) vgl. R. G. in Entsch. Bd. 53 S. 276, Bd. 55 S. 229, Jur. Wochenschr. 1903 Beil. Nr. 131.

3. Zu beachten ist, daß es sich hier um eine einerseits in dem Eigentum, bezw. — und noch mehr — in der Unterhaltungspflicht, andererseits in der Zweckbestimmung der Anlage wurzelnde Pflicht der jur. Person des öffentlichen Rechtes gegenüber den im § 823 B. G. B. geschützten Rechtsgütern und Rechten handelt, also um eine **privatrechtliche Pflicht**; ein Streit hierüber ist eine bürgerliche Rechtsstreitigkeit; zu vgl. **Hellwig**, Lehrb. des deutsch. Zivilprozeßrechts § 10, **Urt. des R. G. Ziv.** IV v. 15. II. 1904 Entsch. Bd. 57 S. 350. Daraus ergibt sich die Zuständigkeit der Zivilgerichte. Eine Vorschrift des Landesrechts, welche etwa die Angelegenheit auf Grund des § 13 G. V. G. dem ordentlichen Rechtsweg entzöge, besteht in Els.-Lothr. nicht, wäre auch in der Beschränkung auf Fiskus, Gemeinde und andere öffentl.-rechtl. Körperschaften nach § 4 Einf.-Ges. z. Z. P. O. nicht zulässig.[1]) **Ganz außer Betracht** bleibt hier, wo es sich um die Ausübung oder Nichtausübung einer privatrechtlichen Pflicht handelt, die Frage nach **einem Verwaltungsakt**. Um die Ausübung öffentlicher Gewalt handelt es sich überhaupt nicht. Allerdings ist es wichtig, den Anspruch gegen die richtige Verpflichtete zu erheben; diese ist immer die öffentliche Anstalt, der die Herrschaft, insbes. die Ueberwachungs- und Instandhaltungspflicht hinsichtl. des betr. öffentlichen Gutes obliegt.[2]) Nur diese haftet privatrechtlich. Kon-

[1]) Insbesondere ist nicht etwa die Zuständigkeit der Zivilgerichte ausgeschlossen durch Art. 4 Abs. 5 Ges. v. 28. Pluviose VIII (difficultés qui pourront s'élever en matière de grande voirie). Vgl. hierwegen Ges. v. 29. Floréal X Art. 14; v. 9. Ventôse XIII Art. 8; Dekr. v. 16. XII. 1811 Art. 108, und **Leoni-Mandel** I S. 122.

[2]) Mit Recht daher die (klageabweisende) Entsch. des O. L. G. Colmar und des R.G. in Jur. Wochenschr. 1901 S. 471 und in Jur. Zeitschr. für Els.-Lothr. Bd. 28 S. 138 ff. (dazu R.G. Ziv. VI in Entsch. Bd. 52 S. 369). Es handelte sich um Ertrinkungstod in der Saar bei deren Benutzung als Pferdeschwemme. Einerseits hatte der Staat nicht den Fluß zu solcher Benutzung dem Verkehr gewidmet, worauf in der Begr. der

kurriert mit der Unterhaltungspflicht der öffentlichen Anstalt eine allgemeine öffentliche Aufsichtspflicht, also insbesondere diejenige einer Polizeibehörde, so entzieht sich der Vorwurf, daß diese eine zur Verhütung des Schadens gebotene Vorsichtsmaßregel versäumt habe, der Beurteilung durch die Zivilgerichte; denn hier handelt es sich nicht um ein (privatrechtliches) Verschulden der Anstalt, die die Anlage in den Dienst des Verkehrs gestellt und dementsprechend die Pflicht der durch § 823 B. G. B. erforderten Sorgfalt hat, sondern um einen Verwaltungsakt einer die hoheitsrechtlichen Aufgaben des Staates wahrnehmenden Behörde. Unrichtig wäre es daher, wenn der Schaden auf die Vernachlässigung eines Gemeindewegs zurückzuführen ist, den Anspruch darauf zu stützen, daß der Bürgermeister als Ortspolizeibehörde die geeigneten Maßnahmen unterlassen habe; maßgebend wäre hier vielmehr, daß die Gemeinde bezw. deren Organe den Weg schuldhafter Weise in sicherheitsgefährdendem Zustande belassen haben. Vgl. R. G. Ziv. VI v. 27. X. 1902, Entsch. Bd. 52 S. 369 (insbes. S. 372).[1]) Andererseits wird die Angelegenheit ihrer zivilrechtlichen Natur nicht dadurch entkleidet und der Rechtsweg nicht dadurch unzulässig, daß das säumige Organ der öffentlichen Anstalt gleichzeitig (wie der Bürgermeister) öffentlicher Beamter mit Polizeibefugnissen ist und vielleicht auch diese mißbräuchlich angewendet oder anzuwenden unterlassen hat. Diese Seite der Sache bleibt bei dem Gericht ununtersucht. Wohl aber kann die zivilrechtliche Haftung eines Beamten und des Staates nach § 40 B. G. B. in Frage kommen, wenn der zur Ausübung öffentlicher Gewalt berufene Beamte sich hierbei persönlich eine zum Schadensersatz verpflichtende Handlung oder Unterlassung hat zuschulden kommen lassen (vgl. oben I Bem. 1, S. 12).

Eine Gemeinde wird von der Haftung für Beschädigungen, die auf Vernachlässigung einer Gemeindestraße beruhen, nicht schon deshalb frei, weil die staatliche Polizeibehörde die Straße

---

ersten Entsch. wohl zu wenig Gewicht gelegt ist; anderseits ist es nicht privatrechtliche Aufgabe der Gemeindeverwaltung, für die Sicherheit bei Benutzung schiffbarer Flüsse zu sorgen.

[1]) Wegen der Passivlegitimation in dem Falle, wenn der Unfall durch mangelhafte Instandhaltung einer Straße geschieht, die zu einem Kreisstraßenverbande (vgl. Zentr.- u. Bez.-Amtsbl. S. 1894 S. 113) gehört, vgl. das Urteil des O. L. G. Colmar v. 9. XII. 1904 i. S. Zettwuch gegen Vizinalstraßenverband des Kreises Hagenau I U. 67/04.

dem freien Verkehr überlassen und nicht abgesperrt hat. Vgl. O.L.G. Karlsruhe 20. XII. 1902 (Bad. Rechtspraxis 1904 S. 245).

4. Selbstverständlich finden auf die Haftung des Staates usw. nicht nur die allgemeinen Vorschriften des § 823 B.G.B. Anwendung, sondern, da es sich um reines Privatrecht handelt, ebenso alle anderen Vorschriften des B.G.B., die sich auf die Schadensersatzpflicht beziehen. So z. B. § 836 (vgl. z. B. R.G. Entsch. Bd. 52 S. 873); insbesondere auch § 254 (Einfluß des mitwirkenden eigenen Verschuldens des Beschädigten, vgl. u. a. R.G. Ziv. VI v. 30. I. 1905, Jur. Wochenschr. 1905 S. 199 Nr. 1).

Artikel 4.

Das Gesetz, betreffend die Ausführung des Reichsgesetzes über die Angelegenheiten der freiwilligen Gerichtsbarkeit, vom 6. November 1899 (Gesetzbl. S. 117) wird dahin geändert:

I. Der § 28 erhält folgende Abs. 4, 5:

Der Erblasser kann jederzeit die Verwahrung bei einem anderen Notar verlangen.

Befindet sich ein Testament oder ein Erbvertrag seit mehr als 54 Jahren in amtlicher Verwahrung, so ist mit der Eröffnung vorzugehen, sofern nicht bekannt ist, daß der Erblasser noch lebt. Die Vorschriften des § 2259 Abs. 2 und der §§ 2260, 2262 des Bürgerlichen Gesetzbuchs finden nach Maßgabe des § 28 a dieses Gesetzes entsprechende Anwendung.

II. Als § 28 a werden folgende Vorschriften eingestellt:

Die Eröffnung einer in der besonderen amtlichen Verwahrung eines Notars befindlichen Verfügung von Todes wegen erfolgt durch den Notar, wenn sich das Notariat nicht am Sitze des Nachlaßgerichts befindet. Die Verfügung und das über die Eröffnung aufgenommene Protokoll sind dem Nachlaßgerichte zu übersenden; eine beglaubigte Abschrift der Verfügung ist zurückzubehalten.

In allen übrigen Fällen erfolgt die Eröffnung der Verfügungen von Todes wegen durch das Nachlaßgericht. Die Benachrichtigung der Beteiligten gemäß § 2262 des Bürgerlichen Gesetzbuchs sowie im Falle eines gemeinschaftlichen Testaments oder eines Erbvertrags die Anfertigung der beglaubigten Abschrift von den Verfügungen des verstorbenen Teiles (§§ 2273, 2300 des Bürgerlichen Gesetzbuchs) liegt dem Nachlaßgericht ob, auch wenn die Eröffnung durch den Notar stattgefunden hat.

Die eröffneten Verfügungen von Todes wegen verbleiben, soweit sie nicht wieder zu verschließen und in die besondere amtliche Verwahrung zu verbringen sind, bei dem Nachlaßgerichte. Ein Erbvertrag ist jedoch, auch wenn die Voraussetzungen der besonderen amtlichen Verwahrung nicht vorliegen, dem Notar zur weiteren Verwahrung zurückzugeben, wenn er mit einem anderen Rechtsgeschäft in derselben Urkunde verbunden ist oder wenn er die Verfügung eines überlebenden Vertragsteils enthält.

III. § 45 Abs. 1 Ziff. 2 erhält folgende Fassung:

2. im Falle der Beteiligung von in Elsaß-Lothringen bestehenden Flußbauverbänden oder autorisierten Genossenschaften der Kreisdirektor, in dessen Bezirke die zu veräußernden Grundstücke gelegen sind, oder dessen gesetzlicher Stellvertreter, bei Genossenschaften zur Anlage von Feldwegen, von Bewässerungen oder Entwässerungen auch der Bürgermeister der Gemeinde, zu deren Banne die Grundstücke gehören, oder sein gesetzlicher Stellvertreter.

IV. Im § 56 treten an die Stelle des Abs. 3 die folgenden Vorschriften als Abs. 3, 4:

Bedarf ein von dem Notar beurkundetes Rechtsgeschäft

zu seiner Wirksamkeit der Genehmigung des Vormundschaftsgerichts oder einer anderen Behörde, so darf der Notar die Urschrift der Urkunde dem Vormundschaftsgericht oder der anderen Behörde vorlegen.

Vor der Herausgabe einer Urschrift hat der Notar eine getreue Abschrift derselben zu fertigen und zu unterzeichnen; die Abschrift tritt bis zur Rückkehr der Urschrift an deren Stelle. Das Ministerium kann für bestimmte Fälle allgemein anordnen, daß die Anfertigung einer Abschrift nicht erforderlich ist.

Entw. Art. 3. — Verh. d. L.-A. 1904 I Nr. 7; II S. 718 ff., 1224, 1390 D, 1395 B ff.
Hier: Begr. S. 93 ff., Komm. Ber. S. 132 ff.

I. § 28 Ausf.-Ges. z. R. G. F. G.

A. Abs. 4. — Ueber Grund und Bedeutung der Vorschrift vgl. Begr. S. 93.

1. Die Vorschrift bezieht sich auf alle in der amtlichen Verwahrung eines Notars befindlichen Verfügungen von Todes wegen, öffentliche wie eigenhändige, auch gemeinschaftliche Testamente sowie auf die vor einem Gemeindevorsteher errichteten Testamente, desgleichen auf Erbverträge.

2. Abs. 4 bezieht sich nur auf die gesetzlich vorgeschriebene besondere amtliche Verwahrung. Die offene Verwahrung eines Erbvertrags (insbes. z. B. eines mit einem Ehevertrage verbundenen Erbvertrags), dessen besondere Verwahrung die Parteien nicht wünschen (B. G. B. § 2277), ist keine dem reichs- oder landesgesetzlich geregelten Nachlaßwesen eigentümliche, sondern die gewöhnliche, auf § 55 Ausf.-Ges. beruhende Urkundenverwahrung im Archive des beurkundenden Notars. Abs. 4 findet daher auch auf die vor dem 1. Januar 1900 errichteten Testamente keine Anwendung, da deren besondere Verwahrung nicht vorgeschrieben ist.

3. Der Erblasser kann das Verlangen stellen. Daraus folgt: Bei einem gemeinschaftlichen Testamente kann das Verlangen, solange die beiden Ehegatten leben, nur von diesen

gemeinschaftlich gestellt werden (vgl. den ähnlichen Fall des § 2272 B.G.B).

Bei einem Erbvertrag ist zu unterscheiden: Ist es ein einseitiger Erbvertrag, d. h. ein solcher, bei dem nur der eine Teil über seinen Nachlaß verfügt, so kann nur dieser (der Erblasser) das Verlangen stellen. Ist es ein zweiseitiger Erbvertrag, d. h. ein solcher, bei dem zwei oder mehrere Personen als Erblasser über ihren Nachlaß verfügen, so kann das Verlangen bei Lebzeiten der mehreren Parteien nur von diesen gemeinschaftlich gestellt werden.

4. Wenn der Erblasser die Verwahrung bei einem anderen Notar verlangt, so ist die Urkunde nicht etwa dem Erblasser behufs anderweitiger Inverwahrbringung auszuhändigen. Die Aushändigung eines öffentlichen Testaments (die der Erblasser allerdings verlangen **kann**), würde nach § 2256 Abs. 1, 2, § 2272 B.G.B. als **Widerruf** gelten, und das Testament könnte infolgedessen, weil nicht mehr zu Recht bestehend, nicht wieder in amtliche Verwahrung genommen werden. Der Notar hat vielmehr selbst die Urkunde dem andern Notar zu übermitteln.

Anders verhält es sich nur bei einem notariell verwahrten **eigenhändigen Testamente**. Dieses verliert durch die Rückgabe an den Erblasser die Gültigkeit nicht (§ 2252 Abs. 3 B.G.B.). Der Erblasser hat also hier die Wahl, ob er das Testament zurückverlangen und selbst in die Verwahrung eines anderen Notars bringen will, oder ob er bei dem verwahrenden Notar die Uebermittlung an den andern Notar verlangen will.

5. Wegen des Verfahrens des Notars im Falle eines gestellten Verlangens vgl. des näheren die Erklärung des Regierungsvertreters im Komm.-Ber. S. 132. — Die Uebermittelung an den anderen Notar ist im allgemeinen nach Maßgabe des Auftrags des Erblassers vorzunehmen. Hat dieser nicht ausdrücklich anders bestimmt, so wird bei gleichem Amtssitze die Uebermittelung persönlich, sonst durch Einschreibe- oder Wertsendung vorzunehmen sein.

6. Für die Mühewaltung des Notars bei Uebermittelung des Testaments oder Erbvertrags an den andern Notar, kann er die Zeitgebühr nach § 7 Abs. 1 Ziff. 8 berechnen (vgl. die Begr. zu dieser Bestimmung S. 105 und die Verf. d. Ob. St.A. v. 9. III. 1905 Ziff. III.).

B. Abs. 5. — Ueber Grund und Bedeutung der Vorschrift s. Begr. S. 93.

7. Die Vorschrift des Abs. 5 betrifft nicht sowohl die Verwahrung, als die Eröffnung der Verfügungen von Todes wegen; diese Vorschrift muß daher auf alle in einem Notariate verwahrten Testamente und Erbverträge bezogen werden, sei die Verwahrung die besondere oder die gewöhnliche Urkundenverwahrung. Abs. 5 bezieht sich daher auch auf die vor dem 1. Januar 1900 aufgenommenen Verfügungen, wie die Begr. a. E. (S. 95) hervorhebt.

8. Die Vorschriften über Ablieferung und Eröffnung (B.G.B. § 2259 Abs. 2, §§ 2260, 2262) finden Anwendung mit einer doppelten Einschränkung: einmal ist die Anwendung modifiziert durch § 28a, sodann ist die Anwendung nur eine entsprechende. In der letzten Beziehung ist von Bedeutung, daß das Nachlaßgericht regelmäßig nicht bekannt sein wird, da der Tod des Erblassers, daher auch dessen Wohnsitz oder letzter Aufenthalt, die für die Zuständigkeit des Gerichts maßgebend sind, ungewiß sind. Sofern daher nicht etwa auf Grund des § 78 Ausf.-Ges. z. R.G.F.G. die Bestimmung des zuständigen Gerichts durch allgemeine Ausführungsvorschrift erfolgt, wird das als Nachlaßgericht zu behandelnde Gericht, wie im Falle des § 73 Abs. 2 des Reichsges. über die Angel. der freiw. Gerichtsbarkeit, durch die Landesjustizverwaltung zu bestimmen sein. Je nach dessen örtlicher Lage hat der Notar die bei ihm in besonderer Verwahrung befindlichen Urkunden nach Maßgabe des § 28a Abs. 1 abzuliefern oder selbst zu eröffnen. Die Eröffnung erfolgt nach den allgemeinen Vorschriften (vgl. Minist.-Verf. v. 28. II. 1905 S. 77).

II. § 28a Ausf.-Ges. z. R. G. F. G.

Vgl. die Begr. S. 95, sowie die Minist.-Verf. v. 6. XII. 1899 in der Fassung der Verf. v. 28. II. 1905, insbes. Art. 25 ff., S. 76 ff., ferner die Verf. des Oberstaatsanwalts v. 9. III. 1905.

9. Der Notar hat nur dann das Testament oder den Erbvertrag zu eröffnen, wenn

a) er nicht am Nachlaßgericht, das sich nach § 73 R.G.F.G. bestimmt, seinen Amtssitz hat, und

b) es sich um eine in seiner besonderen amtlichen Verwahrung befindliche Urkunde handelt. Bezüglich der besonderen amtlichen Verwahrung vgl. Verf. des Ober=staatsanwalts v. 24. III. 1900.

Beide Voraussetzungen müssen zusammentreffen.

Hat der Notar am Sitze des für den Erbfall zuständigen Nachlaßgerichts seinen Amtssitz, so hat er jedes bei ihm verwahrte Testament wie jeden bei ihm verwahrten Erbvertrag (jedweder Art) beim Tode des Erblassers an das Nachlaßgericht abzuliefern; er hat die Ablieferung persönlich zu bewirken.

Hat der Notar seinen Amtssitz nicht am Orte des Nachlaßgerichts, **so hat er trotzdem an das Nachlaßgericht abzuliefern**: die Verfügungen des Erblassers, die bei ihm offen (in gewöhnlicher Weise) verwahrt werden, also einen nicht zur besonderen Verwahrung bestimmten Erbvertrag [1]) (B. G. B. § 2272), und ein vor dem 1. Januar aufgenommenes Testament (denn für diese Testamente ist nicht die besondere Verwahrung vorgeschrieben), [2]) ferner ein ihm nur persönlich anvertrautes, nicht zur amtlichen Verwahrung übergebenes eigenhändiges Testament (denn hier fehlt die Voraussetzung der amtlichen Verwahrung). Er hat dagegen solchen Falles **selbst zu eröffnen**: ein nach dem 1. Januar 1900 aufgenommenes öffentliches Testament (denn dieses ist immer in besondere amtliche Verwahrung zu bringen), [3]) ebenso einen Erbvertrag, der in besondere amtliche Verwahrung genommen war, ferner ein eigenhändiges Testament, das dem Notar zur besonderen amtlichen Verwahrung übergeben war, endlich ein von einem Bürgermeister errichtetes Testament, das gemäß § 28 Abs. 2 Ausf.=Ges. in die amtliche Verwahrung des Notars gebracht war (denn diese Verwahrung ist immer eine besondere).

Die von einem Notar bei der Nachlaßsicherung gefundenen (eigenhändigen) Testamente hat er in jedem Falle an das Gericht abzuliefern, von dem er den Auftrag erhalten hat und als dessen Delegierter er in den Besitz des Testaments gelangt ist. Dieses

[1]) Darüber, daß auch solche (offenen) Erbverträge an das Nachl.=Ger. abzuliefern sind, vgl. R.G.=Entsch. Bd. 48 S. 96. Wegen der Gleichstellung von Schenkungen auf den Todesfall mit Erbverträgen vgl. Bem. 14.

[2]) Wenn auch der Notar sie zweckmäßig in dem gleichen sicheren Behältnisse verwahrt.

[3]) Hiervon kann der Erblasser nicht entbinden; denn es handelt sich um eine Amtspflicht des Notars.

Gericht hat das Testament zu eröffnen; das wird auch in dem Falle anzunehmen sein, wenn das Gericht nicht das Nachlaßgericht ist, sondern die Nachlaßsicherung auf Grund des § 74 R. G. F. G. angeordnet hat; denn wenn es auch nicht eigentlich das Testament in amtlicher Verwahrung hat (worunter die Verwahrung zu Lebzeiten des Erblassers verstanden wird), so trifft doch der Grund des § 2261 B. G. B. auch hier zu.

10. Wie der Notar die Verfügungen von Todes wegen an das nicht an seinem Amtssitze befindliche Nachlaßgericht abzuliefern hat, ist nicht ausdrücklich vorgeschrieben. Es ist keineswegs verlangt, daß er sie immer persönlich abzuliefern hat; vielmehr wird er regelmäßig, wenn sich nicht etwa die persönliche Ablieferung an ein nahegelegenes Amtsgericht in einfacher und billiger Weise bewerkstelligen läßt, die Verfügung als Einschreibe- oder Wertsendung durch die Post dem Gericht übersenden, um so mehr, als es sich hier meist um offen verwahrte Urkunden handelt. Vgl. auch bezügl. der Ablieferung besonders verwahrter (verschlossener) Instrumente an ein außerhalb Els.-Lothr. gelegenes Gericht. Bem. 23.

Die Gebühr richtet sich, wie im Falle persönlicher Ablieferung, nach § 7 Ziff. 5 Geb. Ord. (Zeitgebühr). Werden mehrere Verfügungen desselben Erblassers gleichzeitig abgeliefert, so kann nicht etwa die Gebühr mehrfach berechnet werden. Für die Übersendung einer von ihm eröffneten Verfügung an das Gericht erhält der Notar keine Gebühr; vgl. Begr. S. 105.

11. Sobald der Notar den Tod des Erblassers erfährt[1]), hat er, nach Maßgabe der in Bem. 9, 10 hervorgehobenen Gesichtspunkte dessen bei ihm verwahrte Verfügung von Todes wegen entweder an das Nachlaßgericht abzuliefern oder zu eröffnen. Hat er sie abzuliefern, so hat er zugleich dem Gerichte die Namen der gesetzlich berufenen Erben und die etwa sonstigen Beteiligten, soweit sie ihm bekannt sind, mitzuteilen (vgl. Ausf.-Verf. Art. 25 Abs. 1 S. 77); eine besondere Gebühr für diese Mitteilung steht ihm nicht zu (Not. Zeitschr. Bd. 21 S. 146). Hat er die Verfügung selbst zu eröffnen, so soll er sich über die

[1]) Auch in den Fällen, in denen der Notar eine Verfügung von Todes wegen zu eröffnen hat, ist es Sache des Nachlaßgerichts, die Eröffnung der Verfügung und deren Mitteilung an das Gericht, soweit tunlich, zu überwachen. Vergl. wegen dieser Überwachung auch die Minist.-Verf. v. 4. Juni 1902 (Just.-Samml. Bd. 27 S. 203).

Person der gesetzlich berufenen Erben und sonstigen Beteiligten vergewissern; er hat einen Termin zur Eröffnung anzusetzen (Ausf.=Verf. Art. 25 Abs. 2), zu dem er die gesetzlich berufenen Erben und die sonstigen Beteiligten zu laden hat; vgl. das nähere Ausf.=Ver. Art. 26 S. 78.

12. Wegen des Verfahrens im Eröffnungstermin, vgl. Ausf.=Verf. Art. 26a, 26b. Die Eröffnung besteht in der Oeffnung des Verschlusses und Bekanntgabe durch Verkündung oder Vorlegung an die Beteiligten. Die Eröffnung einschließlich der Verkündung ist auch vorzunehmen, wenn im Termine kein Beteiligter erscheint (wichtig wegen des Fristbeginns für die Ausschlagung der Erbschaft (B. G. B. § 1944); vgl. Entsch. des preuß. Kamm.=Ger. in Rechtspr. der O. L. G. Bd. VI S. 179, ferner Zentralblatt für freiw. Gerichtsbarkeit 1904 S. 835, vgl. auch die ähnliche Vorschrift in Z. P. O. § 312. Geschieht die Eröffnung durch den Notar, so erhält derselbe für die Eröffnung und Verkündung einer Verfügung von Todes wegen nach dem neuen § 8 Abs. 3 Geb.=Ord. eine feste Gebühr von 5 M. Diese Gebühr enthält zugleich die Vergütung für die Bestimmung des Eröffnungs=Termins und die Ladung der Beteiligten dazu; neben dieser Gebühr steht dem Notar keine weitere Gebühr zu für die Ablieferung der von ihm eröffneten Verfügung von Todes wegen an das Nachlaßgericht, wozu es hier überhaupt nur der Uebersendung bedarf. Für die Abschriften der Ladung erhält der Notar Schreibgebühren nach § 80 des Reichs=Gerichtskostengesetzes, nicht nach § 18 Geb. Ord.; das Gleiche gilt von der zurückzubehaltenden Abschrift der Verfügung von Todes wegen. (Vgl. Verf. des O. St. A. vom 9. März 1905.)

13. Hat der Notar, der eine bei ihm in besonderer Verwahrung befindliche Verfügung von Todes wegen zu eröffnen hat, zugleich eine offenverwahrte frühere Verfügung in seinem Notariat, also z. B. ein vor dem 1. Januar 1900 errichtetes Testament, dessen besondere Verwahrung nicht vorgeschrieben ist, so hat er — wenn überhaupt die ältere Verfügung noch eine Bedeutung hat — diese mitzueröffnen, obwohl bezüglich ihrer die Voraussetzungen der notariellen Eröffnung nicht vorliegen; denn die Eröffnung und Würdigung der Verfügungen kann nur einheitlich erfolgen. Vgl. auch Ausf.=Verf. Art. 26a Abs. 3, 4 (S. 78).

14. Schenkungen auf den Todesfall, d. h. Schenkungen, die für den Fall gemacht sind, daß der Beschenkte den Schenker überlebt, sind dem B. G. B. als besondere Gattung fremd. Hinsichtlich ihrer ist zu unterscheiden zwischen den nach dem 1. Januar 1900 und den vorher errichteten Schenkungen.

a) Für die ersteren gilt § 2301. Handelt es sich nur um ein Schenkungsversprechen, nicht um eine vollzogene Schenkung, so finden die Vorschriften über Verfügungen von Todes wegen (Testamente und Erbverträge) Anwendung. Das Schenkungsversprechen auf den Todesfall ist daher gültig, wenn es den Formerfordernissen eines Testamentes oder eines Erbvertrags[1]) genügt; für die Ablieferung und Eröffnung kommen gleichfalls dieselben Vorschriften, wie hinsichtlich der Eröffnung von Testamenten und Erbverträgen, zur Anwendung. — Handelt es sich dagegen um eine Schenkung, die bei Lebzeiten des Beschenkten durch Leistung des zugewendeten Gegenstandes vollzogen ist),[2]) so ist die Schenkung als eine solche unter Lebenden zu beurteilen, sowohl ihrer Form wie ihrer Wirkung nach (vgl. insbes. B. G. B. § 518 Abs. 2); eine Ablieferung oder Eröffnung findet dann naturgemäß nicht statt.

b) Die vor dem 1. Januar 1900 gemachten Nachlaßschenkungen, mögen sie im Ehevertrage seitens Dritter an die Ehegatten oder unter den Ehegatten, oder mögen sie während der Ehe unter Ehegatten gemacht sein, stehen den Erbverträgen des neuen Rechtes gleich; vgl. R. G.-Entsch. Bd. 48 S. 96 ff.; Ausf.-Verf. Art. 26 b Abs. 4 (S. 79). Insbesondere tut auch die Widerruflichkeit der Schenkung im zweiten Falle dieser Gleichstellung keinen Abtrag. § 2301 B. G. B. findet auf solche Schenkungen keine Anwendung; aber es ist eine

---

[1]) Nach den Vorschriften über das Testament ist das Schenkungsversprechen zu beurteilen, wenn eine Annahme durch den Beschenkten nicht erfolgt ist, nach den Vorschriften eines Erbvertrags, wenn die Annahme erklärt ist. So auch L. G. Hamburg in Zentralbl. f. freiw. Gerbkt. III S. 537, ferner Planck zu § 2301 Note 2, abw. Ans. ohne Begründung Dernburg V S. 239 Anm. 4.

[2]) Die Vollziehung ist dann bedingt geschehen, soweit dies gesetzlich statthaft ist. Unstatthaft ist die bedingte Übertragung von Grundstücken und Erbbaurechten (B.G.B. § 925 Abs. 2, § 1017); in diesen Fällen ist daher die unbedingte Vollziehung notwendig, und der Schenker hat, falls der Beschenkte vor ihm stirbt, nur einen Kondiktionsanspruch nach § 812 B.G.B.

ähnliche Unterscheidung zu machen wie dort (vgl. oben a): Nur dann unterliegt die Schenkung der Ablieferung und Eröffnung, wenn sie den Nachlaß betrifft, sei es den ganzen Nachlaß oder einen Bruchteil, sei es einen einzelnen Gegenstand (dem Eigentum oder dem Nießbrauche nach). Zu Zweifeln gibt aber nur der letzte Fall Anlaß, wenn nämlich die Schenkung einen einzelnen Gegenstand betrifft, der sich schon im gegenwärtigen Vermögen des Schenkers befindet. Soll der Gegenstand auf Grund der von dem Vorabsterben des Schenkers abhängig gemachten Schenkung (Art. 1082, 1092 C. c.) dem beschenkten Ehegatten erst aus dem Nachlasse zufallen, so ist der Fall der Gleichstellung mit einem Erbvertrag und damit die Notwendigkeit der Ablieferung gegeben. Ist dagegen die Schenkung bei Lebzeiten, wenn auch nur bedingungsweise, vollzogen (Eigentumsübergang? Transskription?), so liegt lediglich eine — der Hinfälligkeit ausgesetzte — Schenkung unter Lebenden vor. Zweifelsfälle unterliegen der Entscheidung des Gerichts und der Beschwerde.

15. Hat der Notar ein Testament oder einen Erbvertrag eröffnet, so hat er sich hierauf zu beschränken; die Benachrichtigung der bei der Eröffnung nicht zugegen gewesenen Beteiligten von dem sie betreffenden Inhalte der Verfügung (B. G. B. § 2262) und die Wiederverschließung eines gemeinschaftlichen Testaments oder eines zweiseitigen Erbvertrags (§§ 2273, 2300) hat er dem Nachlaßgerichte zu überlassen. — Er hat daher, nachdem er eine beglaubigte Abschrift von dem Testament oder Erbvertrage gefertigt, die Urkunde selbst dem Nachlaßgerichte zu übersenden; die Postsendung ist einzuschreiben. Vgl. die Ausf.-Verf. Art. 27 (S. 80).

Der Notar hat auch nicht mehr den Bezirkspräsidenten und die Beteiligten zu benachrichtigen, wenn öffentliche Anstalten (kirchliche Institute usw.) bedacht sind; diese Benachrichtigungen liegen dem Nachlaßgerichte ob (Ausf.-Verf. vom 28. Februar 1905, IV. S. 83).

16. Beteiligte, welche nach § 2262 B.G.B. im Falle ihrer Nichtanwesenheit bei der Eröffnung von dem sie betreffenden Inhalte der eröffneten Verfügung in Kenntnis zu setzen sind, sind: die gesetzlichen Erben, soweit sie ermittelt sind, mögen sie bedacht oder ausgeschlossen sein, ferner die etwa eingesetzten Erben, die Vermächtnisnehmer, die mit einer Auflage Bedachten,

auch etwaige Nacherben oder Ersatzerben, Testamentsvollstrecker. Vgl. im übrigen hierwegen die Kommentare zu § 2262 B.G.B.

17. Wegen der dem Nachlaßgerichte obliegenden Wiederverschließung eines gemeinschaftlichen Testaments oder eines zweiseitigen Erbvertrags vgl. die Ausf.=Verf. Art. 27a und die Uebergangsbestimmung ebenda S. 80, 82. Danach sind eigenhändige, gemeinschaftliche Testamente, die nach dem Tode des erstversterbenden Ehegatten an das Nachlaßgericht abgeliefert werden, wenn sie bisher nicht in der besonderen amtlichen Verwahrung eines Notars gewesen sind, nach ihrer Wiederverschließung in die Verwahrung eines Notars zu bringen. Auf den Willen des Ueberlebenden kommt es dabei nicht an, er kann daher auch nicht davon entbinden. Denn einerseits ist ein solches Testament, nachdem es gerichtlicherseits geöffnet ist, soweit es die eröffnete Verfügung des Verstorbenen enthält, ein amtliches (gerichtliches) Aktenstück geworden, über das die Beteiligten nicht mehr zu verfügen haben; andererseits sind aber die Gerichte in Elsaß=Lothringen nicht dazu berufen, Testamente noch lebender Personen in Verwahrung zu nehmen, dies ist Aufgabe der Notare. Die Ausf.=Verf. Art. 27a Abs. 4 schreibt deshalb die weitere amtliche Verwahrung bei einem Notar vor. Die Person des Notars kann der überlebende Ehegatte bestimmen. — Bei den Gerichtsakten bleibt die von dem Gericht anzufertigende Abschrift der Verfügungen des Verstorbenen (B. G. B. § 2273, Ausf.=Verf. Art. 27a Abs. 6).

18. Ein gemeinschaftliches Testament oder ein zweiseitiger Erbvertrag ist nur dann wieder zu verschließen (bezw. ein gemeinschaftliches eigenhändiges, bisher nicht amtlich verwahrtes Testament nur dann zu verschließen), wenn die Verschließung und weitere notarielle Verwahrung einen Sinn hat, also wenn die Urkunde noch Verfügungen des überlebenden Ehegatten oder Vertragsteils enthält. Vielfach wird die Meinung vertreten, die (Wieder=) Verschließung und Verwahrung habe auch dann als zwecklos und überflüssig zu unterbleiben, wenn die Urkunde zwar noch Verfügungen des überlebenden Teiles enthält, diese aber mitverkündet worden sind, weil sie sich von den Verfügungen des verstorbenen Teiles nicht sondern ließen (B. G. B. § 2273 Satz 1, § 2300). So O. L. G. Hamburg 12. XII. 1900, Zusammenst. des R. J. A. I S. 185; Deutsche Jur.=Zeit. 1901

S. 231. Diese Annahme erscheint jedoch bedenklich; denn bei der ersten (zufälligen) Verkündung der Verfügungen des Ueberlebenden werden die gesetzlich berufenen Erben des Ueberlebenden oder die auf dessen Todesfall Bedachten (§ 2265 B. G. B.) nicht geladen, sie lassen sich vielleicht noch gar nicht bestimmen, ebenso ist das s. Zt. zuständige Nachlaßgericht noch unbestimmt. Es wird auch nicht der Absicht des Gesetzes (§ 2273) entsprechen, wenn etwa aus dem äußeren Grunde, daß sich die beiderseitigen Verfügungen nicht sondern lassen, die späteren Erben des Ueberlebenden gemäß § 2262 B. G. B. benachrichtigt werden, wie das O. L. G. Hamburg es anzunehmen scheint. Die spätere, nach dem Ableben des Ueberlebenden erfolgende nochmalige Eröffnung von dessen Verfügungen ist daher wohl im gesetzlichen Sinne als die erste (nicht als eine wiederholte und daher überflüssige) anzusehen; sie ist zur Berechnung der Ausschlagungsfrist (§ 1944) notwendig. Vgl. auch Deutsche Jur.-Zeit. 1901 S. 553. S. noch S. 161.

19. Ist eine Verfügung von Todes wegen nach ihrer Eröffnung wieder verschlossen und in besondere amtliche Verwahrung genommen worden, so dient für die weitere Nachlaßbehandlung, namentlich auch für die Erteilung des Erbscheins die vom Gerichte zurückbehaltene Abschrift von den Verfügungen des Verstorbenen. Unter Umständen kann jedoch die nochmalige Einsicht der Urschrift für das Gericht notwendig werden. Sie ist dann auf Veranlassung der letzteren nochmals aus dem Verschluß zu nehmen und nach dem Gebrauch wieder zu verschließen. § 57 Abs. 5 Ausf.-Ges. z. R. G. F. G. steht dem nicht entgegen. —

20. Der Notar hat die vor der Uebersendung eines wieder zu verschließenden gemeinschaftl. Testaments oder Erbvertrags nach § 28a Abs. 1 gefertigte Abschrift, soweit sie die Verfügungen des Ueberlebenden betrifft, geheim zu halten, am zweckmäßigsten mit der wieder verschlossenen Urkunde zusammen zu verwahren.

21. Die Rückverbringung der Urkunde in die amtliche Verwahrung eröffnet für den Notar ebenso wenig eine Gebühr, wie die erste Inverwahrnahme.

22. Die (sei es vom Notar, sei es vom Nachlaßgericht) eröffneten Verfügungen verbleiben bei dem Nachlaßgericht. (§ 28a Abs. 3). Ausgenommen sind:

a) die gemeinschaftlichen Testamente und Erbverträge, die (nach dem in Bem. 18 Gesagten) wieder zu verschließen und in die besondere amtliche Verwahrung des Notars zurückzubringen sind;

b) die eigenhändigen gemeinschaftlichen Testamente, die bisher nicht amtlich verwahrt waren, aber nach dem Tode des erstversterbenden Ehegatten zu verschließen und in die amtliche Verwahrung eines Notars zu verbringen sind (Bem. 17,18);

c) die offen verwahrten Erbverträge (und die ihnen gleichstehenden altrechtlichen Schenkungen — Bem. 14), welche Verfügungen eines überlebenden Teiles enthalten;

d) die offen verwahrten Erbverträge (und die ihnen gleichstehenden altrechtlichen Schenkungen — Bem. 14 —), die mit einem andern Rechtsgeschäfte (z. B. einem Ehevertrag) in derselben Urkunde verbunden sind.

Diese sämtlichen Urkunden haben ihre Funktion als notariell zu verwahrende Willenserklärungen nicht endgültig erfüllt, in den Fällen a—c, weil die Verfügenden noch (zum Teil) am Leben sind, im Falle unter d, weil die Urkunden für den Rechtsverkehr der Beteiligten ein nicht bloß nachlaßrechtliches Interesse haben. Sie werden deshalb beim Notar weiterverwahrt.

23. Räumliche Tragweite der Vorschriften unter I und II. — Indem § 28a den Notaren die Testamentseröffnung zum Teil übertragen hat, entzog er insoweit diese Verrichtung auf Grund des Art. 147 Einf. Ges. dem Nachlaßgerichte, dem sie an sich von Reichswegen zukommt. Daraus ergibt sich, daß die Vorschrift nur im Verhältnisse der elsaß-lothringischen Notare zu den elsaß-lothringischen Nachlaßgerichten gilt. Ist ein außerhalb Elsaß-Lothringens gelegenes Gericht das zuständige Nachlaßgericht oder ist an Stelle desselben nach dem betreffenden Landesrecht eine sonstige Behörde für die Testamentseröffnung zuständig, so hat ein elsaß-lothr. Notar, in dessen Verwahrung sich eine von diesem Gericht oder dieser Behörde zu eröffnende Verfügung von Todeswegen befindet, die Verfügung uneröffnet dorthin abzuliefern, nicht aber auf Grund der landesrechtlichen Vorschrift des § 28a selbst zu eröffnen; denn diese Vorschrift kann der auswärtigen Nachlaßbehörde an ihrer Zuständigkeit keinen Abtrag tun. Der § 2261 B.G.B. findet hier keine Anwendung, da er nur für Gerichte gilt, die eine Verfügung von Todes wegen verwahren, und das Landesrecht diese Vorschrift auf Notare nicht erstrecken kann. So wenigstens die herrschende

Meinung. — Der Notar hat aber in solchen Fällen die Urkunde nicht notwendig persönlich abzuliefern. Für die Regel, d. h. wenn nicht die besonderen Umstände des Falles ein anderes erheischen, wird der Notar seiner Verantwortlichkeit Genüge leisten, wenn er die uneröffnete Verfügung an das zuständige Nachlaßgericht oder die zuständige Nachlaßbehörde mittels Einschreibe- oder Wertsendung überschickt. Vgl. auch die bayerische Geschäftsordnung für die Notare v. 5. VII. 1903 § 243, Just.-Minist. Bl. 1903 S. 342. — Vgl. auch S. 76 II.

Ist ein Nachlaß im Ausland eröffnet, so entscheiden über das einzuschlagende Verfahren zunächst die etwaigen Staatsverträge; vgl. meine Ausgabe des Auf.-Ges. z. R.G.F.G. S. 89 Bem. 2 und S. 197. Ein unmittelbarer Verkehr mit ausländischen Behörden ist dem Notar nicht gestattet. Auch in diesem Falle wird der verwahrende Notar für die Eröffnung nicht zuständig sein (hinsichtlich eines verwahrenden Gerichts, vgl. Planck zu Art. 25 Einf. Ges. Note 3 Abs. 4).

24. Wird an ein els.-lothr. Nachlaßgericht ein Erbvertrag seitens eines nicht els.-lothr. Notars oder Gerichts abgeliefert, so ist die Urkunde nach der Eröffnung bei dem Nachlaßgerichte gemäß § 28 Abs. 3 Satz 1 weiter zu verwahren; Satz 2 findet nur im Verhältnisse zu els.-lothr. Notaren Anwendung. Ist jedoch ein abgelieferter Erbvertrag nach §§ 2273, 2300 B.G.B. wieder zu verschließen und in die besondere amtliche Verwahrung zurückzubringen, so hat das Nachlaßgericht sie zu diesem Zwecke der auswärtigen Behörde wieder zu übermitteln, es sei denn, daß der überlebende Teil die weitere besondere amtliche Verwahrung bei einem els.-lothr. Notar verlangt, in welchem Falle das Nachlaßgericht diesem die Urkunde nach Maßgabe des Art. 27a Abs. 3 der Minist. Verf. v. 28. II. 1905, zu übermitteln hat. Vorher hat das Nachlaßgericht in allen Fällen beglaubigte Abschrift von den Verfügungen des Verstorbenen zu nehmen und die bei der Eröffnung nicht zugegen gewesenen Beteiligten zu benachrichtigen (§ 28a Abs. 2 Ausf.-Ges.). — Vgl. noch S. 81 Anm. 1.

Wird ein Testament oder Erbvertrag eines deutschen Erblassers, der in Els.-Lothr. seinen letzten Wohnsitz hatte, für dessen Erbschaft somit ein els.-lothr. Nachlaßgericht zuständig ist (R.G.F.G. § 73), im Auslande verwahrt, so hat das Nachlaßgericht, sobald es hiervon Kenntnis erhält, auf die Eröffnung der Verfügung Bedacht zu nehmen. Für der Verkehr mit den ausländischen Behörden gelten die allgemeinen Vorschriften. (Unmittelbarer Verkehr mit der Schweiz nach Übereinkunft v. 1. X. 1878, Just.-Samml. Bd. 4 S. 196, sonst diplomatischer Weg!).

Für die Ablieferung seitens eines außerelsaßlothr. deutschen Gerichts oder Notars an ein els.-lothr. Nachlaßgericht gelten lediglich die Vorschriften des B.G.B. (§ 2259 Abs. 2 und — wenn die verwahrende Stelle ein Gericht ist — § 2261), sowie gegenüber einer Person, die die Urkunde in nichtamtlicher Verwahrung hat, die Zwangsvorschrift des § 83 R.G.F.G.

III. § 45 Abs. 1 Ziff. 2 Ausf.-Ges. z. R.G.F.G.

Die Fassungsänderung dieser Vorschrift beruht auf einem Beschlusse des Landesausschusses; vgl. Komm.-Ber. S. 135.

IV. § 56 Abs. 3, 4 Ausf.-Ges. z. R.G.F.G.

Vgl. die Begr. S. 100 ff.

Durch die Vorschrift des neuen Abs. 3 des § 56 werden selbstverständlich diejenigen Vorschriften nicht berührt, welche dem Notar in gewissen Fällen die Aufnahme einer Urkunde vor Erteilung der erforderlichen Genehmigung überhaupt untersagen. Vgl. die Ordonnanz vom 14. Januar 1831 und die Bemerkungen dazu bei Franz, Not. Nr. 334, sowie die dort abgedruckte allgemeine Verfügung vom 17. Juli 1882. (Verfg. d. Oberstaatsanwalts v. 9. III. 1905); durch Verf. d. Ob. St. A. v. 20. IV. 1905 ist übrigens mit Rücksicht anf § 33 Verkehrsst.-Ges. die Aufnahme bedingter Kaufverträge vor Erteilung der staatlichen Genehmigung zugelassen worden.

Zu Abs. 4 vgl. die Ausf.-Verf. des Minist. v. 28. II. 1905 Nr. II, S. 76 und die dortigen Bemerkungen.

Artikel 5.

In das Gesetz, betreffend die Ausführung der Zivilprozeßordnung und der Konkursordnung sowie das Rechtsmittel der Kassation, vom 13. November 1899 (Gesetzbl. S. 157) werden folgende Vorschriften als § 7a eingestellt:

Das Verfahren der Zwangsvollstreckung behufs Beitreibung von direkten Steuern, Zöllen und indirekten Steuern sowie von Abgaben und Forderungen öffentlich-rechtlicher Körperschaften, welche nach gesetzlicher Vorschrift der Beitreibung im Verwaltungszwangsverfahren unterliegen, wird im Anschluß an die Vorschriften der Zivilprozeßordnung durch eine Verordnung des Statthalters geregelt.

Die Zwangsvollstreckung erfolgt, soweit die nach Abs. 1 zu erlassende Verordnung nicht ein anderes bestimmt, auf Anordnung derjenigen Behörden oder Beamten, welchen die Einziehung der beizutreibenden Geldbeträge obliegt. Die Wirkung einer im Verwaltungszwangsverfahren bewirkten Pfändung steht derjenigen einer nach den Vorschriften der Zivilprozeßordnung bewirkten Pfändung gleich.

Entw. Art. 4. — Verh. d. L.-A. 1904 I Nr. 7; II S. 1225 C. Hier: Begr. S. 102, Komm.-Ber. S. 134.

Artikel 6.

Das Gesetz, betreffend die Notariatsgebühren, vom 4. Dezember 1899 und die Gebührenordnung für Notare (Gesetzbl. S. 222) werden dahin geändert:

I. Der § 5 des Gesetzes wird aufgehoben.

II. Die Vorschrift des § 7 Abs. 1 Ziff. 5 der Gebührenordnung erhält folgende Fassung:

5. die Verrichtungen des zweiten Notars, der bei Testamenten zuzuziehen ist, die Ablieferung eines Testaments oder Erbvertrags an das Nachlaßgericht in den Fällen, in denen nicht dem Notar die Eröffnung obliegt, und die Aufstellung von Erbschaftssteuererklärungen.

III. Im § 8 der Gebührenordnung treten an die Stelle des Abs. 3 die folgenden Vorschriften als Abs. 3 bis 5:

Eine feste Gebühr von fünf Mark erhält der Notar für die Eröffnung und Verkündung einer Verfügung von Todes wegen, einschließlich der Bestimmung des Termins und der Ladung der Beteiligten (§ 2260 des Bürgerlichen Gesetzbuchs) sowie der etwaigen Zurückbringung der Verfügung in die besondere amtliche Verwahrung (§§ 2273, 2300 des Bürgerlichen Gesetzbuchs).

Für die Beglaubigung einer Unterschrift oder eines Handzeichens sowie für die Ausstellung des nach § 2246 Abs. 2, § 2248 Satz 2, § 2249 Abs. 1 Satz 3 und § 2277 Abs. 2 des Bürgerlichen Gesetzbuchs zu erteilenden Hinterlegungsscheins beträgt die Gebühr eine Mark, für die Ausstellung eines Lebensscheins eine Mark fünfzig Pfennig.

Für die Beeidigung eines bei einer Amtshandlung zugezogenen Dolmetschers steht dem Notar eine besondere Gebühr nicht zu.

IV. Der § 14 der Gebührenordnung erhält folgenden Abs. 5:

Für den Antrag auf Eintragung in das Eigentumsbuch oder in das vorläufige Grundbuch, welche nicht eine von dem Notar beurkundete oder beglaubigte Erklärung zum Gegenstande hat, erhält der Notar eine Vergütung nach Verhältnis der auf das Geschäft verwendeten Zeit (§ 7).

V. An die Stelle des § 26 der Gebührenordnung treten folgende Vorschriften:

In dem Verfahren, betreffend

die Sicherung eines Nachlasses,

die Auseinandersetzung eines Nachlasses oder einer

Gütergemeinschaft in den Fällen der §§ 86, 99 des Reichsgesetzes über die Angelegenheiten der freiwilligen Gerichtsbarkeit,

die Eröffnung einer Verfügung von Todes wegen,

die Zwangsversteigerung und die Zwangsverwaltung, einschließlich des Verteilungsverfahrens nach dem Reichsgesetze vom 24. März 1897

sowie in dem Löschungsverfahren nach den §§ 34 ff. des Ausführungsgesetzes zu diesem Gesetze

erfolgen die Terminsbestimmungen, Ladungen, Bekanntmachungen und Mitteilungen sowie die Aufnahme der Protokolle steuerfrei. Ausgenommen von dieser Vorschrift sind die Protokolle

über die Siegelung, die Entsiegelung nnd über die Aufnahme eines Nachlaßverzeichnisses,

über eine Vereinbarung und den Auseinandersetzungsplan in den Fällen der §§ 91, 93 des Reichsgesetzes über die Angelegenheiten der freiwilligen Gerichtsbarkeit,

über den Zuschlag und den Teilungsplan in den Fällen der §§ 82, 117 des Reichsgesetzes über die Zwangsversteigerung und die Zwangsverwaltung

sowie über den Feststellungsplan im Falle des § 41 des Ausführungsgesetzes zu diesem Gesetze.

Der Hinterlegungsschein über eine Verfügung von Todes wegen (§ 2246 Abs. 2, § 2248 Satz 2, § 2249 Abs. 1 Satz 3 [1]) und § 2277 Abs. 2 des Bürgerlichen Gesetzbuchs) unterliegt nicht der Verkehrssteuer. Das Protokoll über die Abgabe der Versicherung an Eides Statt in den Fällen des § 2356 Abs. 2 und des § 2357 Abs. 4 des Bürgerlichen

Gesetzbuchs ist von Stempel und Verkehrssteuer befreit. Eine Stempelabgabe kommt nicht in Ansatz für die vom Notar zurückzubehaltende Abschrift einer an das Nachlaßgericht abzuliefernden Verfügung von Todes wegen.

Für Abschriften und Auszüge von Urkunden, welche nach Abs. 1, 2 steuerfrei sind, bezieht der Notar Schreibgebühren nach Maßgabe des § 80 des Gerichtskostengesetzes vom 18. Juni 1878. Das Gleiche gilt für die vom Notar zurückzubehaltende Abschrift einer Verfügung von Todes wegen.

Entw. Art. 5. — Verh. d. L.-A. 1904 I Nr. 7; II S. 1225 C. Hier: Begr. S. 103 ff., Komm.-Ber. S. 134.

Vgl. die Verf. des Ob.St.A. v. 9. III. 1905. — Zu dem Citat des § 2249 B.G.B. (V) vgl. Min.-Verf. v. 24. VIII. 03 Art. 16 (Amtsbl. S. 140).

Artikel 7.

Das Gerichtskostengesetz für Elsaß-Lothringen vom 6. Dezember 1899 (Gesetzbl. S. 175) wird dahin geändert:

I. Der § 42 erhält folgenden Abs. 3:

Die Gerichtsgebühr wird auch im Falle der Eröffnung eines Testaments oder eines Erbvertrags durch einen Notar erhoben.

II. Im § 47 treten an die Stelle des Abs. 1 Ziff. 1, 2 folgende Vorschriften:

Für die Eintragungen in das Handelsregister werden als Gerichtsgebühren erhoben:

1. für die erstmalige Eintragung:
   a) bei Aktiengesellschaften und Kommanditgesellschaften auf Aktien . . . . . 100 ℳ
   b) bei bergrechtlichen Gewerkschaften . . 100 „
   c) bei Gesellschaften mit beschränkter Haftung und Kommanditgesellschaften ohne Aktien . . . . 50 „

d) bei Versicherungsvereinen auf Gegenseitigkeit (§§ 15 ff. des Reichsgesetzes vom 12. Mai 1901) . . . . . 50 ℳ
e) bei offenen Handelsgesellschaften sowie bei juristischen Personen, welche nicht unter eine der vorstehenden Bestimmungen fallen . . . . . . 20 „
f) bei Einzelkaufleuten . . . . . . 5 „

In den Fällen unter a und c wird, sofern das eingetragene Gesellschaftskapital eine Million Mark übersteigt, für jede angefangene weitere Million ein Zusatz in Höhe der obenbezeichneten Gebühr erhoben;

2. für die Eintragung von Kapitalerhöhungen in den Fällen unter Ziff. 1a und c:
die daselbst vorgesehene Gebühr nach Maßgabe des Betrags der Kapitalerhöhung.

III. Im § 49 Abs. 1 werden
unter Buchstabe a) die Worte „des § 47 Ziff. 1a und b" durch die Worte „des § 47 Ziff. 1a bis 1d" und unter Buchstabe b) die Worte „des § 47 Ziff. 1c und d" durch die Worte „des § 47 Ziff. 1e und f" ersetzt.

IV. Im § 64 tritt an die Stelle des Abs. 2 folgende Vorschrift:

Für die Eintragung des Eigentums von Abkömmlingen oder des Ehegatten des bisherigen Eigentümers, gleichviel, ob die Erben inzwischen im Grundbuch eingetragen waren oder nicht, für die nachträgliche Eintragung des Miteigentums eines Ehegatten oder von Kindern an Grundstücken, welche zur ehelichen Gütergemeinschaft oder zur fortgesetzten Gütergemeinschaft gehören, ferner für die

Eintragung von Grundstücken, die zu einer Gütergemeinschaft gehört haben, auf den Namen eines Ehegatten oder der Erben eines solchen, einschließlich der bei diesen Geschäften vorkommenden Nebengeschäfte, werden fünf Zehnteile der vollen Gebühr erhoben.

V. Der § 78 erhält folgenden Abs. 3:

Die vorstehenden Vorschriften finden entsprechende Anwendung, wenn bei der Eintragung einer Sicherungshypothek auf Grund der §§ 866, 867, 932 der Zivilprozeßordnung der Betrag der Forderung auf einzelne Grundstücke desselben Eigentümers verteilt wird, sowie bei der Löschung der in diesem Falle erfolgten Eintragungen. Für die Bestimmung des Wertes (§ 70) ist der Betrag der ganzen Forderung maßgebend.

Entw. Art. 6. — Verh. d. L.-A. 1904 I Nr. 7; II S. 1225 C, 1213 D.

Hier: Begr. S. 109 ff., Komm.-Ber. S. 134 ff.

Zu I (§ 42 G.K.G.): Wegen der Verkehrssteuer für Testamente und Erbverträge vgl. Verkehrssteuergesetz § 3, Tarif Nr. 6, 25. Privattestamente sind an sich nicht verkehrssteuerpflichtig; die Erwähnung des Testaments in dem notariellen Eröffnungsprotokoll bildet keine „Zugrundelegung" im Sinne des Verk.St.Ges. § 4 Abs. 1 Ziff. 1, die die Steuerpflicht zur Folge hätte.

Zu IV (§ 78 Abs. 3 G.K.G.) Die neue Vorschrift beseitigt eine in der Praxis hervorgetretene Härte, die dadurch entstanden ist, daß bei Eintragungen und Löschungen, welche mehrere Grundstücke desselben Eigentümers betreffen und auf demselben Rechtsgrunde beruhen, die Sätze der §§ 65 bis 68 für die Rechtsänderung hinsichtlich jedes Grundstücks gesondert berechnet wurden. Die Vorschrift bezieht sich auf den Fall der Verteilung einer Sicherungshypothek auf mehrere Grundstücke, der den unmittelbaren Anlaß für sie bildete; sie wird, ihrem in der Begründung dargelegten Grunde entsprechend, auf ähnliche Fälle gleichfalls anzuwenden sein, z. B. im Falle der einheitlichen, auf demselben Rechtsgrunde beruhenden Bestellung des Nießbrauchs an mehreren Grundstücken. Die Gebühr wird nur einmal nach dem Betrage der Forderung, bezw. im Falle einheitlicher Bestellung oder Löschung des gleichen Rechtes an mehreren Grundstücken nach dem Gesamtwerte der Rechte erhoben. Ist die Eintragung oder Löschung in verschiedenen Grundbuchbezirken vorzunehmen, so wird die Gebühr aus dem Gesamtwerte bei demjenigen Grundbuchamt erhoben, bei dem der Antrag zuerst gestellt wird; bei den übrigen Ämtern darf die Gebühr 1 Mark nicht übersteigen.

Artikel 8.

Die vor dem Inkrafttreten dieses Gesetzes auf Grund des Dekrets vom 17. Februar 1852 erfolgte Bezeichnung der zu gerichtlichen Bekanntmachungen bestimmten Blätter bleibt bis zum Ablaufe des Jahres, für welches sie erfolgt ist, in Kraft.

Entw. Art. 7. — Verh. d. L.-A. 1904 I Nr. 7; II S. 1218 A.

Da das Gesetz erst im Laufe des Jahres 1905 in Kraft trat, sind die betr. Blätter für 1905 noch durch die Bezirkspräsidenten bestimmt worden.

Urkundlich unter Unserer Höchsteigenhändigen Unterschrift und beigedrucktem Kaiserlichen Insiegel.

Gegeben Berlin im Schloß, den 13. Februar 1905.

(L. S.) Wilhelm.

Fürst zu Hohenlohe-Langenburg.

II. Allgemeine Verfügung
betreffend das Notariat und das Verfahren in Angelegenheiten der freiwilligen Gerichtsbarkeit.

I.

Auf Grund des § 9 Abs. 2 des Gesetzes, betreffend das Notariat, vom 26. Dezember 1873, in der Fassung des Gesetzes vom 13. Februar 1905 (Gesetzbl. S. 3) wird folgendes bestimmt:

1. Der zur Verwaltung einer erledigten Notariatsstelle bestellte Amtsverweser hat seiner in amtlicher Eigenschaft abgegebenen Unterschrift die Bezeichnung „Notariatsverweser" beizufügen.

Er hat sich eines eigenen Dienstsiegels zu bedienen, das dem vorgeschriebenen Dienstsiegel der Notare zu entsprechen und als Umschrift den Vor- und Familiennamen des Amtsverwesers mit dem Beisatze: Notariatsverweser in (Amtssitz) zu enthalten hat.

2. Der Amtsverweser hat das Repertorium, das Verzeichnis der verwahrten Verfügungen von Todes wegen und das Wechselprotestregister des erledigten Notariats weiter zu führen. Wird die Anlegung eines neuen Repertoriums oder Registers erforderlich, so ist dasselbe für das verwaltete Notariat nach den bestehenden Vorschriften anzulegen.

Das Geschäfts- und Gebührenregister, sowie das Depositenbuch und das Hauptbuch [1]) sind von dem Amtsverweser nach

---

[1]) Die Verf. d. Ob.St.Anw. v. 9. III. 1905 weist darauf hin, daß die Befugnis des auf Grund des § 9 Abs. 2 bestellten Amtsverwesers zur Ausstellung von Anweisungen zur Rückzahlung von Depositengeldern sich aus § 5 Abs. 2 der Minist.-Verf. v. 12. Juli 1886, betr. die Hinterlegung und Rückzahlung notarieller Depositengelder, in Verbindung mit § 6 des Notariatsgesetzes vom 8. Juni 1892 ergibt.

den für die Notare bestehenden Vorschriften auf eigenen Namen neu anzulegen und zu führen.

3. Die Bestellung des Amtsverwesers ist widerruflich.

Die Bestellung sowie gegebenenfalls der Widerruf werden im Zentral- und Bezirks-Amtsblatte bekannt gemacht.

II.

Auf Grund des § 56 Abs. 4 des Ausführungsgesetzes zu dem Reichsgesetz über die Angelegenheiten der freiwilligen Gerichtsbarkeit, in der Fassung des Gesetzes vom 13. Februar 1905, sowie des § 78 desselben Gesetzes, wird folgendes bestimmt:

Die Anfertigung der im § 56 Abs. 3 des vorgenannten Ausführungsgesetzes bezeichneten Abschrift ist, außer den sonstigen durch Gesetz vorgesehenen Fällen, [1]) nicht erforderlich

1. wenn die Urschrift einer Urkunde einem elsaß-lothringischen Vormundschaftsgericht oder einer anderen elsaß-lothringischen Behörde zum Zwecke der Genehmigung vorgelegt wird;
2. wenn die Urschrift eines bei dem Notar verwahrten offenen Erbvertrags dem Nachlaßgerichte zum Zwecke der Eröffnung mitgeteilt wird (§ 28a Abs. 2, 3 des genannten Ausführungsgesetzes).

Wird in dem Falle unter Nr. 2 der Erbvertrag an ein außerhalb Elsaß-Lothringens gelegenes Nachlaßgericht abgeliefert, so hat der Notar eine beglaubigte (steuerfreie) Abschrift zurückzubehalten. [2])

III.

Die allgemeine Verfügung vom 6. Dezember 1899, betreffend das Verfahren in Angelegenheiten der freiwilligen Gerichtsbarkeit und die Registerführung bei den Amtsgerichten (Amtsbl. 1899 S. 293, 1901 S. 286, Just.-Samml. Bd. 24 S. 981, Bd. 26 S. 365) wird wie folgt geändert:

1. Art. 11 (zu vgl. § 51 der Geschäftsanweisung für die Gerichtsschreibereien der Amtsgerichte) erhält folgenden Abs. 2:

---

[1]) Diese Fälle sind insbes.: Ausf.-Ges. z. R.G.F.G. § 34 Abs. 3, § 35, Ausf.-Ges. z. R.-Zwangsvollstr.-Ges. § 4 Abs. 1, K. Verordn. betr. Anlegung von Grundbüchern v. 18. IV. 1900 § 28 Abs. 3.

[2]) Wegen der Ablieferung von Testamenten und Erbverträgen an auswärtige Nachlaßgerichte überhaupt vgl. Bem. 23 zu Art. 4 II (S. 66).

Verfügungen des Amtsrichters dieser Art sind im Entwurfe dem Landgerichtspräsidenten zur Genehmigung vorzulegen.

2. Die Art. 24 bis 27 (zu vgl. die §§ 57 bis 60 der Gesch.-Anw. für die Gerichtsschr. der Amtsger.) werden durch folgende Bestimmungen ersetzt:

Art. 24. Wird nach dem Tode des Erblassers ein Testament oder ein Erbvertrag gemäß §§ 2259, 2273, 2300 B. G. B. an das Nachlaßgericht abgeliefert, so ist dem Abliefernden hierüber eine Bescheinigung zu erteilen.

Das Testament oder der Erbvertrag ist mit dem Aktenzeichen (Art. 22 Abs. 1) zu versehen und bis zur Eröffnung in dem hierfür bestimmten verschlossenen Schranke zu verwahren. Den Schlüssel hat der Richter in eigener Verwahrung zu behalten.

Nach der Vorschrift des Abs. 2 ist auch zu verfahren, wenn ein eigenhändiges Testament bei der Vornahme der Nachlaßsicherung gefunden wird.

In Fällen, in denen der Richter durch Abwesenheit oder andere Umstände an der Entgegennahme einer Verfügung von Todes wegen verhindert ist, ist der Gerichtsschreiber ermächtigt, die Verfügung entgegenzunehmen. Der Gerichtsschreiber hat die Verfügung, mit dem Aktenzeichen versehen, in die für ihn bestimmte Abteilung des Testamentenschranks zu verbringen und sie, sobald dies geschehen kann, dem Richter zu übergeben. Die Verhinderung des Richters und deren Grund sowie die Uebergabe der Verfügung an den Richter sind aktenkundig zu machen.

Art. 25. Das Nachlaßgericht soll die Persönlichkeit der nach § 2260 Abs. 1 des Bürgerlichen Gesetzbuchs zu dem Eröffnungstermine zu ladenden gesetzlichen Erben und sonstigen Beteiligten durch Benehmen mit dem Notar, welcher das Testament oder den Erbvertrag abgeliefert hat, oder demjenigen Beteiligten, in dessen Besitze das eigenhändige Testament bis zur Ablieferung sich befunden hat, und erforderlichenfalls durch Erkundigungen bei der Gemeinde- oder Polizeibehörde feststellen.

Ist ein Testament oder ein Erbvertrag durch den Notar zu eröffnen (§ 28 a Abs. 1 des Ausführungsgesetzes über die freiwillige Gerichtsbarkeit), so hat der Notar sich über die Person der gesetzlichen Erben und der sonstigen Beteiligten, die er nach § 2260 Abs. 1 Satz 2 des Bürgerlichen Gesetzbuchs zu laden hat, in geeigneter Weise Gewißheit zu verschaffen.

Art. 26. Die Ladung zu dem Eröffnungstermin erfolgt durch Zustellung.[1]) Eine öffentliche Zustellung ist unzulässig.[2])

Die Ladung[3]) soll den Hinweis enthalten, daß den bei der Eröffnung nicht erschienenen Beteiligten der sie betreffende Inhalt des Testaments oder Erbvertrags schriftlich werde mitgeteilt werden (§ 2262 des Bürgerlichen Gesetzbuchs). Geht aus einer offen verwahrten Urkunde hervor, daß die gesetzlichen Erben von der Erbfolge ausdrücklich ausgeschlossen sind oder daß über die Erbfolge mit Uebergehung ihrer Person anderweitig verfügt ist, so soll denselben hiervon in der Ladung Mitteilung gemacht werden.

Art. 26a. Die Eröffnung eines Testaments darf nicht deshalb unterbleiben, weil es mit einem formellen oder materiellen Mangel behaftet ist, sofern es sich nur äußerlich als Testament darstellt.

Ein Testament, dessen ganzer Inhalt gültig widerrufen ist (§§ 2254—2256, §§ 2271. 2272, § 2289 des Bürgerlichen Gesetzbuchs), ist nur zu eröffnen, wenn ein Beteiligter die Eröffnung beantragt. Ist nur eine einzelne Verfügung des Testaments widerrufen (§ 2253 des Bürgerlichen Gesetzbuchs), so wird dadurch die Notwendigkeit der Eröffnung nicht berührt.

Ist ein Testament nicht durch ein späteres Testament förmlich widerrufen, sondern dadurch aufgehoben, daß das spätere Testa-

---

[1]) Bezügl. der Zustellungen v. Amtswegen vgl. für die Gerichte Minist.-Verf. v. 26. XII. 1899, für die Notare Minist.-Verf. v. 8. II. 1900.

[2]) Wie der Ob. L. G.-Präsident in einer an die Amtsgerichte erlassenen allgemeinen Verf. v. 26. November 1900 des näheren dargelegt hat (Just.-Samml. Bd. 25 S. 805, auch abgedr. in der amtl. Ausg. der Ausf.-Ges. u. Verordn. 3. Aufl. S. 326 Anm. 1), erscheint es vom rechtlichen wie praktischen Standpunkt unbedenklich, auch eine im diplomatischen Wege zu bewirkende Ladung der im Auslande sich aufhaltenden Beteiligten mit Rücksicht auf die Dringlichkeit der Testamentseröffnung regelmäßig als im Sinne des § 2260 B.G.B. „untulich" zu unterlassen. — Hierauf sind auch die Notare hingewiesen durch Verf. d. Ob. St. A. v. 9. III. 1905.

[3]) Die Ladungen zu dem Eröffnungstermin, desgleichen das Protokoll über die Verhandlung im Eröffnungstermin sind stempel- und verkehrssteuerfrei. — Durch Verf. d. Ob. St. A. v. 9. III. 1905 sind die zum Gebrauche der Amtsgerichte eingeführten Formulare N. S. 9 und 10 für die Ladungen und die Protokolle (von der Straßburger Druckerei und Verlagsanstalt, vormals R. Schultz & Cie. in Straßburg zu beziehen) den Notaren zur entsprechenden Verwendung als Muster für die in Frage stehenden notariellen Amtshandlungen empfohlen worden.

ment mit ihm in Widerspruch steht (§ 2258 Abs. 1 des Bürgerlichen Gesetzbuchs), so werden beide Testamente eröffnet.

Diese Bestimmungen finden auf Erbverträge entsprechende Anwendung (zu vgl. die §§ 2289 ff. des Bürgerlichen Gesetzbuchs).

Art. 26 b. Vor der Eröffnung ist das Testament oder der Erbvertrag den Erschienenen vorzuzeigen und, sofern die Urkunde verschlossen ist, die Unverletztheit des Verschlusses, insbesondere auch der Siegel, festzustellen. Die Verfügung ist alsdann zu öffnen, den Beteiligten zu verkünden und ihnen auf Verlangen vorzulegen.[1]) Im Falle der Vorlegung darf die Verkündung unterbleiben (§ 2260 des Bürgerlichen Gesetzbuchs).

Ueber die Eröffnung ist ein Protokoll aufzunehmen. Das Protokoll hat insbesondere zu enthalten:

1. die Bezeichnung der anwesenden Personen,
2. eine Beschreibung des Hergangs der Eröffnung und, wenn die Urkunde verschlossen war, die Feststellung, ob der Verschluß unversehrt gewesen oder welche Verletzung des Verschlusses wahrgenommen worden ist,
3. im Falle der Abgabe von Erklärunaen über die Echtheit oder über die Anerkennung der Verfügung, diese Erklärungen.[2])

Bei der Eröffnung eines gemeinschaftlichen Testaments oder eines zweiseitigen Erbvertrags ist im Protokoll anzugeben, inwieweit der Inhalt verkündet worden sowie, ob ein Teil und welcher Teil nach Vorschrift der §§ 2273, 2300 des Bürgerlichen Gesetzbuchs geheim gehalten worden ist.

Schenkungen an oder unter Ehegatten, welche in einem Ehevertrage des früheren Rechtes, sowie Schenkungen unter Ehegatten, welche während der Ehe nach früherem Rechte gemacht worden sind, werden, wenn die Schenkung den Nachlaß des Schenkers ganz oder teilweise zum Gegenstande hat, wie Erbverträge behandelt.[3])

---

[1]) Beim Ausbleiben aller Beteiligten vgl. Bem. 12 S. 60.

[2]) Für das gerichtliche Erbscheinsverfahren ist zu beachten, daß eine nichtige Verfügung von Todes wegen nicht etwa durch Anerkennung der Beteiligten wirksam werden kann, und daß anderseits eine bloß anfechtbare Verfügung, solange sie nicht angefochten ist, wirksam ist, auch wenn sie nicht ausdrücklich anerkannt ist.

[3]) Wegen der Schenkungen auf den Todesfall des jetzigen und des früheren Rechtes vgl. Bem. 14 S. 61.

Art. 27. Ist ein Testament oder ein (in besonderer Verwahrung befindlicher) Erbvertrag durch den Notar eröffnet, so hat der Notar nach Anfertigung der gemäß § 28 a Abs. 1 des Ausführungsgesetzes über die freiwillige Gerichtsbarkeit zu fertigenden Abschrift das Testament oder den Erbvertrag mit dem Protokoll über die Eröffnung unverzüglich an das Nachlaßgericht zu übersenden.[1]) Sendungen durch die Post sind einzuschreiben.

Das Nachlaßgericht hat dem Notar den Empfang schriftlich zu bestätigen.

Art. 27a. Das Nachlaßgericht hat sowohl im Falle eigener Eröffnung einer Verfügung von Todes wegen, wie im Falle der Eröffnung durch einen Notar die Beteiligten, welche bei der Eröffnung nicht zugegen gewesen sind, von dem sie betreffenden Inhalte der Verfügung in Kenntnis zu setzen (§ 28 a Abs. 2 des Ausführungsgesetzes über die freiwillige Gerichtsbarkeit). Die Benachrichtigung hat in der Regel schriftlich durch Brief zu erfolgen (zu vgl. Art. 1[2])). Ist die Mitteilung an den als Erben Berufenen zu machen, so soll sie mittels eingeschriebenen Briefes oder mittels Aushändigung gegen Empfangsbescheinigung erfolgen, sofern nicht die förmliche Zustellung angeordnet wird.

Die eröffneten Testamente und Erbvertäge werden, wenn sie nicht nach den §§ 2273, 2300 des Bürgerlichen Gesetzbuchs wieder in die besondere amtliche Verwahrung (des Notars) zu verbringen oder nach § 28a Abs. 3 Satz 2 des Ausführungsgesetzes über die freiwillige Gerichtsbarkeit dem Notar zur weiteren Verwahrung zurückzugeben sind, bei dem Gericht in Verwahrung gemäß Art. 24 Abs. 2 genommen. War die Urkunde in einem Umschlage verschlossen, so ist dieser mit der Urkunde, und wenn die Urkunde an den Notar zurückzugeben ist, in den Nachlaßakten zu verwahren.

Ist ein gemeinschaftliches Testament oder ein zweiseitiger Erbvertrag in die besondere amtliche Verwahrung zurückzubringen, so ist die Urkunde nach Anfertigung der in den

---

[1]) Von dem Protokoll über die Eröffnung ist keine Abschrift vom Notar zurückzubehalten. — Der Sendung an das Nachlaßgericht ist auch der Umschlag beizufügen, in dem das Testament oder der Erbvertrag verschlossen war (vgl. Art. 27a Abs. 2; auch Verf. des Ob.St.Anw. v. 9. III. 1905).

[2]) der allg. Minist.-Verf. v. 6. XII. 1899 (Amtsbl. S. 293, Just.-Samml. Bd. 24 S. 981).

§§ 2273, 2300 des Bürgerlichen Gesetzbuchs bezeichneten Abschrift gemäß § 2246 des Bürgerlichen Gesetzbuchs zu verschließen und dem Notar, in dessen Verwahrung die Urkunde sich befand, oder wenn etwa ein anderer Notar von dem Erblasser bestimmt wird, diesem zur weiteren besonderen Verwahrung zu übermitteln. Die Uebermittelung hat, wenn der Notar am Sitze des Nachlaßgerichts seinen Amtssitz hat, durch den Gerichtsschreiber persönlich, andernfalls — sofern sie nicht alsbald gelegentlich der Anwesenheit des zur Empfangnahme bereiten Notars im Gerichtsgebäude oder ohne wesentliche Verzögerung gelegentlich eines auswärtigen Amtstermins des Gerichts geschehen kann — durch die Post zu erfolgen; die Sendung durch die Post ist einzuschreiben. Bis zur Aushändigung an den Notar ist die Verfügung im Testamentenschranke zu verwahren.

Ein eigenhändiges gemeinschaftliches Testament, welches Verfügungen eines überlebenden Ehegatten enthält, ist, auch wenn es sich vor der Ablieferung an das Gericht nicht in der besonderen amtlichen Verwahrung eines Notars befunden hat, unter entsprechender Anwendung der Bestimmungen des Abs. 3 in die amtliche Verwahrung eines Notars zu verbringen. Die Wahl des Notars steht dem überlebenden Ehegatten zu. Wird ein Notar von dem Ehegatten nicht bezeichnet, so bestimmt das Gericht den Notar, wenn tulich einen solchen am Sitze des Gerichts. Der Notar hat das Testament in die besondere amtliche Verwahrung zu nehmen.

Ist ein Erbvertrag zwar nicht in die besondere amtliche Verwahrung zurückzubringen, aber nach Vorschrift des § 28a Abs. 3 des Ausführungsgesetzes über die Angelegenheiten der freiwilligen Gerichtsbarkeit dem Notar deshalb zurückzugeben, weil der Erbvertrag mit einem anderen Rechtsgeschäft in derselben Urkunde verbunden ist oder, weil er die Verfügung eines überlebenden Vertragteils enthält,[1]) so ist eine beglaubigte Abschrift

[1]) Bezüglich der von außerhalb Elsaß-Lothringens gelegenen Gerichten oder Notaren abgelieferten Erbverträge dieser Art vgl. S. 66 Bem. 24. Wenn, wie dort ausgeführt, solche Erbverträge an auswärtige Gerichte oder Notare nicht zurückzugeben sind, so ist anderseits vom Nachlaßgerichte, das einen Erbvertrag dieser Art, der die Verfügung eines noch lebenden Vertragsteils enthält, nun in Verwahrung nimmt, dafür Vorsorge zu treffen, daß er im Auge behalten und nach dem Ableben des Verfügenden eröffnet wird. Es wird ein besonderes Verzeichnis für solche Erbverträge anzulegen sein.

von den Verfügungen des verstorbenen Vertragsteils und, falls diese sich nicht sondern lassen, von dem Erbvertrage nur dann zurückbehalten, wenn der Nachlaßrichter dies mit Rücksicht auf die weitere geschäftliche Behandlung der Nachlaßsache für erforderlich hält. Die Rückgabe an den Notar hat nach den Vorschriften des Abs. 3 Satz 2, 3 zu erfolgen.

Die Inverwahrnahme einer Verfügung von Todes wegen oder deren Wiederverschließung und Abgabe an den Notar sind, sofern sie nicht im Eröffnungsprotokolle beurkundet werden können, in den Nachlaßakten festzustellen. Die Protokolle über die Eröffnung von Verfügungen von Todes wegen sowie die gemäß den §§ 2273, 2300 des Bürgerlichen Gesetzbuchs und dem vorstehenden Abs. 5 zu fertigenden Abschriften sind zu den Nachlaßakten zu nehmen.

Der Notar, an den eine eröffnete Verfügung von Todes wegen zurückgelangt, hat dem Nachlaßgerichte den Empfang schriftlich zu bestätigen. Ist die Verfügung in die besondere amtliche Verwahrung zu verbringen (oben Abs. 3, 4), so hat er dem überlebenden Ehegatten oder dem überlebenden Vertragsteil einen Hinterlegungsschein auszustellen, ohne Rücksicht darauf, daß bei der früheren Inverwahrnahme bereits ein solcher ausgestellt worden ist.

Art. 27 b. Die bei dem Nachlaßgerichte verbleibenden Verfügungen von Todes wegen (Art. 27 a Abs. 2) sind nach Jahrgängen geordnet aufzubewahren.

Jeder Jahrgang ist nach Verlauf von vier Jahren (der Jahrgang 1900 also im Jahre 1905) aus dem Testamentenschranke herauszunehmen, in ein Aktenheft einzuheften und nach den allgemeinen Vorschriften über die Verwahrung der Akten weiter zu verwahren.

Eigenhändige gemeinschaftliche Testamente, die Verfügungen eines überlebenden Ehegatten enthalten und gemäß den bisherigen Vorschriften beim Nachlaßgerichte verwahrt werden, sind unter Beobachtung des vorstehenden Art. 27 a Abs. 4 in die amtliche Verwahrung eines Notars zu verbringen.

Erbverträge der im § 28 a Abs. 3 Satz 2 des Ausführungsgesetzes über die freiwillige Gerichtsbarkeit bezeichneten Art, die gemäß den bisherigen Vorschriften beim Nachlaßgerichte verwahrt werden, sind dem Notar unter Beobachtung des vorstehenden Art. 27 a Abs. 5 zurückzugeben.

IV.

Auf Grund des § 169 des Ausführungsgesetzes zum Bürgerlichen Gesetzbuch wird folgendes bestimmt:

1. Bedarf eine Verfügung von Todes wegen, durch welche eine juristische Person (des öffentlichen Rechtes oder des Privatrechts) zum Erben eingesetzt oder mit einer Zuwendung bedacht ist, der staatlichen Genehmigung (§ 6 des Ausführungsgesetzes zum Bürgerlichen Gesetzbuch), so hat das Nachlaßgericht dem Bezirkspräsidenten, in dessen Bezirk die juristische Person ihren Sitz hat, und bei Beteiligung von juristischen Personen im Auslande dem Bezirkspräsidenten, in dessen Bezirk der Nachlaß eröffnet ist, von der Zuwendung Mitteilung zu machen.

2. Die im Dekrete vom 30. Juli 1863 den Notaren auferlegten Verpflichtung, von den zu Gunsten öffentlicher Anstalten getroffenen Verfügungen von Todes wegen dem Bezirkspräsidenten Mitteilung zu machen, liegt den Notaren nicht weiter ob. Ebenso ist die Verpflichtung der Notare, den durch eine Verfügung von Todes wegen bedachten öffentlichen Anstalten von der Verfügung Mitteilung zu machen (Verordn. vom 4. Pluviôse XII, Dekret vom 30. Dezember 1809 Art. 58, Dekret vom 6. November 1813 Art. 67, Ord. vom 2. April 1817 Art. 5) infolge der veränderten Bestimmungen über die Eröffnung der Verfügungen von Todes wegen (insbes. § 2262 des Bürgerlichen Gesetzbuchs) in Wegfall gekommen.

Unberührt bleibt die den Notaren obliegende Pflicht, von Schenkungen unter Lebenden gewissen Beteiligten Mitteilung zu machen (Dekret vom 30. Dezember 1809 Art. 58, Dekret vom 1. November 1813 Art. 67).

V.

Diese Verfügung tritt gleichzeitig mit dem Gesetze, betreffend die Aenderung verschiedener Justizgesetze, vom 13. Februar 1905 in Kraft.

Straßburg, den 28. Februar 1905.

Ministerium für Elsaß-Lothringen.
Abteilung für Justiz und Kultus.

Der Unterstaatssekretär
Dr. Petri.

III. Materialien.

A. Begründung zu dem Entwurf eines Gesetzes, betreffend die Änderung verschiedener Justizgesetze.

I. Im Allgemeinen.

Die im dem vorliegenden Entwurfe vereinigten Abänderungsvorschläge zu bestehenden Gesetzen stehen nur zum Teil in einem inneren Zusammenhange, während für einen anderen Teil, dem ein solcher Zusammenhang fehlt, das Gemeinsame nur darin besteht, daß die sämtlichen berührten Gesetze dem Bereiche der Justizgesetzgebung angehören. Aber auch soweit nur dieser Gesichtspunkt zutrifft, erscheint es der Übersichtlichkeit des Rechtszustandes dienlicher, die sämtlichen Abänderungen in einem Gesetze zusammenzufassen, als sie in mehreren Gesetzen von geringem Umfange zum Ausdruck zu bringen.

Die Hauptpunkte, in denen der im einzelnen nach der Zeitfolge der berührten Gesetze geordnete Entwurf in die bestehende gesetzliche Regelung eingreift, sind die folgenden:

1. Auf dem Gebiete des Nachlaßwesens haben sich Unzuträglichkeiten daraus ergeben, daß die Verfügungen von Todes wegen, auch soweit sie sich beim Ableben des Erblassers in der Verwahrung eines Notars befinden, unterschiedslos nicht von dem Notar, sondern vom Nachlaßgericht eröffnet werden und nach der Eröffnung in der Verwahrung des Nachlaßgerichts verbleiben. In dieser Beziehung hat der Landesausschuß zweimal — im Jahre 1902 gelegentlich der Etatsberatung und im Jahre 1903 bei der Beschlußfassung über einen von dem Abgeordneten Krafft und Genossen eingebrachten Gesetzentwurf — Anlaß genommen, in Form einer Resolution die Regierung um Inangriffnahme einer anderweitigen Regelung zu ersuchen (zu vergl. Verhandlg. des Landesausschusses 1902, II. Bd. S. 553, und 1903, II. Bd. S. 829). Es erschien jedoch angezeigt, eine Neuregelung nicht vorzuschlagen, bis genügende Erfahrungen über die Notwendigkeit und den Umfang einer Aenderung des bestehenden Rechtes ge-

sammelt waren. Da dieser Zeitpunkt jetzt eingetreten ist, trifft der Entwurf im Art. 3 [1]) die erforderlichen Bestimmungen. In gewissem Zusammenhange damit stehen die im Art. 1 vorgeschlagenen Aenderungen der Notariatsverfassung sowie zum Teil die Vorschläge des Art. 5 [2]) zur Notariatsgebührenordnung und des Art. 6 [3]) Ziff. 1 zum Gerichtskostengesetze für Elsaß-Lothringen.

2. Die Vorschläge unter Art. 6 Ziff. VI bis IX, welche die Gerichtskosten und die Rechtsanwaltsgebühren in Enteignungssachen normieren, stehen in Beziehung zu dem dem Landesausschusse bereits zugegangenen Entwurf eines Enteignungsgesetzes, dessen Bestimmungen über die Neuregelung des Enteignungsverfahrens eine entsprechende Ergänzung des Landesgerichtskostengesetzes notwendig machen.[4])

3. Im übrigen nimmt der Entwurf die Gelegenheit einer Revision von Justizgesetzen wahr, um außer den vorstehenden, mit der Neugestaltung des Bürgerlichen Rechtes und des Enteignungsverfahrens zusammenhängenden Vorschriften einige Ergänzungen der Ausführungsgesetze zum Gerichtsverfassungsgesetz und zur Zivilprozeßordnung vorzuschlagen, deren Notwendigkeit im Laufe der Zeit hervorgetreten ist; die bezüglichen Bestimmungen sind in den Art. 2 und 4 [5]) getroffen. Ebenso verhält es sich mit einigen weniger belangreichen Aenderungen der Notariatsgebührenordnung (Art. 5) [2]) und des Gerichtskostengesetzes für Elsaß-Lothringen (Art. 6), [3]) die nicht schon im Rahmen der unter Nr. 1 und 2 erörterten Angelegenheiten ihre Begründung finden.

II. Im Besonderen.

Zum Art. 1.

Gesetz, betr. das Notariat, vom 26. Dezember 1873.

Nach § 9 des Notariatsgesetzes vom 26. Dezember 1873 wird im Falle der Erledigung eines Notariats die vorläufige

[1]) Art. 4 des Ges.
[2]) Art. 6 des Ges.
[3]) Art. 7 des Ges.
[4]) Zu vgl. die Bemerkung am Schlusse der Begründung S. 113.
[5]) Art. 5 des Ges.

Verwahrung der Urkunden und Dienstbücher auf Antrag des Ersten Staatsanwalts durch den Landgerichtspräsidenten geordnet. Der Notar, welchem das Archiv definitiv übergeben werden soll, wird demnächst durch den Oberstaatsanwalt bestimmt. In der ersten Richtung bringt der Entwurf keine sachliche Aenderung. Dagegen soll nach den neu vorgeschlagenen Abs. 1 und 2[1]) des § 9 im Falle der Wiederbesetzung der Stelle das Archiv von Rechts wegen auf den Nachfolger übergehen und nur im Falle der Aufhebung der Stelle soll über die endgültige Zuteilung des Archivs an eine andere Notariatsstelle Bestimmung getroffen werden, welche in solchen Fällen zweckmäßig dem Ministerium vorbehalten bleibt.

Im Zusammenhange mit diesen Vorschriften, welche die von der Person des Stelleninhabers unabhängige Selbständigkeit und Kontinuierlichkeit der Notariatsstellen zum Ausdruck bringen, steht die Vorschrift des Abs. 3.[2]) Nach gegenwärtigem Rechte hat die gerichtlicherseits erfolgte Uebertragung richterlicher Verrichtungen an einen Notar Wirkung nur für die Person des in dem Ueberweisungsbeschlusse bezeichneten Notars. Scheidet der Notar aus dem Amte, so ist die Bestellung eines anderen Notars erforderlich. Demgegenüber spricht der neuvorgeschlagene Abs. 3[2]) die grundsätzliche Fortdauer der Ueberweisung für den jeweiligen Inhaber der Amtsstelle aus. Selbstverständlich muß jedoch dem Gerichte die Befugnis verbleiben, aus besonderen Gründen, z. B. wegen gesetzlicher Verhinderung des Notars oder auf Antrag der Beteiligten einen anderen Notar zu bezeichnen. Mit dieser Maßgabe soll die Uebertragung richterlicher Verrichtungen auf einen Notar nicht nur im Falle des Ausscheidens des letzteren auf seinen Nachfolger von Rechts wegen übergehen, sondern auch im Falle der Bestellung eines Amtsverwesers für den im Ueberweisungsbeschlusse bezeichneten Notar (§§ 2, 3 des Gesetzes vom 8. Juni 1892) den Amtsverweser sowie im Falle der vorläufigen Verwahrung des Notariatsarchivs (Abs. 1) den vorläufigen Verwahrer zur Vornahme der Verrichtungen ermächtigen. Unberührt bleibt daneben die bezüglich der Vertretung eines Notars in einzelnen Amtshandlungen bestehende Vorschrift des § 1 Abs. 2 des Gesetzes, betreffend das Notariat, vom 8. Juni 1892.

[1]) Im Ges.: Abs. 1 und 3.
[2]) Im Ges.: Abs. 4.

Die in beiden Punkten vorgeschlagene Neuregelung hat neben den sachlichen Vorteilen, die sie unmittelbar bietet, den Vorzug, daß sie eine zweifelsfreie Grundlage für die Vorschriften schafft, welche der Entwurf im Art. 3 II [1]) vorschlägt. Denn die dort den Notaren an Stelle der Nachlaßgerichte übertragenen Verrichtungen bei der Testamentseröffnung können nach Art. 147 des Einführungsgesetzes zum Bürgerlichen Gesetzbuch nur anderen als gerichtlichen Behörden übertragen werden. Ob aber, wenn schon die Notare in Elsaß-Lothringen, wie allgemein anerkannt ist, öffentliche Beamte sind, den einzelnen Notariaten zurzeit die Eigenschaft von öffentlichen Behörden zukommt, ist zweifelhaft. Zwar haben gegenüber dem Rechtszustande, wie er in Frankreich zurzeit der Einverleibung Elsaß-Lothringens mit dem Deutschen Reiche bestanden hat, in der Folge die Notariate durch die Aufhebung der Verkäuflichkeit der Stellen, durch die Vorschriften des § 9 des Gesetzes vom 26. Dezember 1873 über die in Ansehung der Urkunden und Dienstbücher erledigter Notariate zu treffende oberbehördliche Bestimmung, sodann durch die Uebertragung richterlicher Funktionen auf die Notare mehr und mehr einen behördlichen Charakter erhalten (zu vergl. in der letzterwähnten Richtung — Uebertragung richterlicher Funktionen — die früheren Gesetze über die Zwangsvollstreckung in das unbewegliche Vermögen usw. vom 30. April 1880 § 4, und über das gerichtliche Verteilungsverfahren usw. vom 16. Juni 1888 § 4, sowie die jetzigen Ausführungsgesetze, betreffend die freiwillige Gerichtsbarkeit §§ 24, 30, 34, und betreffend die Zwangsversteigerung und die Zwangsverwaltung §§ 1, 32, 37). Allein als dauernde, von dem Wechsel des Notars als Träger des Amtes unabhängige, in ihrer Tätigkeit rechtlich kontinuierliche Amtsstellen, wie es der Begriff einer Behörde erfordert (zu vergl. die Entscheidung der vereinigten Strafsenate des Reichsgerichts vom 14. November 1888, Entsch. in Straff. Bd. 18 S. 246), werden die Notariate erst durch die im Art. 1 des Entwurfs vorgeschlagenen Vorschriften gekennzeichnet, ohne daß hiermit — wozu ein Anlaß bei Gelegenheit des vorliegenden Entwurfs fehlen würde — in der dienstlichen Stellung der Notare im übrigen eine Aenderung herbeigeführt wird.

Im einzelnen ist zum Abs. 2 [2]) des § 9 noch zu bemerken,

[1]) Art. 4 II des Ges.
[2]) Im Ges.: Abs. 3.

daß nur das zu der erledigten Stelle gehörige Archiv auf den Nachfolger von Rechts wegen übergeht. Hierunter sind nur die in der definitiven Verwahrung des früheren Stelleninhabers befindlichen Urkunden und Dienstbücher zu verstehen, nicht etwa auch solche, hinsichtlich deren ihm eine vorläufige Verwahrung gemäß § 9 Abs. 1 oblag. Diese Verwahrung bleibt vielmehr, auch wenn sie auf den Nachfolger übertragen wird, eine vorläufige Wiederbesetzung oder Aufhebung derjenigen Stelle, von der die Urkunden und Dienstbücher herrühren.

Zum Art. 2.

Ausführungsgesetz zum Gerichtsverfassungsgesetze.

Das Bedürfnis nach einer Ergänzung des Ausführungsgesetzes zum Gerichtsverfassungsgesetz ist insbesondere in Ansehung der unter I. vorgeschlagenen Bestimmung (§ 22a) hervorgetreten, welche dem Präsidenten des Oberlandesgerichts die Ordnung der Vertretung von Gerichtsmitgliedern in gewissen Fällen überträgt; hinsichtlich deren Begründung wird auf das unten im einzelnen Bemerkte Bezug genommen. Besteht hiernach Veranlassung zu einer Aenderung des erwähnten Gesetzes, so erscheint es wünschenswert, einige weitere Punkte, welche teils unmittelbar die Gerichtsverfassung berühren (II, III), teils wegen ihrer allgemeinen Bedeutung für das gesamte gerichtliche Verfahren zweckmäßig in den Schlußbestimmungen des Gesetzes ihren Platz finden (IV), in die Neuregelung einzubeziehen.

I. — § 22a. — Nach § 15 des Ausführungsgesetzes zum Gerichtsverfassungsgesetze kann der Präsident des Landgerichts im Falle der Verhinderung eines Mitglieds des Landgerichts, dessen Ersetzung durch ein anderes Mitglied nicht möglich ist, einen Amtsrichter mit der Vertretung für einzelne Sitzungen oder Geschäfte beauftragen. Eine derartige Bestimmung, durch welche der ungestörte Fortgang der Geschäfte in Fällen einer unvorhergesehenen Verhinderung eines Gerichtsmitglieds gesichert wird, besteht hinsichtlich des Oberlandesgerichts nicht. Da jedoch ein Bedürfnis hiernach bei der wachsenden Geschäftslast des Oberlandesgerichts wiederholt hervorgetreten ist, schlägt der Entwurf eine entsprechende Vorschrift als § 22a des Ausführungsgesetzes zum Gerichtsverfassungsgesetze vor. Als Vertreter kommen hier nach § 122 des Gerichtsverfassungsgesetzes die Mitglieder der Landgerichte und die Amtsrichter in Betracht.

II. — § 31a. — Die Bestellung der Untersuchungsrichter sowie zeitweiliger Vertreter richterlicher und staatsanwaltschaftlicher Beamten fand ihre Regelung im Gesetze vom 22. September 1873, welches den Reichskanzler für die Bestellung für zuständig erklärte. Dieses Gesetz ist jedoch durch spätere Gesetze mehrfach berührt worden. Zunächst ist die dem Reichskanzler übertragene Befugnis auf den Statthalter übergegangen (Gesetz vom 4. Juli 1879, § 2). Bezüglich der Untersuchungsrichter kommt sodann die Vorschrift des § 60 des Gerichtsverfassungsgesetzes zur Anwendung, wonach die Bestellung durch die Landesjustizverwaltung zu erfolgen hat; das Gleiche gilt von den im § 69 des Gerichtsverfassungsgesetzes für die Landgerichte vorgesehenen Anordnungen. Des weiteren wurde auf Grund der im § 5 des Ausführungsgesetzes zum Gerichtsverfassungsgesetz ausgesprochenen Ermächtigung durch Verordnung des Statthalters vom 7. April 1899 (Gesetzbl. S. 39) die Uebertragung der Verwaltung einer Amtsrichterstelle an einen Gerichtsassessor sowie die Bestellung von Gerichtsassessoren zu Hülfsrichtern oder Hülfsarbeitern bei der Staatsanwaltschaft dem Ministerium zugewiesen. Das Gesetz vom 22. September 1873 hat sonach zurzeit nur noch eine beschränkte Geltung, und auch in den Fällen seiner Anwendbarkeit wird die Bestellung zeitweiliger Vertreter nach den über die Vertretung des Statthalters in dieser Beziehung bestehenden Bestimmungen regelmäßig von dem Ministerium bewirkt. Im Interesse einer auch formell einheitlichen Regelung empfiehlt es sich, das Gesetz vom 22. September 1873, soweit es noch besteht, aufzuheben und durch eine allgemeine Vorschrift das Ministerium für die Bestellung der Untersuchungsrichter und der zeitweiligen Vertreter von richterlichen und staatsanwaltschaftlichen Beamten sowie für die Bestellung von Hülfsrichtern und Hülfsarbeitern bei der Staatsanwaltschaft zuständig zu erklären. Unberührt bleibt dabei die Sonderbestimmung des § 15 des Ausführungsgesetzes zum Gerichtsverfassungsgesetz (s. die vorstehenden Bemerkungen unter I). Ueber die Voraussetzungen und die Zulässigkeit der Vertretung durch einen Richter, welcher nicht Mitglied des gleichen Gerichts ist, sind hinsichtlich der Landgerichte und der Oberlandesgerichte reichsgesetzliche Bestimmungen getroffen in den §§ 69, 122 des Gerichtsverfassungsgesetzes, während hinsichtlich der Amtsgerichte eine besondere reichsgesetzliche Schranke nicht besteht.

Unberührt bleiben die durch § 10 des Gerichtsverfassungsgesetzes aufrecht erhaltenen Bestimmungen über die Bestellung von Ergänzungsrichtern bei den Amtsgerichten; zu vgl. Art. 3, 4 des Gesetzes vom 29. Ventôse IX, § 17 des Gesetzes, betreffend die Abänderung der Gerichtsverfassung, vom 14. Juli 1871, § 2 des Gesetzes, betreffend die Verfassung und die Verwaltung Elsaß-Lothringens, vom 4. Juli 1879.

III. — 31b. — Die hier vorgeschlagenen Bestimmungen entsprechen den Grundsätzen des elsaß-lothringischen Landesrechts, welches in dieser Beziehung durch § 4 des Einführungsgesetzes zum Gerichtsverfassungsgesetz aufrecht erhalten ist. Im Hinblick auf vereinzelt hervorgetretene Zweifel empfiehlt es sich, nach dem Vorgang anderer Staaten den Gegenstand durch eine ausdrückliche Vorschrift des Gesetzes zu regeln. Der Entwurf schließt sich hierbei insbesondere dem preußischen Ausführungsgesetze zum Gerichtsverfassungsgesetz vom 24. April 1878 (§§ 77 und 84), sowie dem bayerischen Ausführungsgesetze zum Gerichtsverfassungsgesetz vom 23. Februar 1879 (§§ 68 und 75) an. Daß zu den Vorständen der Gerichte auch die Amtsrichter gehören, und zwar, sofern das Amtsgericht mit mehreren Richtern besetzt ist, der aufsichtführende Richter, bedarf einer besonderen Hervorhebung im Gesetze nicht.

IV. — § 31c. — Art. 23 des Organischen Dekrets über die Presse vom 17. Februar 1852 bestimmt, daß „gerichtliche Anzeigen, welche gesetzlich für die Gültigkeit und Oeffentlichkeit von Prozeßhandlungen oder Verträgen erfordert werden, bei Strafe der Nichtigkeit der Einrückung in die Zeitung oder Zeitungen des Gerichtsbezirks einzurücken sind, welche jedes Jahr durch den Präfekten (Bezirkspräsidenten) bezeichnet werden". Erscheint in dem Gerichtsbezirk keine Zeitung, so hat der Bezirkspräsident eine oder mehrere Zeitungen seines Bezirks zu bezeichnen.

Diese Vorschriften sind, soweit es sich um die Veröffentlichung der Eintragungen im Handelsregister sowie Genossenschaftsregister handelt, durch die §§ 10, 11 des Handelsgesetzbuchs und § 156 des Genossenschaftsgesetzes beseitigt; die für diese Veröffentlichungen bestimmten Blätter werden von dem Registergerichte selbst alljährlich bezeichnet. Dagegen besteht die Zuständigkeit des Bezirkspräsidenten zurzeit noch für die beiden folgenden Gruppen von gerichtlichen Veröffentlichungen:

1. Verschiedene Gesetze schreiben die Veröffentlichung gerichtlicher Verlautbarungen vor „in dem für die Bekanntmachungen des Gerichts bestimmten Blatt" (z. B. B.G.B. §§ 66, 1562, 1983; K.O. § 76; Zwangsvollstr.-Ges. §§ 39, 168; Ausf.-Ges. zur Z.P.O. usw. § 9) oder „in dem Blatte, welches für den Sitz des Prozeßgerichts zur Veröffentlichung der amtlichen Bekanntmachungen bestimmt ist" (z. B. Z.P.O. §§ 204, 948, 1009) oder „in dem zu amtlichen Bekanntmachungen des betreffenden Bezirks bestimmten Blatte" (z. B. Str.Pr.O. §§ 320, 473). Für alle diese Fälle wird in Ansehung eines jeden Gerichts ein Blatt vom Bezirkspräsidenten alljährlich bestimmt; allgemeine Bekanntmachungsblätter für „den Sitz des Prozeßgerichts" oder „den betreffenden Bezirk" bestehen in Elsaß-Lothringen nicht.
2. In anderen Fällen ist im Gesetze lediglich die öffentliche Bekanntmachung vorgeschrieben; so im § 867 der Zivilprozeßordnung. In diesen Fällen sind die Gerichte an die Auswahl aus denjenigen Blättern gebunden, welche der Bezirkspräsident alljährlich — für diese Fälle in größerer Zahl — als Bekanntmachungsblätter für gerichtliche Anzeigen bestimmt.

Die im Dekret von 1852 ausgesprochene Androhung der Nichtigkeit hat für die erwähnten Fälle keine Bedeutung mehr, da die Folgen unterlassener oder vorschriftswidriger Bekanntmachung sich lediglich nach dem Gesetze bestimmen, welches die Bekanntmachung anordnet. Die noch bestehende Zuständigkeit einer Verwaltungsbehörde für die Bezeichnung der zu gerichtlichen Veröffentlichungen bestimmten Blätter hat wiederholt zu Unzuträglichkeiten geführt, und der Landesausschuß hat sich anläßlich einer ihm zugegangenen Petition für die Beseitigung dieser Zuständigkeit ausgesprochen (Verh. 1903 II S. 829 bis 832). In der Tat steht die Vorschrift des Art. 23 des Dekrets von 1852 nicht recht im Einklange mit den heutigen Anschauungen über die den Gerichten auch auf diesem Gebiete gebührende Unabhängigkeit, wie sie insbesondere auch bei der

Beratung des § 10 des Handelsgesetzbuchs zum Ausdrucke gekommen sind. Zudem erscheinen die Gerichte am besten in der Lage, zu ermessen, welche Blätter dem mit der Veröffentlichung verfolgten Zwecke möglichst vollkommener Verbreitung der gerichtlichen Bekanntmachungen am dienlichsten sind. Wenn es hiernach auch nicht sowohl eine Sache der Justizverwaltung als vielmehr eigener Würdigung der Gerichte ist, die Auswahl der Blätter zu treffen, so empfiehlt es sich doch aus praktischen Gründen nicht, den Kollegialgerichten als solchen die Entscheidung zu übertragen; es wird dem erwähnten Gesichtspunkt völlig Rechnung getragen, wenn die Auswahl durch das Präsidium erfolgt. In dieser Weise geschieht die Bezeichnung der Blätter auch in Bayern; vgl. die Bekanntmachung des Königlich Bayerischen Staatsministeriums der Justiz vom 4. August 1879 (Just. Minist. Bl. S. 362). Ebenso erschiene es nicht angemessen und könnte unter Umständen zu einer nachteiligen Zersplitterung der die Bevölkerungskreise benachbarter Bezirke berührenden Bekanntmachungen führen, wenn jedes Amtsgericht über die Wahl eines Blattes zu entscheiden hätte. Der Entwurf überträgt deshalb die Bezeichnung der Blätter für die Landgerichte und die zu deren Bezirke gehörigen Amtsgerichte dem Präsidium des Landgerichts, für das Oberlandesgericht dem Präsidium dieses Gerichts.

In das demgemäß bestimmte Blatt sind alle gerichtlichen Bekanntmachungen einzurücken, für die nicht gesetzlich eine andere Regelung unmittelbar getroffen ist, also außer den unter Nr. 1 oben aufgeführten auch solche Bekanntmachungen, über deren Bewirkung eine nähere Vorschrift nicht gegeben ist (wie im Falle des § 687 Z.P.O). Unter den Vorbehalt einer anderweitigen Regelung fallen dagegen die oben erwähnten Vorschriften des Handelsgesetzbuchs und des Genossenschaftsgesetzes sowie diejenigen Vorschriften, welche die Art der Veröffentlichung, ganz oder neben der Bekanntmachung in einem bestimmten Blatte, ausdrücklich in das Ermessen des im einzelnen mit der Angelegerheit befaßten Gerichts stellen (zu vgl. z. B. die §§ 326, 333, 335, auch § 40 der Strafprozeßordnung).

Die Vorschrift des Abs. 2 über die Zeit und die Veröffentlichung der alljährlichen Beschlußfassung entspricht dem § 11 des Handelsgesetzbuchs und den Verfügungen des Ministeriums vom 4. Januar 1900 § 14 (Amtsbl. S. 13) und vom 21. November 1900 (Amtsbl. S. 290). Als Grund, welcher ein Abweichen von der als Regel ausgesprochenen Beschlußfassung im Dezember jeden Jahres rechtfertigt, wird insbesondere das etwaige Aufhören des Erscheinens des bezeichneten Blattes während des Jahres in Betracht kommen.

Daß die Bezeichnung des für gerichtliche Bekanntmachungen bestimmten Blattes auch für die Veröffentlichung von Bekanntmachungen der Notare maßgebend ist, soweit diese in einem Gesetz auf das für das Gericht bestimmte Blatt verwiesen sind (zu vgl. z. B. § 39 des Reichsgesetzes über die Zwangsversteigerung und die Zwangsverwaltung in Verbindung mit § 1 des Ausf.-Ges. hierzu), bedarf einer besonderen Hervorhebung nicht. Notarielle Bekanntmachungen anderer Art, z. B. die Bekanntmachung freiwilliger Versteigerungen, werden von der Vorschrift des Entwurfs nicht betroffen; sie unterliegen der freien Bestimmung der Beteiligten.

Was die im Abs. 3 ausgesprochene Aufhebung des Art. 23 des Dekrets vom 17. Februar 1852 anlangt, so sei noch darauf hingewiesen, daß dieser Artikel außer hinsichtlich der oben erwähnten Androhung der Nichtigkeit schon zur Zeit seine Geltung auch hinsichtlich des in seinem Abs. 3 begründeten Rechtes des Bezirkspräsidenten, einen Gebührentarif für die gerichtlichen Bekanntmachungen festzusetzen, verloren hat. Dieses Recht ist mit der Einführung des Preßgesetzes in Elsaß-Lothringen durch das Gesetz vom 8. August 1898 in Wegfall gekommen.

Zum Art. 3.[1])

Ausführungsgesetz zum Reichsgesetz über die Angelegenheiten der freiwilligen Gerichtsbarkeit.

§ 28 Abs. 4, 5.

Die beiden vorgeschlagenen Vorschriften verfolgen den Zweck, der Gefahr vorzubeugen, daß ein Testament mangels Kenntnis von dem Tode des Erblassers uneröffnet bleibt.

Diese Möglichkeit wird zunächst dadurch gegeben, daß der Erblasser seinen Wohnsitz verlegt und dadurch dem Notar, welcher das Testament verwahrt, aus dem Auge schwindet. Die Vorschrift des vorgeschlagenen Abs. 4 bietet dem Erblasser die Möglichkeit, in solchen Fällen das Testament — das gleiche

[1]) Art. 4 des Ges.

gilt von einem Erbvertrag — in die Verwahrung eines anderen Notars zu verbringen. Auch aus anderen Gründen kann übrigens eine Veränderung der Verwahrungsstelle dem Erblasser im eigenen oder im Interesse der Erben erwünscht sein und namentlich nach der Eröffnung eines gemeinschaftlichen Testaments kann ein Interesse daran für den überlebenden Ehegatten hervortreten. — Zu vgl. die ähnliche Bestimmung im Art. 81 § 1 Abs. 2 des preußischen Ausf.-Ges. z. B. G. B. — Verlangt der Erblasser die Verwahrung bei einem anderen Notar, so hat der bisher mit der Verwahrung betraute Notar das Testament oder den Erbvertrag nach Maßgabe des Auftrags des Erblassers dem anderen Notar zu übermitteln.

Nach den §§ 2260, 2261, 2300 des B. G. B. ist zur Eröffnung eines in amtlicher Verwahrung befindlichen Testaments oder Erbvertrags zu schreiten, wenn das verwahrende Gericht von dem Tode des Erblassers Kenntnis erlangt. Eine Bestimmung über die Eröffnung einer seit langer Zeit in amtlicher Verwahrung befindlichen Verfügung in dem Falle, daß über den Tod des Erblassers nichts bekannt geworden ist, hat das Bürgerliche Gesetzbuch nicht getroffen, weil angenommen wurde, daß es sich hierbei nicht um eine privatrechtliche Frage handele (Mot. V S. 307), sodaß die Regelung den Landesgesetzen vorbehalten blieb (vgl. auch § 200 des Reichsgesetzes über die Angelegenheiten der freiwilligen Gerichtsbarkeit). Dem elsaß-lothringischen Rechte fehlt zur Zeit eine bezügliche Vorschrift. Wenn auch ein besonderes Bedürfnis für den Erlaß einer solchen bis jetzt nicht hervorgetreten ist, so entspricht es doch der nach den Vorschriften des Bürgerlichen Gesetzbuchs im Falle des Todes eintretenden behördlichen Aufgabe, eine hinterlassene Verfügung von Todes wegen zu eröffnen, daß die Eröffnung auch dann vorgenommen wird, wenn zwar z. B. wegen Auswanderung des Erblassers oder aus einem sonstigen Grunde der Tod nicht bekannt geworden, nach Maßgabe der Zeitdauer der amtlichen Verwahrung aber ein längeres Verborgenhalten der Verfügung nicht mehr gerechtfertigt ist. Der Entwurf schließt sich auch in dieser Beziehung den in anderen Staaten erlassenen Bestimmungen (vgl. die Vorschriften des preußischen Ausf.-Ges. z. B. G. B. Art. 82, des bayerischen Ausf.-Ges. z. B. G. B. Art. 108, des hessischen Ausf.-Ges. z. B. G. B. Art. 133) mit der durch die notarielle Verwahrung und den im Entwurfe vorgeschlagenen

§ 28a bedingten Modifikation an, indem er die Eröffnung vorschreibt, wenn das Testament oder der Erbvertrag seit länger als 54 Jahren in amtlicher Verwahrung sich befindet, sofern nicht bekannt ist, daß der Erblasser noch lebt. Maßgebend für die Bestimmung der Zeitdauer auf 54 Jahre ist der mit dem vollendeten 16. Lebensjahre erfolgende Eintritt der Testierfähigkeit (§ 2229 Abs. 2 B. G. B.); der Erblasser muß also ein Alter von mindestens 70 Jahren erreicht haben. Die Vorschrift bezieht sich auch auf die vor dem 1. Januar 1900 errichteten Verfügungen von Todes wegen.

§ 28a

enthält Bestimmungen über die Eröffnung der Verfügungen von Todes wegen, durch welche die bestehenden Vorschriften in zwei Richtungen ergänzt werden:

1. Wenn eine Verfügung von Todes wegen sich in der besonderen amtlichen Verwahrung eines Notars befindet, der einen vom Sitze des Nachlaßgerichts verschiedenen Amtssitz hat, so soll nach Abs. 1 des neuvorgeschlagenen § 28a der Notar an Stelle des Nachlaßgerichts die Eröffnung der Verfügung vornehmen und nach Anfertigung einer beglaubigten Abschrift die Verfügung nebst dem Eröffnungsprotokolle dem Nachlaßgerichte übersenden. Durch diese Vorschrift, welche sich im wesentlichen den entsprechenden für die Gerichte geltenden Bestimmungen des § 2261 des Bürgerlichen Gesetzbuchs anschließt und deren Zulässigkeit im Art. 147 des Einf.-Ges. z. B. G. B. begründet ist, wird der zur Zeit bestehende Mißstand beseitigt, daß die Ablieferung des Testaments oder Erbvertrags von seiten des vom Gerichtssitz entfernten Notars entweder — wenn sie durch die Post bewirkt wird — mit der Möglichkeit eines Verlustes verbunden ist, oder — wenn sie persönlich erfolgt — Kosten verursacht, die vielleicht im Mißverhältnisse zu dem Interesse der Beteiligten oder zu der Wahrscheinlichkeit einer Verlustgefahr stehen. Die Verrichtungen des verwahrenden Notars sollen in solchen Fällen, in denen fortan ihm die Eröffnung obliegt, dieselben sein, wie die, welche in § 2261 des Bürgerlichen Gesetzbuchs einem Gerichte, welches nicht Nachlaßgericht ist und eine Verfügung von Todes wegen in Verwahrung hat, zugewiesen sind; für das bei der Eröffnung der Verfügungen zu beobachtende Verfahren sind die Vorschriften des § 2260 des

Bürgerlichen Gesetzbuchs maßgebend. In ähnlicher Weise ist die Angelegenheit auch in Bayern, wo die Stellung der Notare eine ganz ähnliche ist, wie in Elsaß-Lothringen, geordnet durch Art. 2 des Gesetzes, das Nachlaßwesen betreffend, vom 9. August 1902. Eine Abweichung von § 2261 des Bürgerlichen Gesetzbuchs enthält die Vorschrift des Entwurfs nur insofern, als nach dieser die Zurückbehaltung einer Abschrift des Eröffnungsprotokolls entbehrlich ist. Ein Bedürfnis, dem Notar die Anfertigung einer Abschrift dieses Protokolls vorzuschreiben, besteht nicht.

Die an den § 2261 des Bürgerlichen Gesetzbuchs sich anschließenden Vorschriften des Abs. 1 finden im Abs. 2 eine Ergänzung insofern, als hiernach für den Fall der Eröffnung eines gemeinschaftlichen Testaments oder eines wechselseitigen Erbvertrags die nach § 2273 Satz 2, § 2300 herzustellende Abschrift von den Verfügungen des verstorbenen Ehegatten oder Vertragsteils nicht von dem eröffnenden Notar, sondern von dem Nachlaßgerichte anzufertigen ist. Dies ist erforderlich, um das Nachlaßgericht in die Lage zu setzen, selbständig zu beurteilen, ob und inwieweit die Verfügungen des verstorbenen Teiles sich von denen des Ueberlebenden sondern lassen, und eine zuverlässige Grundlage für den etwa zu erteilenden Erbschein zu schaffen. Daß die Entscheidung über die Notwendigkeit der Zurückbringung des Testaments oder Erbvertrags in die besondere amtliche Verwahrung des Notars dem Nachlaßgerichte zusteht, ergibt sich aus der Stellung des Nachlaßgerichts auch in Ansehung der vom Notar eröffneten und von ihm übersandten Verfügungen und bedarf keiner ausdrücklichen Hervorhebung.

In allen nicht unter Abs. 1 gehörigen Fällen beläßt es der Entwurf bei der im Bürgerlichen Gesetzbuche bestimmten Zuständigkeit des Nachlaßgerichts für die Eröffnung von Verfügungen von Todes wegen, was im Abs. 2 zur Klarstellung ausdrücklich ausgesprochen ist. Es sind also vom Nachlaßgericht auch fortan zu eröffnen:

a) alle Verfügungen von Todes wegen, welche in einem am Gerichtssitze befindlichen Notariate verwahrt werden,

b) die nicht in der besonderen amtlichen Verwahrung eines Notars befindlichen (die offen verwahrten) Erbverträge auch dann, wenn der Notar seinen Amtssitz nicht am Gerichtssitze hat,

c) die nicht in der besonderen amtlichen Verwahrung eines Notars befindlichen Privattestamente, mögen sie im Besitz einer Privatperson oder einer Behörde sein, insbesondere also auch Privattestamente, welche von einem mit der Nachlaßsicherung beauftragten Notar im Nachlasse gefunden worden sind, oder welche etwa von dem Erblasser dem Notar persönlich zur Verwahrung anvertraut, aber nicht zur amtlichen Verwahrung übergeben worden waren.

Hinsichtlich aller dieser Fälle liegt kein Grund für eine Abweichung von der Zuständigkeit des Nachlaßgerichts vor. Denn, was zunächst die Fälle anlangt, in denen der Notar mit dem Nachlaßgerichte den gleichen Sitz hat, so bestehen hier die oben hervorgehobenen Unzuträglichkeiten einer Verlustgefahr oder der Verteuerung der Ablieferung nicht. Auch die bei der Beratung des in der allgemeinen Begründung erwähnten Antrags Krafft u. Gen. behauptete bessere Orientierung des Notars hinsichtlich der Erbbeteiligten, sowie der Hinweis auf die Möglichkeit für die Beteiligten, im Anschluß an die Eröffnung bei dem Notar in die Nachlaßregulierung einzutreten, fällt nicht in's Gewicht, wenn Gericht und Notar sich am gleichen Orte befinden. Zudem wird es nicht in allen Fällen, den Wünschen der Beteiligten entsprechen, die Mitwirkung eines Notars oder gerade des betreffenden Notars bei der Nachlaßregulierung in Anspruch zu nehmen.

Was die offen verwahrten Erbverträge anlangt, so fehlt es hier auch in den Fällen, in denen der Amtssitz des Notars von dem Sitze des Nachlaßgerichts verschieden ist, an einem Grunde, die Eröffnung, welche hier nicht eine Entnahme aus dem Verschlusse, sondern nur die förmliche Bekanntgabe bedeutet, dem Notar zu übertragen. Insbesondere wird häufig den Beteiligten, soweit sie überhaupt noch auf eine besondere Bekanntmachung Wert legen, die Bekanntgabe durch das Gericht erwünschter sein, z. B. in solchen Fällen, in denen der mit einem Ehevertrage verbundene Erbvertrag der Ehegatten bei dem Notar des ersten ehelichen Wohnsitzes verwahrt wird, während die Ehegatten verzogen sind, Nachlaßgericht und Wohnsitz des überlebenden Gatten und der nächsten Erben infolgedessen vom Sitze des Notariats entfernt sind. Auch die mit der Versendung verbundene Gefahr hat hier keine Bedeutung, da von der Urkunde, die übrigens in vielen Fällen bereits ausgefertigt sein wird, vor der Ablieferung eine Abschrift gefertigt werden kann (vgl. auch § 56 Abs. 4 des Ausf.-Ges. z. R.G. über die Angelegenheiten der freiwilligen Gerichtsbarkeit nach dem Vorschlag unter III). Die noch erforderlichen Bestimmungen über die Notwendigkeit der Anfertigung einer beglaubigten Abschrift können einer Ausführungsverordnung auf Grund des § 78 des genannten Gesetzes vorbehalten bleiben.

Was endlich dienicht in der besonderen amtlichen Verwahrung eines Notars befindlichen Privattestamente betrifft, so wäre es eine überflüssige und durch ein sachliches Interesse nicht gerechtfertigte Weitläufigkeit, wenn etwa, wie dies in dem erwähnten Antrage Krafft u. Gen. vorgeschlagen war, die Eröffnung von einem durch das Nachlaßgericht bezeichneten Notar vorgenommen würde, ganz abgesehen davon, daß eine derartige Befassung eines Notars, nachdem der Erblasser selbst von der notariellen Verwahrung des Testaments Abstand genommen hat, den Wünschen und Interessen der Beteiligten für die Regel wohl nicht entsprechen würde. Erwägt man sodann, daß nach dem unten unter Nr. 2 Ausgeführten das eröffnete Testament wiederum dem Amtsgerichte zur weiteren Verwahrung übermittelt werden müßte, so ist in der Tat nicht ersichtlich, wodurch die besondere Beauftragung eines Notars mit der Eröffnung gerechtfertigt wäre.

Auch in anderen Staaten, in denen die Einrichtung des Notariats eine ähnliche ist, wie in Elsaß-Lothringen, hat man von einer so weitgehenden Abweichung vom Bürgerlichen Gesetzbuche, wie sie in dem erwähnten Antrage Krafft u. Gen. vorgeschlagen war, Abstand genommen. Durch die Vorschläge des Entwurfs wird tatsächlich hervorgetretenen Mißständen begegnet; Aenderungen, welche einer gewissen Gewöhnung an frühere Einrichtungen entgegenkommend für Elsaß-Lothringen auf dem fraglichen Gebiete ein weitgehendes Sonderrecht begründeten, würden auf die Dauer als störende Durchbrechung der Einheitlichkeit des Rechtes empfunden werden.

2. Alle Verfügungen von Todes wegen verbleiben zur Zeit nach der Eröffnung, soweit nicht nach §§ 2273, 2300 B.G.B. sie in die besondere amtliche Verwahrung (des Notars) zurückzubringen, oder ein bisher nicht amtlich verwahrtes gemeinschaftliches Privattestament auf Verlangen des überlebenden Ehegatten in die besondere Verwahrung eines Notars zu bringen

ist (Art. 27 Abs. 3 der Minist. Verf. vom 6. Dezember 1899 in der Fassung vom 12. August 1901 [1]), mangels einer anderweitigen Bestimmung des Landesrechts bei dem Nachlaßgerichte. Dies entspricht auch der Stellung des Nachlaßgerichts, welches für die im Nachlaßverfahren erforderlichen Maßnahmen, abzugebenden Erklärungen und Auskunftserteilungen die Zentralinstanz bildet (vgl. die Begründung des Entwurfs eines Ausführungsgesetzes zum Reichsgesetz über die Angelegenheiten der freiwilligen Gerichtsbarkeit, Verhandlungen des Landesausschusses 1899 I. Bd. Nr. 19 S. 35) und namentlich zur Erteilung des Erbscheins berufen ist, wozu es zweckmäßig im Besitze der Urschrift der Verfügungen belassen wird. Der Entwurf trifft daher eine grundsätzliche Aenderung nicht. Nur in Ansehung der zu Lebzeiten des Erblassers vom Notar offen verwahrten Erbverträge (B.G.B. § 2277) führt in gewissen Fällen die Belassung der Urkunde beim Nachlaßgerichte nach der Eröffnung zu Schwierigkeiten. Dies ist zunächst der Fall, wenn der Erbvertrag mit einem anderen Rechtsgeschäfte in derselben Urkunde verbunden ist, weil solchenfalls die Urkunde vielfach noch zu anderen Zwecken beim Notar gebraucht wird. Auch wenn die Urkunde nur den Erbvertrag enthält, dieser aber ein gegenseitiger ist, entspricht es der allgemeinen Regel des elsaß-lothringischen Landesrechts, wonach notariell beurkundete Verfügungen von Todes wegen bis zum Tode des Erblassers bei dem Notar verwahrt werden, daß nach dem Tode des einen Vertragsteils der die Verfügungen des Ueberlebenden enthaltende Erbvertrag an den Notar zurückgelangt, um so lange in dessen Verwahrung zu bleiben, als der andere Vertragsteil noch lebt. Für diese beiden Fälle schreibt daher der Entwurf im Abs. 3 des § 28a die Rückgabe des Erbvertrags in die (gewöhnliche) Verwahrung des Notars vor. Einer Bezugnahme auf Art. 147 des Einf.-Ges. z. B.G.B. bedarf es hierbei nicht, da mangels einer reichsrechtlichen Vorschrift über die Verwahrung solcher Erbverträge nach dem Tode des Erblassers die Regelung dieser Verwahrung Sache des Landesrechts ist (zu vgl. die Entscheidung des Reichsgerichts vom 5. Februar 1903, Entsch. in Zivilsachen, Bd. 53 S. 390). Eine

[1]) S. jetzt Art. 27a Abs. 4 d. Minist.-Verf. v. 28. II. 1905, S. 81. (Besondere amtl. Verwahrung auch ohne oder gegen Verlangen des Überlebenden!)

weitere Ausnahme von der gerichtlichen Verwahrung eröffneter Verfügungen von Todes wegen zu machen, wäre nicht gerechtfertigt. Zum Teil kann auf das hinsichtlich der Eröffnung der Verfügungen von Todes wegen oben unter Nr. 1 Gesagte Bezug genommen werden. Namentlich ist auch hier gegenüber dem geltend gemachten Gesichtspunkte, daß die Rückgabe der Urkunden an den Notar bezw. die Verbringung der eigenhändigen Testamente an einen besonders bestellten Notar die Nachlaßregulierung vor dem Notar erleichtere, darauf hinzuweisen, daß aus der Wahl eines bestimmten Notars seitens des Erblassers sich kein allgemeiner Schluß dafür ergibt, daß die Gesamtheit der Erbbeteiligten vor demselben Notar zur Auseinandersetzung schreiten will, und daß insbesondere durch die gerichtliche Bestellung eines Notars dem Willen der Erben und dem § 31 Abs. 3 des Ausführungsgesetzes betreffend die freiwillige Gerichtsbarkeit leicht vorgegriffen würde. Uebrigens sind die Beteiligten nicht gehindert, auf Grund einer beglaubigten Abschrift von der Verfügung die Auseinandersetzung vor dem Notar vorzunehmen. Im weiteren ergeben sich die Gründe, welche, abgesehen hiervon, dem dauernden Verbleibe der Urschriften beim Notar entgegenstehen, aus der obenerwähnten Stellung des zu den verschiedensten Verrichtungen berufenen Nachlaßgerichts. Insbesondere wird sich für dieses mitunter Anlaß bieten, der Frage der formellen Ordnungsmäßigkeit und Rechtsgültigkeit einer Verfügung von Todes wegen, namentlich eines Privattestaments, im Erbscheinsverfahren näher zu treten, wozu es der Urschrift bedarf (zu vgl. z. B. den Fall des § 2360 Abs. 2 des B.G.B.). Auch die Möglichkeit, daß mehrere Testamente desselben Erblassers bei verschiedenen Notaren in amtlicher Verwahrung sich befinden, macht die Ablieferung aller dieser Verfügungen an das Nachlaßgericht und deren Verbleib bei ihm im Interesse der Beteiligten erwünscht.

Daß auch hinsichtlich der von einem Notar eröffneten Verfügungen die Benachrichtigung der im Eröffnungstermin ausgebliebenen Beteiligten dem Nachlaßgericht obliegt, ergibt sich mangels einer im Entwurfe getroffenen Abweichung von der Vorschrift des § 2262 des B.G.B. von selbst, ist jedoch zur Klarstellung im Abs. 2 ausdrücklich ausgesprochen.

§ 56 Abs. 3, 4.

Von dem grundsätzlichen Verbote für die Notare, die von ihnen verwahrten Urschriften herauszugeben, ist u. a. eine

Ausnahme gemacht im § 34 Abs. 3 und im § 35 Satz 2 des Ausführungsgesetzes zum Reichsgesetz über die Angelegenheiten der freiwilligen Gerichtsbarkeit, wonach in dem gerichtlich-notariellen Vermittelungsverfahren zum Zwecke der Auseinandersetzung einer Gemeinschaft in den verschiedenen Fällen, in denen eine Entscheidung des Gerichts erforderlich ist, diesem die aufgenommenen Verhandlungen in Urschrift vorzulegen sind. Unter dem „Gericht“ ist hier das Nachlaßgericht bezw. das im Falle des § 99 des Reichsgesetzes zuständige Gericht zu verstehen, an dessen Stelle der Notar tätig ist. Eine Bestimmung darüber, daß die Urkunde über eine Vereinbarung, insbesondere über die Auseinandersetzung, auch dem Vormundschaftsgericht in Urschrift vorgelegt werden darf, sofern ein Vormund, Pfleger oder Inhaber der elterlichen Gewalt wegen Geschäftsunfähigkeit oder beschränkter Geschäftsfähigkeit eines Beteiligten der Genehmigung zum Abschlusse des beurkundeten Rechtsgeschäfts bedarf, enthält das Gesetz nicht. Wenn man auch bei Identität des Teilungsgerichts und des Vormundschaftsgerichts eine solche Vorlage als dem Geiste des Gesetzes nach erlaubt ansehen will, so bildet doch die Unstatthaftigkeit der urschriftlichen Vorlage in den Fällen, in denen eine solche Identität nicht besteht, sowie in allen Fällen einer „außergerichtlichen“, rein vertragsmäßigen Auseinandersetzung eine Erschwerung des Verfahrens, für welche eine Notwendigkeit nicht vorliegt. Dasselbe gilt in allen anderen Fällen, in denen ein der Genehmigung bedürftiges Rechtsgeschäft von einem Notar beurkundet wird. Der im Entwurfe vorgeschlagene neue Abs. 3 des § 56 trifft deshalb eine entsprechende allgemeine Vorschrift. Es wird keinem Bedenken unterliegen, die zunächst durch die Vorschriften über die vormundschaftsgerichtliche Genehmigung veranlaßte Bestimmung auf die Fälle des Erfordernisses der Genehmigung durch eine andere Behörde zu erstrecken, wobei übrigens zu beachten ist, daß Vorschriften, welche in gewissen Fällen dem Notar die Aufnahme einer Urkunde vor Erteilung der erforderlichen behördlichen Genehmigung überhaupt untersagen, nicht berührt werden; zu vgl. die Ordonnanz vom 14. Januar 1831 und hierzu die Bemerkungen bei Franz, das Notariat in Elsaß-Lothringen Nr. 334, ferner die Verf. des Oberstaatsanwalts vom 30. Juli 1902 (Just.-Samml. S. 244).[1])

[1]) Vgl. aber die neuere Verf. d. Ob.St.A. vom 20. IV. 1905 und oben S. 67, Bem. zu § 56 Abs. 3, 4.

Daß die neue Vorschrift als gesetzlicher Fall der Herausgabe-Befugnis im Sinne des § 56 Abs. 1 ohne weiteres auch auf die Urkunden, welche gemäß § 45 des Gesetzes von anderen Beamten als Notaren aufgenommen werden, Anwendung zu finden hat, bedarf angesichts des Zitats von § 56 Abs. 1 Satz 1 im Texte des § 65 eines besonderen gesetzlichen Ausspruchs nicht.

Der neu vorgeschlagene Abs. 4 unterscheidet sich von dem früheren Abs. 3 dadurch, daß er dem Ministerium die Befugnis gibt, für gewisse Fälle allgemein zu bestimmen, daß die Anfertigung einer Abschrift vor der Herausgabe der Urschrift nicht erforderlich ist. Eine solche Anordnung wird sich namentlich z. B. für alle oder einen Teil der Fälle des neuvorgeschlagenen Abs. 3 im Hinblick auf die ähnlichen Verhältnisse in den Fällen des § 34 Abs. 3 und des § 35 sowie für alle oder bestimmte Fälle der Ablieferung eines offenen Erbvertrags an das Nachlaßgericht (§ 28a) empfehlen. [1])

Zum Art. 4. [2])

§ 7a des Ausführungsgesetzes zur Zivilprozeßordnung usw. vom 13. November 1899.

Die zurzeit geltende Verordnung des Statthalters, betreffend die Zwangsvollstreckung behufs Beitreibung öffentlicher Gefälle, vom 15. November 1880, für welche eine besondere gesetzliche Grundlage nicht besteht, ist in der Praxis wiederholt Zweifeln hinsichtlich der Zulässigkeit der Bestimmungen, welche die Mitwirkung der Gerichte bei der Verwaltungszwangsvollstreckung betreffen, begegnet. Nach anfänglichem Schwanken (vergl. Jurist. Zeitschrift für Elsaß-Lothringen, VI S. 522, XI S. 277, XIV S. 502) hat sich im Hinblick auf die einschlägigen Vorschriften des französischen Rechtes (Art. 13 der Verordnung vom 16. Thermidor VIII, Art. 22 des Gesetzes vom 10. Mai 1838, Art. 13 des Gesetzes vom 7. August 1851) die herrschende Ansicht im Sinne der Zulässigkeit jener Bestimmungen gebildet. Zweifelhaft kann es sein, ob die Zulässigkeit der Inanspruchnahme der Gerichte auf den Gesichtspunkt einer den Verwaltungsbehörden zu leistenden Rechtshülfe

[1]) Vgl. die Minist.-Verf. v. 28. II. 1905 unter II (S. 76).
[2]) Art. 5 des Ges.

zu gründen ist oder ob man die Vollstreckungsanordnungen der Verwaltungsbehörden auf Grund der französisch-rechtlichen Bestimmungen in Verbindung mit dem Vorbehalte im § 801 (früher § 706) Z.P.O. als zur gerichtlichen Vollstreckung geeignete Schuldtitel anzusehen hat. Ersteren Falles würde man dazu gelangen müssen, den Vollstreckungsakten, insbesondere der Pfändung, die besonderen in der Zivilprozeßordnung ausgesprochenen Wirkungen zu versagen, im zweiten Falle müßte es jedenfalls fraglich erscheinen, ob auch die Schuldtitel über solche Angelegenheiten von dem Vorbehalte des § 801 Z.P.O. ergriffen würden, welche nicht als bürgerlich-rechtliche Angelegenheiten im Sinne des § 3 des Einführungsgesetzes zur Zivilprozeßordnung anzusehen sind, hinsichtlich deren also nicht die Gerichte für die Entscheidung über den Anspruch selbst zuständig sind. Nachdem die Vorschriften der Zivilprozeßordnung über die Zwangsvollstreckung durch das Reichsgesetz vom 17. Mai 1898 mehrfach geändert worden sind, erweist sich auch eine Revision der Verordnung über das Verwaltungszwangsverfahren erforderlich. Hierbei wird es aber im Interesse eines geordneten Verfahrens nicht zu umgehen sein, unterschiedlos hinsichtlich aller in Frage kommenden öffentlichen Abgaben und Gefälle auch über die Wirkung der Pfändung und über Zulässigkeit der Eintragung der dem früheren Rechte nicht bekannten Zangshypothek (Z. P. O. § 866) Bestimmung zu treffen. Es erscheint daher geboten, durch eine ergänzende Bestimmung des Ausführungsgesetzes zur Zivilprozeßordnung eine zweifelsfreie gesetzliche Grundlage für die erforderliche Regelung zu schaffen und zugleich die Gleichstellung der im Verwaltungswege bewirkten Pfändung mit derjenigen im gerichtlichen Verfahren im Gesetz auszusprechen.

Zum Art. 5.[1])

Gesetz, betreffend die Notariatsgebühren.

§ 5.

Die Vorschrift des § 5 des Gesetzes, betreffend die Notariatsgebühren, vom 4. Dezember 1899, welche die den Notaren auf Grund des § 12 der Gebührenordnung zustehenden (nach der Gebührenordnung für Rechtsanwälte zu berechnenden) Ge-

[1]) Art. 6 des Ges.

bühren und Auslagen von dem Kostenfestsetzungsverfahren der §§ 3 bis 4 des Gesetzes ausnimmt, hat in der Praxis zu erheblichen Mißständen geführt. Zunächst erweist es sich als störend und für eine gleichmäßige Behandlung der Gebührenvorschriften nachteilig, daß zahlreiche Zweifel, die sich bei der Anwendung des § 12 der Gebührenordnung in Verbindung mit § 11 Ziff. 5 des Gerichtskostengesetzes für Elsaß-Lothringen (vgl. die §§ 127 bis 132 dieses Gesetzes) ergeben, mangels des hierbei anwendbaren gerichtlichen Festsetzungsverfahrens nicht auf dem gleichen Wege wie sonstige Fragen des notariellen Gebührenwesens, sondern nur auf Betreiben der Beteiligten im ordentlichen Prozeßwege zur Entscheidung gebracht werden können, wodurch sie oberstrichterlicher Beurteilung regelmäßig entzogen sind. Sodann macht die Vorschrift des § 5 in vielen Fällen, in denen die Tätigkeit des Notars bei demselben Geschäfte teils Verrichtungen, welche der gerichtlichen Kostenfestsetzung unterliegen, teils solche Verrichtungen begreift, welche eine Festsetzung nach § 5 nicht zulassen, eine erschöpfende Würdigung unmöglich, da durch die Ausscheidung eines Teiles der Geschäftstätigkeit die Grundlage für eine sachgemäße Beurteilung verschoben wird. Zudem ist eine solche Ausscheidung den Parteien nicht recht verständlich. Diesen Uebelständen gegenüber kommt der für die Einstelluug des § 5 maßgebend gewesene Grund, „daß auch zu Gunsten der Rechtsanwälte ein besonderes Festsetzungsverfahren nicht besteht" (Verhandl. des Landesausschusses 1899 I. Bd. Nr. 27 S. 12) nicht in Betracht. Die Sache liegt hinsichtlich der Rechtsanwälte insofern anders, als hier ein solches Festsetzungsverfahren überhaupt nicht eingeführt ist, während die notariellen Kosten im allgemeinen der Festsetzung unterliegen und eine ausnahmsweise Behandlung gewisser Kosten sich aus praktischen Gesichtspunkten nicht rechtfertigt, wie auch die Beamtenstellung der Notare eine Abweichung von dem Grundsatze der Gebührenordnung für Rechtsanwälte und eine einheitliche Regelung des Kostenfestsetzungsverfahrens erheischt.

§ 7 Abs. 1 Ziff. 5 der Gebührenordnung.

Die vorgeschlagene Fassung unterscheidet sich von der jetzigen durch die Einschaltung der Worte: „in den Fällen, in denen nicht dem Notar die Eröffnung obliegt". Diese Aenderung ist lediglich eine Folge des neu vorgeschlagenen § 28a des Landesgesetzes über die freiwillige Gerichtsbarkeit, welcher in den Fällen, in denen der Notar seinen Amtssitz nicht am Sitze des Nachlaßgerichts hat und eine in besonderer amtlicher Verwahrung befindliche (verschlossene) Verfügung von Todes wegen zu eröffnen ist, dem Notar die Eröffnung der Verfügung von Todes wegen überträgt. In diesen Fällen soll der Notar nach § 8 Abs. 3 für seine gesamte Tätigkeit bei Eröffnung der Verfügung eine besondere Gebühr erhalten, neben welcher für die mit keiner besonderen Mühewaltung verbundene Ablieferung der eröffneten Verfügung, wozu es hier nur der Uebersendung bedarf, der Ansatz einer weiteren Gebühr nicht gerechtfertigt wäre. Ob in dem Falle der Auffindung eines Testaments bei Ausführung der Nachlaßsicherung, in welchem es sich um die Ablieferung eines in notarieller Verwahrung befindlichen Testaments nicht handelt, die Vergütung für einen (neben der auf die Sicherung verwendeten Zeit und neben Gang oder Reisezeit) etwa erforderlichen Zeitaufwand nach Ziff. 5 oder Ziff. 8 des § 7 Abs. 1 zu berechnen ist, kann dahin gestellt bleiben, da ein sachlicher Unterschied nicht besteht.

Bemerkt werden mag hierbei noch, daß für die Zurückbringung einer Verfügung in die besondere Verwahrung ebensowenig, wie für die erste Annahme zur Verwahrung eine Zeitgebühr berechnet werden darf (zu vergl. die Verfügung des Oberstaatsanwalts vom 24. März 1900 unter Ziff. 8e). Hinsichtlich der Mühewaltung eines Notars, welcher im Falle des neu vorgeschlagenen § 28 Abs. 4 des Landesgesetzes über die freiwillige Gerichtsbarkeit ein Testament oder einen Erbvertrag an einen anderen Notar zu übermitteln hat, bedarf es im Hinblick auf § 7 Abs. 1 Ziff. 8 eines besonderen Gebührenansatzes nicht.

§ 8 der Gebührenordnung.

Der neu vorgeschlagene Abs. 3 schlägt den Ansatz einer Gebühr für die gesamte Tätigkeit bei der den Notaren im Art. 3 des Entwurfs übertragenen Eröffnung von Verfügungen von Todes wegen vor. Für die Bemessung dieser Gebühr wird der auch in den Verhandlungen des Landesausschusses gelegentlich der oben erwähnten Resolutionen hervorgehobene Gesichtspunkt, daß eine Vermehrung der Kosten für die Beteiligten nicht eintreten soll, sowie der Umstand maßgebend sein, daß eine vermehrte Mühewaltung gegenüber der bisher erforderlichen Ablieferung die Notare kaum treffen wird. Der Entwurf schlägt deshalb lediglich den Ansatz einer Gebühr vor, welche der Verbindung der bisher für die Ablieferung nach § 7 Abs. 1 Ziff. 5 zu berechnenden Minimal-Zeitgebühr und der nach § 7 Abs. 3 zu berechnenden Ganggebühr gleichkommt. Für den Ansatz von Schreibgebühren bei der Ladung der Beteiligten ist § 26 der Gebührenordnung maßgebend.

Zum Abs. 4 wird hier auf die Begründung zu dem unter V in neuer Fassung vorgeschlagenen § 26 der Gebührenordnung Bezug genommen.

Zum Abs. 5 vgl. die Kaiserliche Verordnung, betreffend die Ernennung und die Beeidigung von Dolmetschern, vom 13. Juni 1903 (Gesetzbl. S. 39). Die Beeidigung eines bei einer Amtshandlung des Notars zugezogenen Dolmetschers verursacht eine besondere Mühewaltung nicht, steht vielmehr auf einer Linie mit anderen nach § 21 der Gebührenordnung gebührenfreien Nebengeschäften. Zur Vermeidung von Zweifeln im Hinblick auf § 8 Abs. 1 Ziff. 5 empfiehlt sich eine ausdrückliche Bestimmung.

§ 14 der Gebührenordnung.

Die Vorschriften des § 14 der Gebührenordnung haben in der Praxis zu einer widersprechenden Auslegung insofern geführt, als einerseits diesen Vorschriften die Anwendbarkeit versagt wird, wenn der Notar eine Eintragung in das Eigentumsbuch oder vorläufige Grundbuch beantragt, welche nicht eine von ihm beurkundete oder beglaubigte Erklärung zum Gegenstande hat, also insbesondere bei Anträgen auf erste Eintragung des Eigentums oder bei Anträgen auf Hypothekenerneuerungen, während andererseits § 14 unterschiedlos auf alle Eintragungen in das Grundbuch, Eigentumsbuch oder vorläufige Grundbuch für anwendbar erklärt wird. Diese letztere Ansicht ist vom Oberlandesgericht in wiederholten Entscheidungen vertreten worden (zu vgl. die Beschlüsse vom 24. und 26. Oktober 1900, Notar. Zeitschr. für Elf.-Lothr. 1901, S. 65, 69). Im Hinblick auf die in der Praxis hervorgetretenen Schwierigkeiten, welche mitunter sich der erstmaligen Eintragung des Eigentums in das Eigentumsbuch bieten, hat sich jedoch die Gebühr des § 14 für die Herbeiführung solcher Eintragungen als eine nicht ausreichende Vergütung erwiesen und auch in anderen Fällen, in denen es sich nicht lediglich um die Eintragung einer von dem Notar beurkundeten oder beglaubigten Erklärung handelt, erscheint jene Gebühr nicht immer angemessen. Der Entwurf schlägt deshalb in einem neuen Abs. 5 zum § 14 den Ansatz der Zeitgebühr des § 7 vor, welche sich für die fraglichen Fälle am meisten empfehlen wird. Die Zeitgebühr kommt, wie sich aus dem Vorstehenden ergibt, zur Erhebung bei Anträgen auf erstmalige Eintragung des Eigentums, mag die Eintragung als Voraussetzung einer beurkundeten oder beglaubigten Erklärung oder unabhängig hiervon beantragt werden, bei Anträgen auf Hypothekenerneuerungen sowie bei Anträgen auf sonstige Eintragungen, welche unabhängig von einer vorausgegangenen Bewilligung zulässig sind (z. B. im Falle des § 866 Z.P.O.).

§ 26 der Gebührenordnung.

Diese Vorschrift bedarf in mehrfacher Hinsicht einer Ergänzung.

1. § 26 bestimmt für eine Anzahl von Verrichtungen, welche der Notar auf Grund besonderer gesetzlicher Uebertragung an Stelle der Gerichte vornimmt, Stempel- und Registrierungsfreiheit der aufgenommenen Verhandlungen und regelt (im Abs. 2) die Berechnung der Schreibgebühren hinsichtlich der stempel- und registrierungsfreien Urkunden in Abweichung von den allgemeinen Vorschriften des § 18 der Gebührenordnung nach Maßgabe des § 80 des deutschen Gerichtskostengesetzes. Es erscheint angemessen, diese Vorschriften auf die Tätigkeit des Notars im Nachlaßsicherungsverfahren (vgl. § 24 des Ausf.-Ges. zum Reichsgesetz über die Angelegenheiten der freiwilligen Gerichtsbarkeit) auszudehnen, unter Ausschließung jedoch der Protokolle über die Siegelung, die Entsiegelung und die Aufnahme eines Nachlaßverzeichnisses. Soweit es sich um Abschriften solcher Protokolle handelt, ist bereits durch § 31 der Ministerialverfügung vom 6. Dezember 1900 (Amtsbl. S. 295) die Abgabenfreiheit ausgesprochen worden.
2. Die gleichen grundsätzlichen Gesichtspunkte kommen hinsichtlich der im Art. 3 des Entwurfs [1]) den Notaren über-

[1]) Art. 4 des Ges.

tragenen Eröffnung der Verfügungen von Todes wegen in Betracht, weshalb auch diese Tätigkeit vom Entwurf in den § 26 einbezogen ist. Es hat jedoch die im § 42 des Gerichtskostengesetzes angesetzte Gerichtsgebühr auch bei notarieller Eröffnung einer Verfügung von Todes wegen in Ansatz zu kommen; zu vgl. die neu vorgeschlagene Bestimmung im Art. 61 des Entwurfs.[1]) Die Einweisung der Gebühr erfolgt auf Grund des Eröffnungsprotokolls, welches nach Abs. 1 einem Stempel nicht unterliegt.

3. Nach den Vorschriften der §§ 2246 Abs. 2, 2248 Satz 2, 2249 Abs. 1 Satz 2 (vgl. hierzu § 28 des Landesgesetzes über die freiwillige Gerichtsbarkeit) und 2277 Abs. 2 des Bürgerlichen Gesetzbuchs soll über die Uebergabe eines Testaments oder eines Erbvertrags, die in amtliche Verwahrung genommen werden sollen, dem Erblasser bezw. den Vertragschließenden von der Hinterlegungsstelle, in Elsaß-Lothringen also vom Notar, ein Hinterlegungsschein ausgestellt werden. Wie sich bei den Notariatsrevisionen ergeben hat, wird dieser allerdings nur instruktionellen, für die Beteiligten indessen wertvollen Vorschrift, vielfach nicht nachgekommen. Der Grund hierfür liegt offenbar in den verhältnismäßig hohen Kosten. Denn der Hinterlegungsschein unterliegt nach den geltenden Bestimmungen der Stempel- und Registrierungsabgabe (zu vgl. die Ministerialverfügung vom 19. Januar 1900, Amtsbl. S. 52) mit zusammen 2 ℳ und einer Gebühr des Notars in Höhe von 3 ℳ. Bereits in den Verhandlungen des Landesausschusses (zu vgl. Verhandl. 1900 II. Bd. S. 59) ist über die Höhe dieser Kosten geklagt worden. Tatsächlich dürfte einerseits der Umstand, daß es sich hier um eine staatliche Einnahme handelt, welche unter der Herrschaft des früheren Rechtes nicht bestand, und andererseits die Erwägung, daß lediglich die mit keiner besonderen Mühewaltung verbundene Ausfüllung eines Formulars erforderlich ist, es rechtfertigen, wenn der Entwurf die Registrierungsfreiheit und die Ermäßigung der notariellen Gebühr vorschlägt. In der letzteren Beziehung ist unter III (§ 8 der Gebührenordnung) Bestimmung getroffen,

[1]) Art. 71 des Ges.

während in der ersten Richtung der neu vorgeschlagene Abs. 2 des § 26 das Erforderliche bestimmt. Dagegen soll es bei der Stempelabgabe verbleiben. Bei der vorgeschlagenen Regelung kann die Befolgung der im Interesse der Beteiligten liegenden Vorschrift über die Verabfolgung des Hinterlegungsscheins mit größerer Bestimmtheit erwartet und mit unbedenklicherem Nachdruck von Aufsichts wegen überwacht und durchgeführt werden.

4. Die weiter im Abs. 2 ausgesprochene Stempel- und Registrierungsfreiheit des Protokolls über die Abnahme einer Versicherung an Eides Statt im Verfahren, betreffend die Erteilung eines Erbscheins (§ 2356 Abs. 2, § 2357 Abs. 3 B. G. B.), worüber zurzeit eine ausdrückliche gesetzliche Bestimmung fehlt, entspricht einer bereits zugelassenen Praxis. Es empfiehlt sich im Zusammenhange mit den anderen hierher gehörigen Fällen auch in dieser Beziehung ausdrückliche Anordnung zu treffen.

5. Abs. 3 enthält eine Ergänzung des bisherigen Abs. 2, worin lediglich entsprechend der Erweiterung des Abs. 1 auch die Anwendung der für das gerichtliche Verfahren bestehenden Vorschriften über die Höhe der Schreibgebühren eine Erweiterung erfahren hat. Der Ansatz der geringeren, den Gerichtskostengesetzen entsprechenden Schreibgebühren ist im Hinblick auf die internen amtlichen Zwecke, denen die hier in Betracht kommenden Abschriften dienen, gerechtfertigt.

Im übrigen ist bei der Neufassung die Gelegenheit wahrgenommen, das im § 26 irriger Weise stehende Zitat des § 33 ff. des Ausführungs-Gesetzes zu dem Reichsgesetze vom 24. März 1897 richtig zu stellen.

Auch ist das Wort „Zustellungen" im Abs. 1 gestrichen, weil die Freiheit der Zustellungsurkunden von Stempel- und Registrierungsabgaben allgemein im § 147 Abs. 1 des Gerichtskostengesetzes für Elsaß-Lothringen ausgesprochen ist.

Zum Art. 6.[1])

Gerichtskostengesetz für Elsaß-Lothringen.

§ 42 Abs. 3.

Wie bereits in der Begründung zu dem neu vorgeschlagenen § 8 Abs. 3 der Notariatsgebührenordnung bemerkt ist, soll eine

[1]) Art. 7 des Ges.

Kostenvermehrung durch die anderweitige Regelung der Testamentseröffnung nicht eintreten. Andererseits muß es bei der im Gerichtskostengesetze vorgesehenen Staatsgebühr sein Bewenden haben, auch soweit das Testament oder der Erbvertrag von einem Notar eröffnet wird. Der Entwurf bringt dies in dem vorgeschlagenen Absatz 3 des § 42 zum Ausdruck, wodurch sich zugleich ergibt, daß eine besondere Gebühr für die Benachrichtigung der Beteiligten ebensowenig wie bei der gerichtlichen Eröffnung erhoben wird.

§§ 47, 49.

Die vorgeschlagene Neufassung des § 47 verfolgt den Zweck, für die Eintragung gewisser gewerblicher Unternehmen in das Handelsregister die jetzigen Gebührensätze sachentsprechender zu gestalten. Der § 47, der in seiner jetzigen Gestalt aus dem Stempelgesetze vom 21. Juni 1897 übernommen worden ist, berücksichtigt die bergrechtlichen Gewerkschaften nicht. Deren Eintragung in das Handelsregister ist erst durch das neue Handelsgesetzbuch begründet worden; sie hat zu erfolgen, soweit die Voraussetzungen des § 2 dieses Gesetzbuchs vorliegen. Vgl. Art. 5 des Einführungs-Gesetzes zum Handelsgesetzbuch und die Denkschrift hierzu. Mangels einer besonderen Tarifbestimmung wird zurzeit für die Eintragungen in Ansehung von Gewerkschaften, die nach § 77 des Berggesetzes vom 16. Dezember 1873 die juristische Persönlichkeit besitzen, die für die Eintragung von Einzelkaufleuten angesetzte Gebühr von 5 ℳ berechnet. Diese Gebühr entspricht weder dem durchgängigen Vermögensstande der Gewerkschaften, noch dem Gebührenansatze bei der Eintragung anderer Gesellschaften, die in ihrer Bedeutung mit den Gewerkschaften Aehnlichkeit haben. Der Entwurf stellt deshalb die Gewerkschaften bezüglich des Gebührensatzes mit den Aktiengesellschaften und Aktienkommanditgesellschaften auf eine Linie, mit der Maßgabe jedoch, daß die für diese Gesellschaften im Abs. 2 vorgesehene Gebührenerhöhung auf der Grundlage des Gesellschaftskapitals in Ermangelung dieser Grundlage bei den Gewerkschaften nicht eintritt.

Im weiteren schlägt der Entwurf einen Gebührenansatz von 50 ℳ für die Eintragung von Versicherungsvereinen auf Gegenseitigkeit vor, deren Eintragung nach § 30 des Reichsgesetzes über die privaten Versicherungsunternehmen vom 12. Mai 1901 zu erfolgen hat. Auch hier erscheint die Gebühr von 5 *M*, welche zurzeit erhoben wird (vgl. Verf. des Ministeriums vom 25. Juli 1902, Zentr.- und Bezirksamtsbl. S. 199), dem Umfang und der Bedeutung solcher Vereine nicht entsprechend. Die vorgeschlagene Gebühr von 50 *M* ist die gleiche, welche Gesellschaften mit beschränkter Haftung und einfache Kommanditgesellschaften zu entrichten haben. Versicherungsvereine, die bestimmungsgemäß einen sachlich, örtlich oder hinsichtlich des Personenkreises engbegrenzten Wirkungskreis haben (die sogenannten kleinen Vereine), sind nach § 53 des Versicherungsgesetzes von der Eintragung befreit.

In dritter Linie schlägt der Entwurf unter Buchst. e für handeltreibende juristische Personen, soweit sie nicht unter einen der vorausgegangenen Ansätze fallen, eine Gebühr von 20 *M* vor, wodurch dieselben den offenen Handelsgesellschaften gleichgestellt werden. Die Gebühr betrug bisher auch für solche juristische Personen 5 *M*. Die vorgeschlagene Erhöhung und die Gleichstellung mit den offenen Handelsgesellschaften erscheint im Hinblick darauf, daß hier tatsächlich eine Personen-Mehrheit besteht, für die das Geschäft geführt wird, gerechtfertigt.

Die übrigen Aenderungen des § 47 sind, ebenso wie diejenigen des § 49, nur redaktioneller Natur und durch die neuen Gebührensätze veranlaßt. Die weiteren Vorschriften des § 47, welche unter Ziff. 3 und 4 die Gebührenerhebung für Prokuraerteilungen und sonstige Veränderungen regeln, bedürfen einer Ergänzung oder Aenderung nicht.

§ 64 Abs. 2.

Nach der bisherigen Fassung des § 64 Abs. 2 sind für die Eintragung des Eigentums für Abkömmlinge des bisherigen Eigentümers oder dessen Ehegatten in das Grundbuch (Eigentumsbuch, vorläufiges Grundbuch) an Stelle der vollen Gebühr des Abs. 1 nur fünf Zehnteile dieser Gebühr zu erheben, wenn die Eintragung auf Grund der Erbfolge, eines Uebertragsvertrags oder der Erbauseinandersetzung erfolgt. Ehegatten sowie deren Erben sind in gleicher Weise begünstigt, wenn ein Grundstück auf ihren Namen umgeschrieben werden soll, das ihnen aus der aufgelösten ehelichen Gütergemeinschaft zugefallen ist. Gelangt nun gleichzeitig Eigentum für derartige Erwerber zur Eintragung, für welche die Gebühren teils — mangels Vorliegens der erwähnten Voraussetzungen — nach dem Abs. 1, teils nach Abs. 2 des § 64 zu erheben sind, so ergeben sich wegen Berechnung der auf die verschiedenen Werte entfallenden, bezw. zur Hälfte außer Ansatz zu lassenden Gebühren, von einzelnen einfacher gelagerten Fällen abgesehen, regelmäßig Schwierigkeiten für die Gerichtsschreibereien. Dies ist namentlich der Fall, wenn einem Ehegatten bei der Teilung der Gütergemeinschaft, die zwischen ihm und dem verstorbenen Ehegatten bestanden hat, und des Nachlasses des letzteren Grundstücke teils aus der Gütergemeinschaft, teils aus dem Nachlasse, deren Wert in einem Gesamtbetrage angegeben ist, zugefallen sind. Da für die Eintragung des Eigentums der aus der Gütergemeinschaft herrührenden Grundstücke fünf Zehnteile der vollen Gebühr, im übrigen aber die volle Gebühr zu erheben ist, bedarf es fast regelmäßig zeitraubender Feststellungen bezüglich der in Betracht kommenden einzelnen Werte, welche mit dem Betrage der eventuell zu wenig oder zu viel festgesetzten Gebühren nicht im Einklange stehen. Dazu kommt, daß die Fassung der Urkunden sehr häufig darüber Zweifel läßt, ob ein Uebertragsvertrag im Sinne des Gesetzes (ein mit Rücksicht auf ein künftiges Erbrecht und ohne die dem Verkehrswert entsprechende Gegenleistung geschlossener Uebergabevertrag) vorliegt oder nicht. Behufs Beseitigung dieser Schwierigkeiten empfiehlt es sich, allgemein dahin Bestimmung zu treffen, daß für die Eintragung des Eigentums von Abkömmlingen und des Ehegatten des bisherigen Eigentümers ohne Rücksicht auf die Erwerbsart und darauf, ob die Grundstücke aus der Gütergemeinschaft der Eheleute oder dem Nachlasse des verstorbenen Ehegatten herrühren, nur fünf Zehnteile der Gebühr, welche nach Abs. 1 geschuldet wäre, zum Ansatze gelangen. Der Ausfall, den die Staatskasse hierdurch erleidet, ist nur gering und kommt gegenüber der erzielten Vereinfachung nicht in Betracht.

§ 78.

Im Falle der Verteilung einer auf Grund eines Urteils oder eines Arrestbefehls auf mehrere Grundstücke des Schuldners zur Eintragung gelangenden Forderung — § 867 Abs. 2 und § 932 Abs. 2 Z. P. O. — auf einzelne Grundstücke sind die Gebühren für die Eintragung der Belastungen der einzelnen Grundstücke getrennt nach den auf diese Grundstücke entfallenden

Beträgen gemäß § 65 Abs. 1 des Gerichtskostengesetzes für Elsaß-Lothringen zu erheben. Die Anwendung des § 78 auf Fälle der vorliegenden Art ist ausgeschlossen, da es sich nicht um Eintragung eines Rechtes gegen mehrere Eigentümer, sondern um die Eintragung von infolge der Verteilung formell selbständigen Belastungen verschiedener Grundstücke desselben Eigentümers handelt. In gleicher Weise sind auch im Falle der Löschung der einzelnen Belastungen die Gebühren hierfür nach den einzelnen Beträgeu getrennt anzusetzen. In diesem Sinne hat das Oberlandesgericht unterm 18. Juli und 12. September 1902 entschieden. Diese Art der Berechnung führt indessen nach den gemachten Erfahrungen häufig zu einer Höhe der Gebühren, welche mit dem oft nicht hohen Gesamtbetrage der Forderung und mit den Gebühren für Eintragungen von Hypotheken, bei denen eine Verteilung der Forderung auf die einzelnen Grundstücke nicht erforderlich ist, nicht im richtigen Verhältnisse steht. Die Angelegenheit, welche wiederholt zu Erinnerungen Anlaß gegeben hat, ist auch im Landesausschusse zur Sprache gebracht worden; vgl. Verhandlungen 1903 II. Bd. S. 809. Behufs Vermeidung einer Häufung von Gebühren für Eintragungen der in Rede stehenden Hypotheken, deren Verteilung auf eine größere Anzahl von Grundstücken bei dem zersplitterten Grundbesitze in Elsaß-Lothringen häufig nicht zu umgehen ist, empfiehlt sich die in Anlehnung an den jetzigen § 78 vorgeschlagene Erhebung einer Einheitsgebühr.

Die weiteren Ausführungen der Begründung beziehen sich auf die Vorschriften des Entwurfs im Art. 6 Nr. VI bis IX. Diese Vorschriften hatten die Gerichtskosten nnd Anwaltsgebühren in Enteignungssachen zum Gegenstande. Sie sind vom Landesausschuß unverändert angenommen worden, wurden aber bei der 2. Lesung des Entwurfs eines Enteignungsgesetzes diesem Entwurf einverleibt, um das Inkrafttreten der Justiznovelle unabhängig von dem Enteignungsgesetze zu ermöglichen.

B. Aus der Begründung des Entwurfs eines Enteignungsgesetzes.

§ 89.[1])

Es ist allgemein anerkannter Grundsatz des französischen Rechtes, daß Schäden, welche durch die Ausführung öffentlicher Arbeiten (travaux publics) verursacht worden sind — von sondergesetzlichen Bestimmungen abgesehen — von dem Veranstalter der öffentlichen Arbeit ersetzt werden müssen (Dalloz, Suppl. au Rép. travaux publics 1390 ff.; Perriquet, traité des travaux publics Bd. II. Nr. 871 ff., O. Mayer, Theorie des franz. Verwaltungsrechts S. 275 ff.). Als Veranstalter kommen dem Begriffe der „travaux publics" entsprechend in Betracht der Staat, die Bezirke, die Gemeinden, die anderen öffentlichen Anstalten (établissements publics) und die mit Konzession versehenen Unternehmer (z. vgl. Dalloz, Rép. Suppl. v. travaux publics Nr. 3 bis 75, Ducrocq, cours de droit administratif, I. Bd. Nr. 315 ff.). Was die Stellung des mit Konzession versehenen Unternehmers (concessionnaire) anlangt, so ist dieselbe dadurch gekennzeichnet, daß der concessionnaire auf Grund Vertrags in die Rechte der öffentlichen Verwaltung substituiert ist, daher auch die eigene volle Verantwortung bei der Ausführung des Unternehmens, wenn auch unter subsidiarischer Haftung des Staates trägt, im Gegensatze zu dem Unternehmer im engeren Sinne (entrepreneur), welchem gegen eine bestimmte Entlohnung nur die Ausführung der Arbeiten für die öffentliche Verwaltung obliegt und den daher auch eine beschränktere Haftung trifft. Zu vgl. Aucoc, droit administratif II. Bd. Nr. 614, 615, 707, 730. Die Eingriffe in die Privatrechtssphäre anderer, welche die Ausführung öffentlicher Arbeiten unter Umständen zur Folge hat, können der verschiedensten Art sein: z. B. Eindringen von Wasser in ein Gebäude aus einem Kanal oder infolge der Anlegung einer Böschung, Schädigung durch den Feuerauswurf aus einer Lokomotive und dergl. Insbesondere berechtigt auch die Verlegung oder Umgestaltung einer städtischen oder Dorfstraße, derart, daß dem Angrenzer der Straße der Zugang zur

---

[1]) Nach den Beschlüssen des L.A. § 92 des genannten Entwurfs und, als dieser zu scheitern drohte, in die Justiznovelle übernommen als Art. 3 II (§ 40a Ausf.-Ges. z. B.G.B.).

Straße und zum Straßennetz oder Licht und Luft genommen wird, zum Anspruch auf Schadensersatz. Des schädigenden Eingriffs selbst kann sich, wenn die Arbeit im Rahmen der erforderlichen Autorisation vorgenommen wird, niemand erwehren (zu vgl. Perriquet I Nr. 1, 23, 25 ff.).

Ein Verschulden des Unternehmers oder seiner Organe wird zur Begründung der Entschädigungspflicht nicht vorausgesetzt. Indessen wird verlangt, daß der Schaden tatsächlich auf die Vornahme der öffentlichen Arbeiten zurückzuführen ist, daß ein wirkliches Recht beeinträchtigt wird, nicht nur zufällige Vorteile entzogen werden, daß die schädigende Einwirkung nicht lediglich („purement et simplement") die der öffentlichen Verwaltung im gegebenen Falle wie jedem Privaten zustehende Ausübung des Eigentumsrechtes bedeutet und daß die Schädigung nicht von so unerheblicher Art sei, daß sie auch im privaten Verkehr geduldet werden müßte. Im allgemeinen gibt die Richtschnur bei der Beurteilung der Schadensersatzpflicht das Erfordernis der billigen Ausgleichung zwischen dem Interesse der Allgemeinheit und dem verletzten Privatinteresse des einzelnen. (Vgl. Perriquet, insbesondere Nr. 884 ff., 889 ff., Dalloz, travaux publics, Suppl. Nr. 1390 ff., Aucoc, II. Bd. Nr. 725 ff.).

Ueber den Grund des Anspruchs sind die Ansichten schwankend. Ueberwiegend wird dieser in der französisch-rechtlichen Theorie nicht auf Zivilrecht, sondern auf die im öffentlichen Rechte anerkannte Notwendigkeit eines billigen Ausgleichs zwischen den berechtigten Interessen der Allgemeinheit und den verletzten Privatinteressen des einzelnen gestützt (vgl. Perriquet, II. Bd. Nr. 889, S. 206, O. Mayer a. a. O. S. 347), wenn auch bei der Anwendung dieses Rechtsgrundsatzes eine Anlehnung an die privatrechtlichen Vorschriften der Art. 1382 ff. des Code civil vielfach nicht zu verkennen ist.[1]) Die Verschiedenheit in der Beurteilung der rechtlichen Natur des Entschädigungsanspruchs trat besonders nach der Neuordnung der Gerichtsverfassung und des gerichtlichen Verfahrens (1879) in der Rechtsprechung der Gerichte über die mit dem materiellen Grunde des Anspruchs zusammenhängende, unten zu erörternde Frage

[1]) Auch auf Art. 545 des Code civil oder vielmehr auf das ihm zugrunde liegende Prinzip wurde der Anspruch gestützt, so namentlich in der rheinpreußischen Praxis. Zu vgl. Rhein. Arch. Bd. 83 Abt. I S. 24, Bd. 88 Abt. I S. 23 (s. das Nähere S. 26 dieses Buches).

der Zuständigkeit für die Entscheidung über den Anspruch wiederholt darin hervor, daß einerseits die Auffassung vertreten wurde, es handele sich um eine bürgerliche Rechtsstreitigkeit und folgeweise (Einf.-Ges. zur Z. P. O. § 4) seien die Zivilgerichte zuständig, während anderseits der Anspruch lediglich auf die Grundsätze des öffentlichen Rechtes über die travaux publics gegründet und darauf die Unzulässigkeit des Rechtswegs gestützt wurde. In dem besonderen Falle der Beseitigung oder Umgestaltung einer Straße beantwortete das Reichsgericht die Frage, ob der angrenzende Eigentümer Schadensersatz zu beanspruchen habe, je nach den verschiedenen Rechtsgebieten verschieden. Für das rheinische Recht wie für das Gebiet des allgemeinen preußischen Landrechts hat es die Frage unter Annahme eines auf einen stillschweigenden Vertrag zurückzuführenden Dienstbarkeitsverhältnisses bejaht. Vgl. insbesondere die Entscheidungen vom 7. März 1882 (Entsch. Bd. VII, S. 213) und vom 28. November 1889 (Entsch. Bd. XXV, S. 244) und die weiteren Entscheidungen in der Jur. Zeitschr. für Els.-Lothr. (Bd. XVIII, S. 42) und in den „Entscheidungen des Reichsgerichts" (Bd. XXXVI, S. 272, Bd. XXXVII, S. 253, Bd. XLIV, S. 282), sowie in der Juristischen Wochenschrift 1900 S. 85, 167, 421, 1902 S. 192, ferner Dernburg, Sachenrecht des B. G. B., 2. Aufl., S. 201, auch Eger, Preuß. Enteignungsgesetz, 2. Aufl., Bd. 1 S. 398 ff.).

Angesichts der hervorgehobenen Unbestimmtheit der Natur und des Rechtsgrundes der Schadensersatzansprüche aus öffentlichen Arbeiten erscheint es geboten, die Frage sowohl nach ihrer materiellrechtlichen Seite, wie nach der Seite der Zuständigkeit für die Entscheidung zu regeln. Ein Bedürfnis hierfür besteht umsomehr, als, sofern man die Grundlage für den Anspruch nicht in Grundsätzen des öffentlichen Rechtes, sondern in den Vorschriften des Code civil sucht, wozu, auch abgesehen von der zuletzt erwähnten Konstruktion eines dienstbarkeitsähnlichen Verhältnisses, eine Neigung der Gerichte wiederholt hervorgetreten ist, es nunmehr erheblichen Zweifeln unterliegt, ob nach Aufhebnng des Code civil, insbesondere der Art. 1382 ff., die Vorschriften des B. G. B. zum gleichen Ziele führen würden. Denn jedenfalls vom Standpunkte des B. G. B. aus könnte der Eigentümer, wenn er zur Duldung einer Beeinträchtigung seines Eigentums gezwungen ist (zu vgl. insbes. §§ 906 ff.,

1004 Abs. 2), einen Schadensersatzanspruch gegen den Staat usw. grundsätzlich nur geltend machen, wenn ein Verschulden eines staatlichen Organs nachweisbar ist (§ 823 verbunden mit §§ 31, 89 bezw. § 831). Zwar hat die landrechtliche und gemeinrechtliche Praxis den Nachweis einer besonderen Verschuldung in Fällen der Ausführung oder des Betriebs öffentlicher Unternehmungen nicht gefordert; insbesondere haben die Entscheidungen des Reichsgerichts vom 7. Dezember 1886 (Bd. XVII, S. 104), und vom 26. Mai 1888 (in Gruchots Beiträgen, Bd. XXXII, S. 890) es für genügend erklärt, wenn die Arbeit oder die Betriebshandlung ihrer Natur nach das Eigentum dritter schädigt. Allein im Hinblick auf die Vorschriften des § 823 B. G. B. empfiehlt es sich, den Grundsatz des bisherigen Rechtes über eine allgemeine, von jedem Nachweis eines Verschuldens unabhängige Entschädigungspflicht des Staates usw. ausdrücklich aufrecht zu erhalten und so eine sichere und zweifelsfreie Rechtslage auf dem fraglichen Gebiete zu schaffen.[1]) Will man die im bisherigen Rechte anerkannte Entschädigungspflicht als eine öffentlich-rechtliche Angelegenheit ansehen, so ist es gleichwohl nicht ausgeschlossen, daß nach Wegfall des Art. 1382 Code civil eine Lücke entstünde, sofern nämlich auch die Vertreter der Oeffentlichrechtlichkeit der Angelegenheit zum Teil auf die erwähnte positive Gesetzesvorschrift Bezug nehmen. Außerdem könnte auch unter dieser Voraussetzung jedenfalls von einer Regelung der von den Gerichten verschieden beantworteten Zuständigkeitsfrage nicht Umgang genommen werden.

Die hiernach erforderliche Regelung der Angelegenheit wird zweckmäßig im Zusammenhange mit der Neuordnung der Enteignung getroffen. Der Vorbehalt des Art. 109 Einf.-Ges. zum B. G. B. umfaßt nicht nur die förmliche Enteignung (deren Begriff übrigens selbst in den verschiedenen Rechtsgebieten ein verschiedener ist), sondern alle Eingriffe, welche der einzelne im öffentlichen Interesse zu dulden verpflichtet ist und die daraus sich ergebende Entschädigungsfrage (zu vgl. Prot. VI S. 470 f., 610, auch die Begründung zum Art. 87 des Entwurfs eines preußischen Ausf.-Ges. zum B. G. B., bezüglich der Aufrechterhaltung der allgemeinen Vorschriften der §§ 74, 75 des preußischen

[1]) Vgl. die inzwischen ergangenen Entsch. des R.G. oben S. 27 Anm. 1.

Landrechts auf Grund des Art. 109 Einf.-Ges. [1]). Ein enger Zusammenhang besteht insbesondere vom Standpunkte des vorliegenden Entwurfs, der auch in den §§ 10, 88 einen Teil des bisher aus den Grundsätzen über die travaux publics hergeleiteten Rechtes in die gegenwärtige Regelung einbezieht, und der im § 12 Abs. 2 für den Enteignungsfall dem durch die Ausführung des Unternehmens Geschädigten die Geltendmachung des Schadens mit besonderer Klage vorbehält. [2])

Auf den vorstehenden Erwägungen beruht die Vorschrift des § 89, dessen Abs. 1 den materiellrechtlichen Grundsatz des bisherigen Rechtes, betreffend die Entschädigungspflicht bei der Ausführung einer öffentlichen Arbeit oder dem Betrieb eines öffentlichen Unternehmens, ausspricht, wie er in ähnlicher Weise im § 75 der Einleitung des preußischen Landrechts zum Ausdrucke gekommen ist; vgl. auch O. Mayer, Deutsches Verwaltungsrecht II. Bd. S. 345 ff. und die Entscheidung des Reichsgerichts Bd. XXXV S. 235. Wenn der Entwurf die Veranstaltung einer öffentlichen Arbeit und den Betrieb eines dem öffentlichen Nutzen dienenden Unternehmens als Quelle einer möglichen Schadensersatzpflicht im Sinne des § 89 nebeneinanderstellt, so entspricht dies dem Rahmen, innerhalb dessen die französisch-rechtlichen Grundsätze über die Herleitung von Schadensersatzansprüchen aus travaux publics zur Geltung kommen; zu vgl. insbesondere wegen Einbeziehung des durch den Betrieb entstehenden Schadens z. B. Dalloz, suppl. a. a. O. Nr. 1498, ferner die Entscheidung des Kaiserlichen Rats vom 10. Mai 1881 (Jur. Zeitschr. für Elf.-Lothr. Bd. VI S. 421 ff.). Es erscheint aber sprachlich genauer und dem Verständnisse des Gesetzes förderlicher, neben der Veranstaltung einer öffentlichen Arbeit, d. h. der auf die Ausführung eines Werkes gerichteten Tätigkeit, den Betrieb ausdrücklich zu nennen und dabei dem Gedanken Rechnung zu tragen, daß unter dem Gesichtspunkte der Veranstaltung die „Arbeit", unter demjenigen des Betriebs der Charakter als „Unternehmen" in den Vordergrund tritt. Eine sachliche Abweichung vom früheren Rechte liegt darin ebensowenig, wie in der allgemeinen Ersetzung der

[1]) Vgl. auch die Entsch. d. R.G. v. 15. V. 1903, Jur. Wochenschr. 1903, S. 275, und Jur. Wochenschr. 1905 S. 131.

[2]) Diesem § 12 Abs. 2 entspricht § 7 Ziff. 1 des geltenden Ges. v. 20. VI. 1887.

Ausdrücke „travaux publics“, „travaux d'utilité publique“ durch die Ausdrucksweise „dem öffentlichen Nutzen dienendes Unternehmen“ in den vorausgehenden Vorschriften über die eigentliche Enteignung. Daß insbesondere nnter einem dem öffentlichen Nutzen dienenden Unternehmen nicht etwa jedes beliebige Privatunternehmen, das einem größeren Kreise von Personen Vorteil bringt, zu verstehen ist, ergibt sich aus dem geltenden öffentlichen Rechte, welches als dem öffentlichen Nutzen dienende Unternehmen nur solche Unternehmen anerkennt, welche wegen ihrer Gemeinnützigkeit autorisiert sind. Der Begriff des Unternehmens ist im weitesten Sinne zu verstehen, entsprechend dem § 1 des Entwurfs. Als Grund für die Schadensersatzpflicht ist bezeichnet die Beeinträchtigung des Eigentums oder eines sonstigen Rechtes. Den hauptsächlichsten Fall der Verletzung des Eigentums wird die Beschädigung der Substanz einer Sache bilden; aber auch jede andere schadenbringende Einwirkung (Beeinträchtigung), insbesondere eine solche im Sinne des § 1004 B. G. B., fällt unter die Vorschrift des § 89. Die Schadensersatzpflicht beschränkt sich ferner nicht auf den Fall, daß das Eigentum an einem Grundstücke Gegenstand der schädigenden Einwirkung ist; auch die Beschädigung einer beweglichen Sache kann durch die Veranstaltung einer öffentlichen Arbeit oder den Betrieb eines öffentlichen Unternehmens verursacht werden, so z. B. wenn vom Boden getrennte Frucht infolge einer Stauanlage weggeschwemmt wird, oder wenn Gegenstände durch den Feuerauswurf einer Dampfmaschine beschädigt werden. Zu den sonstigen Rechten, welche neben dem Eigentum genannt sind, gehören alle Rechte, welche ihrer Natur nach dem Eingriffe eines Dritten ausgesetzt sein können; zu vgl. in dieser Beziehung die ähnliche Vorschrift des § 823 B. G. B.

Was insbesondere den Fall der Beseitigung oder Umgestaltung einer öffentlichen Straße anlangt, wodurch einem durch die Bereitstellung der Straße zum Anbau veranlaßten Angrenzer die Möglichkeit der Benutzung der Straße und der Befriedigung des Lichtbedürfnisses entzogen oder wesentlich erschwert wird, so wird es seiner ausdrücklichen Erwähnung im Gesetze nicht bedürfen, nachdem in Uebereinstimmung mit der französischen Rechtsprechung (zu vgl. insbesondere Perriquet, II. Bd. Nr. 899, 903 ff.) die Praxis der Gerichte auf das Verhalten der öffentlichen Verwaltung, welche die Straße zu der ihrem Zwecke entsprechenden Anbauung bereit stellte, ein Recht der Angrenzer gegründet hat.[1]) Zu vgl. auch Enneccerus-Lehmann, Bürgerl. Recht I. S. 121. Soweit es sich um Staatsstraßen handelt, vgl. übrigens die Vorschrift des Gesetzes vom 24. Mai 1842, welche bei Beseitigung der Straße den Angrenzern ein Vorkaufsrecht hinsichtlich der aufgegebenen Strecken und einen Wirtschaftsweg einräumt. Zu vgl. ferner die Vorschrift des § 2 Abs. 3 des Gesetzes vom 21. Mai 1879, betr. die Beschränkungen der Baufreiheit in den neuen Stadtteilen von Straßburg.

Von einer näheren Charakterisierung des Schadens, insbesondere hinsichtlich seiner in der französischen Rechtslehre gewöhnlich hervorgehobenen Eigenschaft als „dommage direct et matériel" hat der Entwurf abgesehen, zumal da diese als besonderes Erfordernis in den späteren Entscheidungen des französischen Staatsrats mehr und mehr aufgegeben wird; zu vgl. Dalloz, Rép. Suppl. v. travaux publics Nr. 1390, Aucoc, Bd. II Nr. 727. Es wird genügen, den einen Ersatzanspruch rechtfertigenden Schaden als Vermögensschaden zu kennzeichnen. Daß nur solche Eingriffe, welche ihrer Beschaffenheit nach unmittelbar das Recht eines anderen beeinträchtigen, Grund zur Schadensersatzklage geben, nicht aber jede Einrichtung auf dem Eigentum einer öffentlichen Verwaltuug, welche ohne ihrer Natur nach einen Schaden zu verursachen, vielleicht künftige, auf anderen Ursachen beruhende Störungen zu fördern geeignet ist, ergibt sich bei richtiger Würdigung des die Voraussetzung der Ersatzpflicht bildenden Kausalzusammenhangs von selbst (vgl. das Urteil des Reichsgerichts vom 29. Dezember 1882, Entsch. VIII S. 304). Die richtige Würdigung des Kausalzusammenhangs wird auch zu einer entsprechenden Berücksichtigung einer etwa zur Entstehung des Schadens mitwirkenden schuldhaften Handlungsweise des Geschädigten führen; einer ausdrücklichen dem § 254 B. G. B. entsprechenden Vorschrift wird es nicht bedürfen. Ueberhaupt wird, da der § 89 lediglich früheres Recht bestätigt, für dessen Auslegung in allem Wesentlichen das bisherige Recht maßgebend sein (zu vgl. insbesondere die bei Perriquet, II. Bd.

---

[1]) Zu vgl. jetzt die ausdrückliche Vorschrift des § 40a Abs. 2 Ausf.-Ges. z. B.G.B.

Nr. 871 ff. angeführte reiche französische Judikatur, ferner Aucoc, II. Bd. Nr. 725).

Eine Einschränkung erfährt der im Abs. 1 Satz 1 aufgestellte Grundsatz der Entschädigungspflicht im Satz 2. Aus den hiernach entsprechend anzuwendenden Vorschriften des § 906 B. G. B. ergibt sich, daß Entschädigung nicht zu leisten ist, wenn die Verletzung oder Beeinträchtigung nur eine unwesentliche ist oder wenn sie nach den örtlichen Verhältnissen gewöhnlich, daher von jedem zu erwarten ist. Dies entspricht dem bisherigen Rechte, wie hinsichtlich der französischen Rechtsübung bereits oben hervorgehoben ist. Zu vgl. in gleichem Sinne das auf gewöhnliche Verbesserungen oder Unterhaltungsarbeiten an Straßen bezügliche Urteil des Reichsgerichts vom 18. April 1899 (Entsch. Bd. 44. S. 282).

Für den Umfang des Schadensersatzes kommen die allgemeinen Bestimmungen des B. G. B. (§ 249 ff.) in Betracht mit der hier selbstverständlichen Maßgabe, daß die Entschädigung immer in Geld zu leisten ist (vgl. § 251 B. G. B.).

Die Vorschrift des § 89 steht, wie schon oben hervorgehoben, im Zusammenhange mit den Vorschriften über die förmliche Enteignung. Sie kommt jedoch nicht nur zu Anwendung, wenn die Ausführung eines Unternehmens Schädigungen im Gefolge hat, welche in dem vorausgegangenen Enteignungsverfahren nicht geltend gemacht werden konnten (§ 12 Abs. 2),[1]) sondern auch dann, wenn eine Enteignung überhaupt nicht stattgefunden hat. Außerdem bildet die Vorschrift des § 89 eine Ergänzung der §§ 10 und 88, nach denen Rechtsbeschränkungen oder Rechtsentziehungen, welche als zur Durchführung eines Unternehmens von vorneherein notwendig vorausgesehen werden, künftig als Enteignungsmaßregeln ausdrücklicher Anordnung unterliegen, während die Entschädigungspflicht für Schädigungen und Beeinträchtigungen, welche nicht als förmliche Beschränkungen im Sinne der genannten Vorschriften anzusehen sind, ihre Grundlage im § 89 findet. Das Gleiche wird hinsichtlich solcher, insbesondere vorübergehender Beschränkungen gelten, welche etwa ein Berechtigter unter Außerachtlassung der Vorschrift des § 88 ohne ausdrückliche Anordnung erleiden mußte.[2])

---

[1]) Vgl. § 7 Ziff. 1. Ges. v. 20. VI. 1887.
[2]) Bezüglich dieser §§ 10, 88 vgl. oben S. 28 Bem. 3.

Besondere Gesetze, welche die Schadensersatzpflicht ausschließen, bleiben unberührt, so die Vorschrift des § 41 Ausf.-Ges. z. B. G. B. (§ 104 des Entwurfs).[1]) Desgleichen werden durch § 89 die besonderen gesetzlichen Vorschriften über die Verpflichtung zum Schadensersatze bei der Ausführnng oder dem Betrieb öffentlicher Unternehmungen nicht berührt; vgl. außer den reichsgesetzlichen Vorschriften z. B. die durch Art. 105 Einf.-Ges. z. B. G. B. aufrechterhaltene Vorschrift des Art. 22 des Gesetzes vom 15. Juli 1845 über die Eisenbahnpolizei, welcher nicht, wie § 89, die aus der Anlage oder der Natur des Betriebs sich ergebenden, sondern die durch Betriebsunfälle verursachten Sachschäden zum Gegenstande hat.

In Frage könnte noch kommen, ob die Vorschrift des § 26 der Gewerbeordnung, wonach der durch den Betrieb eines gewerblichen Unternehmens beeinträchtigte Eigentümer nicht nur auf Schadloshaltung, sondern auch auf Herstellung von schadenverhütenden Einrichtungen klagen kann, auf öffentliche Unternehmungen, wie Eisenbahn-, Dampfschiffahrts- und ähnliche Verkehrsunternehmen auszudehnen sei, wie dies in einigen Bundesstaaten auf Grund des Vorbehalts im Art. 125 Einf.-Ges. z. B. G. B. geschehen ist. Der Entwurf sieht hiervon ab, da auch im bisherigen Rechte ein Anspruch auf Herstellung bestimmter Anlagen oder Einrichtungen nicht besteht und ein Bedürfnis zur Aenderung in dieser Beziehung nicht hervorgetreten ist. Zu vergl. für das bisherige Recht Perriquet, II. Bd. Nr. 940 f. In gewissem Umfange wird übrigens den Interessen der Beteiligten durch die Vorschriften der §§ 6, 102 Abs. 3 des Entwurfs weitere Rechnung getragen.[2])

Bezüglich der Zuständigkeit für die Entscheidung über Entschädigungsklagen der vorwürfigen Art kommt folgendes in Betracht:

Nach Art. 4 Abs. 3 des Gesetzes vom 28. Pluviôse VIII sind die Bezirksräte (Präfekturräte) zuständig für die Entscheidung über Ansprüche wegen „torts et dommages procédant du fait personnel des entrepreneurs et non du fait de l'administration“. Es besteht in der französischen Rechtslehre und Rechtsprechung nach anfänglichem, durch die Grundsätze über die

---

[1]) Vgl. oben S. 29 Bem. 3, S. 37 Bem. 16.
[2]) Vgl. S. 36 Fußn. 1.

Zuständigkeit des Ministers veranlaßtem Schwanken kein Zweifel darüber, daß die Bezirksräte nicht nur für die Entscheidungen über Schadenshandlungen der Unternehmer, sondern auch über Schadensersatzklagen gegen die öffentliche Verwaltung selbst zuständig sind, indem den Worten „et non du fait de l'administration" die Bedeutung gegeben wird: „bien que ce ne soit pas du fait de l'administration" (zu vgl. Dalloz, Rép. Suppl. v. travaux publics, Nr. 1998, Aucoc, II. Bd. Nr. 752, Perriquet, II Bd. Nr. 969). Desgleichen besteht darüber kein Zweifel, daß unter entrepreneur auch der concessionnaire zu verstehen ist (Dalloz, v. travaux publics, Rép. 1146, 1197, Suppl. 1997 u. A.). Die Vorschriften des Art. 4 des Gesetzes vom 28. Pluviôse VIII, insbesondere der genannte Abs. 3, erfuhren eine Aenderung durch § 8 des Ausf.-Ges. zum Gerichtsverfassungsgesetze vom 4. November 1878, welcher für Schadensersatzklagen gegen Unternehmer von öffentlichen Arbeiten den ordentlichen Rechtsweg einführte. Bei der Beratung dieses Gesetzes in der Kommission des Landesausschusses ging man, wie der Kommissionsbericht ergibt (Verhandlungen 1878, S. 123), von der Ansicht aus, daß zufolge § 4 Einf.-Ges. zur Z. P. O., welcher den Ausschluß des Rechtswegs auf Grund der Beteiligung des Fiskus oder einer anderen öffentlichen Körperschaft als Partei verbietet, auch für Schadensersatzklagen gegen den Staat selbst von nun an ebenfalls nur die Gerichte zuständig seien. Dieser Auffassung schlossen sich die Gerichte in zahlreichen, wenn auch in der Begründung zum Teil von einander abweichenden Entscheidungen an. Vgl. die in diesem Sinne ergangenen Entscheidungen des Landgerichts Colmar vom 4. Februar 1882 (Jur. Zeitschr. für Elf.-Lothr. VII, S. 185), des Landgerichts Zabern vom 20. Oktober 1884 (Jur. Zeitschr. X, S. 112), des Landgerichts Saargemünd vom 27. Oktober 1884 (Jur. Zeitschr. X, S. 268), des Landgerichts Straßburg vom 4. Juni 1889 (Jur. Zeitschr. XV, S. 325), des Oberlandesgerichts Colmar vom 16. Oktober 1885 (Jur. Zeitschr. XI, S. 20), und vom 17. Juni 1891 (Jur. Zeitschr. XVII, S. 25), des Reichsgerichts vom 1. Juni 1886 (Jur. Zeitschr. XI, S. 346), sowie neuerdings des Landgerichts Straßburg vom 1. Februar 1902 in Sachen Fuchs u. Gen. gegen Stadt Straßburg und des Oberlandesgerichts Colmar vom 21. März 1902 in Sachen Räber gegen Stadt Straßburg (Jur. Zeitschr. XXVII, S. 337, besonders S. 342); ferner die Redaktionsbemerkung in der Jur. Zeitschr., Bd. X, S. 270, auch O. Mayer, Theorie des französischen Verwaltungsrechts, S. 277 Anm. 5, Leoni, das öffentliche Recht des Reichslands, S. 121. Im Gegensatze zu der in den erwähnten Entscheidungen zum Ausdrucke gekommenen Auffassung wurde anderseits vereinzelt auf Grund des Dekretes vom 16. Fructidor des Jahres VIII, welches den Gerichten die Würdigung von Verwaltungsakten verbietet, der Ausschluß des Rechtsweges in allen Fällen angenommen, in denen der Eintritt des Schadens auf die Anordnung einer Behörde, also auf einen Verwaltungsakt, zurückzuführen ist, folgeweise auch, da es zum Wesen einer „öffentlichen Arbeit" gehört, daß sie durch die zuständige Behörde genehmigt ist (vgl. Perriquet, I. Bd. Nr. 23), allgemein bei Schadensersatzansprüchen gegen die öffentliche Verwaltung aus öffentlichen Arbeiten im Sinne des Art. 4 Abs. 3 des Gesetzes vom 28. Pluviôse VIII. Auf dem Boden dieser Auffassung steht insbesondere die Begründung eines Urteils des Oberlandesgerichts Colmar vom 24. Oktober 1883 (Jur. Zeitschr. IX S. 22, besonders S. 27), worin die Zulässigkeit des Rechtswegs bei Schadensersatzansprüchen aus öffentlichen Arbeiten auf Grund des § 8 des Ausf.-Ges. zum Gerichtsverfassungsgesetze nur bei Klagen gegen den ausführenden Unternehmer „wegen unrechtmäßiger, durch die Verfügung der Verwaltungsbehörden nicht gedeckter Handlungen" (wegen faits personnels) angenommen wird, wie auch anscheinend ein Urteil des Landgerichts Mülhausen vom 9. Mai 1899 O I 57/99, dessen Begründung sich ohne Einschränkung auf die französisch-rechtliche Auffassung, daß der Staat nur als Privatunternehmer („comme simple propriétaire de son domaine privé") der gerichtlichen Zuständigkeit unterstehe, bezieht. Vgl. ferner in diesem Sinne Michaelis, Prozeßrechtliche Normen des elf.-lothr. Landesrechts, S. 11, der eine zwischen den Verwaltungsgerichten und den ordentlichen Gerichten geteilte Zuständigkeit annimmt. Vom Standpunkte der am 1. Oktober 1879 in Kraft getretenen Justizgesetze aus verdient die Ansicht, die sich für die Zuständigkeit der Gerichte aussprach, jedenfalls, wenn man die Angelegenheit als privatrechtliche betrachtet, den Vorzug. Wenn nämlich § 8 Abs. 2 des Ausf.-Ges. z. G. V. G. die Entschädigungsansprüche, welche sich auf ein fait personnel des ausführenden Unternehmers gründen, vor die ordentlichen Gerichte verweist, so handelt es sich hierbei um Handlungen des Unternehmers, welche an sich durch die Autorisation der Verwaltungsbehörde gedeckt sind, also einem Verwaltungsakt entspringen; wegen Schadenshandlungen des Unternehmers, welche diese Autorisation überschreiten, war die gerichtliche Zuständigkeit auch schon nach französisch-rechtlichen Grundsätzen begründet (vgl. Dalloz, Rép. compétence administrative, Nr. 396, Suppl. Nr. 377, Aucoc, II. Bd., Nr. 741, Perriquet, I. Bd., Nr. 23). Der Grund der französisch-rechtlichen Bestimmung, daß über Schadensersatzansprüche gegen den durch die obrigkeitliche Autorisation gedeckten Unternehmer (sei er entrepreneur im engeren Sinne oder concessionnaire, vgl. Dalloz, travaux publics, Rép. Nr. 1140, 1197, Suppl. Nr. 1997) die Verwaltungsgerichte entscheiden sollten, war einmal der, daß der Unternehmer der Repräsentant der öffentlichen Verwaltung ist, sodann der, daß eine verschiedene Zuständigkeit hinsichtlich solcher Klagen gegen den Unternehmer und derjenigen gegen die Verwaltung selbst wegen der zu gewärtigenden Garantieklagen der Unternehmer gegen die Verwaltung prozessual nicht angängig erschien (zu vgl. Dalloz, Rép. v. travaux publics, Nr. 1138, Suppl. compétence administrative, Nr. 389). Diese Gesichtspunkte machen auch in der Tat nicht nur eine verschiedene Gestaltung der Zuständigkeit, je nachdem der Staat usw. selbst oder der ausführende Unternehmer belangt wird, unzweckmäßig, sondern eine solche Teilung erscheint angesichts des § 4 Einf.-Ges. zur Z. P. O. auch in ihrer rechtlichen Zulässigkeit insofern bedenklich, als dadurch die französisch-rechtliche Theorie, bezüglich des der Ausführung öffentlicher Arbeiten zu Grunde liegenden, der richterlichen Würdigung entzogenen Verwaltungsakts in Ansehung der öffentlichen Verwaltung aufrecht erhalten wird, nachdem dieser Grundsatz in Ansehung des ausführenden Unternehmers aufgegeben ist.[1])

Bei dem nunmehr gegebenen Anlaß empfiehlt es sich umsomehr, den der deutsch-rechtlichen Auffassung nicht entsprechenden Standpunkt der französischen Gesetzgebung hinsichtlich der Zuständigkeit für die Entschädigungsklagen gegen den Staat und die anderen juristischen Personen des öffentlichen Rechtes aus öffentlichen Unternehmungen ausdrücklich aufzugeben, als es sich

[1]) Vgl. übrigens auch hinsichtl. der franz. Auffassung genauer S. 11 Fußn. 1, S. 26 Fußn. 1, S. 46 Bem. 28.

dabei nicht sowohl um eine Kritik der Anordnungen der Verwaltungsbehörden, als um eine Würdigung der vermögensrechtlichen Wirkungen handelt, welche diese Anordnungen auf das Privateigentum ausüben.

Demgemäß schlägt der Entwurf im § 89 Abs. 2 [1]) die unbeschränkte Zulassung des Rechtswegs für alle Entschädigungsklagen aus öffentlichen Unternehmungen vor. Durch diese Vorschrift, welche den Begriff einer öffentlichen Arbeit und eines dem öffentlichen Nutzen dienenden Unternehmens im weitesten Sinne umfaßt, erleidet auch Art. 4 Abs. 5 des Gesetzes vom 28. Pluviôse VIII eine Aenderung insofern, als eine Entschädigungsklage auch dann bei dem ordentlichen Gericht anhängig zu machen ist, wenn die öffentliche Arbeit in Sachen „des großen Straßenwesens" ausgeführt wurde; zu vgl. z. B. den in den Entscheidungen des Oberlandesgerichts Colmar vom 10. November 1890 und des Reichsgerichts vom 10. Februar 1891 (Jur. Zeitschr. XVI, S. 202) behandelten Fall.

Die in Abs. 3 [2]) bestimmte dreijährige Verjährungsfrist rechtfertigt sich im Hinblick auf die Aehnlichkeit der hier in Frage kommenden Schadenshandlungen mit den vom § 852 B. G. B. betroffenen.

Nach den Grundsätzen des französischen Rechtes ist die öffentliche Verwaltung für die Schäden aus öffentlichen Arbeiten haftbar, gleichviel ob sie die Arbeiten selbst (en régie) ausführt oder durch einen bestellten Unternehmer (entrepreneur) ausführen läßt, vorausgesetzt letzteren Falles, daß es sich um Schäden handelt, die mit der plangemäßen Anlage der Arbeit selbst verbunden sind (qui résultent de l'existence même des travaux). Der concessionnaire haftet sebstständig für diese Schäden; ob und inwieweit neben ihm die öffentliche Verwaltung haftet, ist streitig; im allgemeinen wird eine subsidiäre Haftpflicht angenommen. Zu vgl. Perriquet, II. Bd. Nr. 955 ff., Aucoc, II. Bd. Nr. 730. Eine besondere Bestimmung hierüber ist entbehrlich. Der Begriff der Veranstaltung der Arbeiten wird zu dem richtigen Ergebnisse führen.

Ebensowenig bedarf es einer Bestimmung darüber, ob und inwieweit die öffentliche Verwaltung für Schäden haftet, welche

[1]) Im Ges. Abs. 3.
[2]) Im Ges. Abs. 4.

nicht durch die plangemäße Anlage, sondern mit Ueberschreitung der durch die behördliche Autorisation gesteckten Grenzen seitens des ausführenden Unternehmers verursacht werden. Nach allgemeinen Grundsätzen (§ 823 B. G. B.) ist hier die Haftbarkeit des ausführenden Unternehmers begründet; ob auch diejenige der öffentlichen Verwaltung, wird nach § 831 B. G. B. zu beurteilen sein.

Ist ein Schaden bei der Ausführung der Arbeiten durch das persönliche Verschulden eines Beamten der öffentlichen Verwaltung selbst entstanden, so wird die Haftbarkeit der letzteren nach Verschiedenheit der Fälle nach den Vorschriften der §§ 31, 89 oder des § 831 B. G. B., unter Umständen auch des § 40 Ausf.-Ges. zum B. G. B., in Verbindung mit § 823 B. G. B. zu beurteilen sein.

Nach französischem Rechte ist, in gleicher Weise wie für Sachschäden, auch die Haftung für die Verletzung von Personen infolge von öffentlichen Arbeiten begründet (zu vgl. Perriquet, II. Bd. Nr. 932). Mangels eines so weit gehenden Vorbehaltes für die Landesgesetzgebung kommen jetzt die allgemeinen privatrechtlichen Vorschriften zur Anwendung. Ist die Verletzung auf die Mangelhaftigkeit einer plangemäßen Anlage selbst zurückzuführen, so werden insbesondere die Vorschriften der §§ 89, 823 B. G. B. zum gleichen Ergebnisse führen wie das bisherige Recht. Eine landesgesetzliche Regelung könnte nur im Rahmen des Art. 106 des Einf.-Ges. z. B. G. B. in Frage kommen. Danach kann landesgesetzlich vorgeschrieben werden, daß ein Unternehmer, der ein dem öffentlichen Gebrauche dienendes Grundstück zu einer Anlage oder zu einem Betriebe benutzen darf, für den Schaden verantwortlich ist, der bei dem öffentlichen Gebrauche des Grundstücks durch die Anlage oder den Betrieb verursacht wird. Das Ausführungsgesetz zum Bürgerlichen Gesetzbuch hat von dem Vorbehalte keinen Gebrauch gemacht und der Gegenstand des vorliegenden Entwurfs bietet hierfür keinen Anlaß.

C. Bericht der Spezialkommission über die Vorlage Nr. 7: Entwurf eines Gesetzes betreffend die Aendernug verschiedener Justizgesetze.

Die Bestimmungen des vorliegenden Gesetzentwurfs stehen unter sich zumeist nicht im Zusammenhange; jeder Artikel hat vielmehr eine besondere Materie zum Gegenstand. Aus diesem Grunde hat die Kommission von einer Generaldiskussion des

Entwurfs abgesehen und ist sofort zur Besprechung der einzelnen Artikel übergegangen.

Art. 1.

Gegen die hier vorgeschlagenen Bestimmungen wurde ein Einmand nicht erhoben. Von mehreren Mitgliedern der Kommission wurde es als wünschenswert bezeichnet, eine kommissarische Verwaltung erledigter Notariate bis zu deren Wiederbesetzung oder Aufhebung zuzulassen. Dies liege im Interesse des Publikums und der zukünftigen Inhaber der erledigten Stellen. Es wurde dementsprechend eine Ergänzung der Regierungsvorlage in der Richtung angeregt, daß die Bestellung eines Amtsverwesers in solchen Fällen zugelassen werde; dies entspreche auch mehr der im Entwurfe den Notariaten beigelegten Eigenschaft von Behörden. Die Regierung erklärte sich mit dem Vorschlage grundsätzlich einverstanden, wies jedoch darauf hin, daß eine Vorschrift der angeregten Art eine nähere Regelung der dienstlichen Verhältnisse des Amtsverwesers nötig mache, die nicht wohl im Gesetze erfolgen könne, sondern zweckmäßig einer Verordnung des Ministeriums vorzubehalten sei. Es wurde hierauf der Antrag gestellt, die folgende Bestimmung als zweiten Absatz in die Regierungsvorlage einzuschalten:

folgt der Wortlaut des Abs. 2 des § 9 Not.-Ges. im Art. 1 S. 1.

Der Antrag wurde unter Zustimmung der Regierung angenommen. Im übrigen gab der Art. 1 zu Bemerkungen keinen Anlaß und es erfolgte seine Annahme.

Art. 2.

Ein Mitglied der Kommission beanstandete es, daß die Vertretung der an der Ausübung ihres Dienstes verhinderten Richter an den Landgerichten durch Gerichtsassessoren stattfinde; eine derartige Vertretung sei besonders in Strafsachen bedenklich. Es müßte ein Richter an einem Landgerichte nur durch einen ständigen Richter vertreten werden können. Der Vertreter der Regierung erwiderte, daß, soweit die von dem Vorredner gewünschte Vertretung durch etatsmäßig angestellte Richter, insbesondere durch ein anderes Mitglied des Gerichts möglich sei, sie tatsächlich stattfinde; dies geschehe namentlich, wenn ein Richter nur auf kurze Zeit an der Ausübung seines Dienstes verhindert sei. Im Falle einer längeren Verhinderung sei dagegen häufig eine Vertretung innerhalb des Kollegiums nicht möglich, weil die Zahl der an den Landgerichten angestellten Richter im Verhältnis zur Geschäftslast nicht groß genug sei, um einen Richter in die Lage zu setzen, neben seinen regelmäßigen Verrichtungen den Dienst eines Kollegen für längere Zeit zu übernehmen. In solchen Fällen bleibe nichts anderes übrig, als einen besonderen Vertreter einzuberufen. Hierbei sei es, wenn nicht anderweitige Störungen des Dienstes eintreten sollten, nicht immer möglich, einen Amtsrichter heranzuziehen; es sei daher die Vertretung durch Assessoren nicht zu vermeiden. Dem Uebelstande, der auch auf Seite der Regierung nicht verkannt werde, lasse sich nur durch eine allmähliche Vermehrung der ordentlichen Richterstellen, wo sich hierfür ein Bedürfnis ergebe, abhelfen.

Die Nummern I, II und III des Artikel 2 gaben zu weiteren Bemerkungen keinen Anlaß und wurden unverändert angenommen.

Zu Nr. IV wurde seitens eines Mitglieds die Frage angeregt, ob es nicht zweckmäßig sei, an Stelle der vom Entwurf in Uebereinstimmung mit dem bisherigen Rechte vorgesehenen Wahl einer Zeitung zum gerichtlichen Bekanntmachungsorgan ein besonderes Zentralblatt zu errichten, das ausschließlich zur Aufnahme aller Veröffentlichungen der Gerichte des Landes bestimmt wäre. Der Gedanke fand auch bei anderen Mitgliedern der Kommission Beifall. Es wurde insbesondere geltend gemacht, eine politische Zeitung, zu der man in Ermangelung eines besonderen Amtsblattes regelmäßig greifen müsse, sei in der Hauptsache immer auf einen bestimmten Leserkreis beschränkt, dadurch werde aber der Zweck der Bekanntmachung nur zum Teil erreicht. Ferner sei es nicht möglich, für einen großen Gerichtsbezirk, wie namentlich den das ganze Land umfassenden Bezirk des Oberlandesgerichts, ein Blatt zu bestimmen, das in dem ganzen Bezirke genügend verbreitet sei. Eine ausreichende Veröffentlichung sei daher nur etwa dadurch zu gewährleisten, daß für die einzelnen Teile eines Bezirks verschiedene Blätter bestimmt würden, was aber mit den Vorschriften der Reichsgesetze nicht vereinbar wäre. Unter diesen Umständen sei die Errichtung eines besonderen Zentralblattes für das ganze Land erwünscht. Es könne die Einrichtung in der Weise getroffen werden, daß das Zentralblatt zu einem billigen Bezugspreise den sämtlichen Zeitungen des Landes geliefert werde, um es — vielleicht nach Abteilungen für die einzelnen Gerichtsbezirke getrennt — allen Zeitungen beizulegen.

Seitens der Regierung wurde der Anregung widersprochen. Sie führte aus, die Regelung des Entwurfs entspreche der vom Landesausschuß in der vorigen Tagung beschlossenen Resolution, die die Uebertragung der Auswahl eines Blattes von der Verwaltungsbehörde an die Gerichte bezweckt habe. Man würde sich einer Täuschung hingeben, wenn man in einem von den politischen Zeitungen losgelösten, zur Aufnahme der gerichtlichen Bekanntmachungen bestimmten Zentralblatt eine Einrichtung erblicken wollte, die geeignet wäre, die Gewähr für eine möglichst weite Verbreitung der Bekanntmachungen zu bieten. Die praktische Erfahrung erweise im Gegenteil, daß gerade solche Blätter den erstrebten Zweck am wenigsten erreichen, da sie tatsächlich nur von wenigen gelesen werden. Die Verwirklichung des ausgesprochenen Gedankens, daß die sämtlichen Zeitungen des Landes jenes Zentralblatt jeweils ihren Nummern beilegen werden, sei wohl gänzlich ausgeschlossen. Von einem den Zeitungen gegenüber zu übenden Zwang könne selbstverständlich keine Rede sein; es sei aber nicht zu erwarten, daß die Zeitungen sich bereit finden würden, einen solchen allgemeinen Anzeiger zu beziehen und ihrem Blatte beizulegen; diese Beilegung wäre mit Weiterungen und Kosten selbst dann verbunden, wenn der Anzeiger den Zeitungen unentgeltlich geliefert würde. In Württemberg z. B. bestehe ein dem Staatsanzeiger als Beilage beigegebenes Zentralblatt für gerichtliche Bekanntmachungen, das für sich bezogen werden könne. Nach einer verbürgten Nachricht werde aber hiervon kein Gebrauch gemacht und namentlich werde es den Zeitungen nicht beigelegt. Es sei ferner zu bedenken, daß die mit der vorgeschlagenen Einrichtung eintretende Monopolisierung des gerichtlichen Bekanntmachungswesens eine mit großen Kosten für sachliche Ausstattung und für Personal verbundene Veranstaltung erfordern würde, deren gesetzliche Festlegung mangels jeglicher für sie sprechenden Erfahrung als ein Sprung ins Dunkle bezeichnet werden müßte. Die Einheitlichkeit einer Bekanntmachungsstelle hätte übrigens nur Wert, wenn sie sich auch tatsächlich auf alle Bekanntmachungen in gerichtlichen Angelegenheiten im weitesten Sinne erstreckte, wenn also auch diejenigen der Notare, z. B. bei freiwilligen Versteigerungen, und der Gerichtsvollzieher in das Zentralblatt eingerückt würden; bei Beratung der bereits erwähnten Resolution habe aber der Landesausschuß jedenfalls nicht die Absicht gehabt, den Notaren und Gerichtsvollziehern die Verpflichtung aufzuerlegen, alle ihre Bekanntmachungen in ein bestimmtes Blatt einzurücken und ihre freie Entschließung in dieser Beziehung zu beschränken. Schließlich sei noch hervorzuheben, daß die Vorstände des Oberlandesgerichts sowie diejenigen der Landgerichte übereinstimmend das Bedürfnis und die Zweckmäßigkeit der Gründung eines Zentralblattes für die gerichtlichen Bekanntmachungen verneint hätten; nur seitens eines Landgerichts sei wohl der Gedanke eines Zentralblattes an sich als beachtenswert bezeichnet worden, aber unter Voraussetzungen, deren Durchführung als unmöglich erkannt worden sei. Unter diesen Umständen müsse die vom Entwurfe vorgeschlagene Einrichtung, die in ganz ähnlicher Weise, z. B. in Bayern, bestehe, dringend empfohlen werden. Den Präsidien der Gerichte könne, worauf noch hinzuweisen sei, vertraut werden, daß sie bei der Auswahl der Blätter sich lediglich von den aus dem Zwecke der Bekanntmachungen sich ergebenden sachlichen Gesichtspunkten leiten lassen werden.

Bei der folgenden Diskussion wurde noch die Frage der für gerichtliche Bekanntmachungen zu zahlenden Kosten, im besonderen die Frage eines Tarifs, erörtert. Seitens des Regierungsvertreters wurde erklärt, daß die zwangsweise Festsetzung eines Tarifs nach den jetzt in Elsaß-Lothringen geltenden Vorschriften des Reichspreßgesetzes nicht statthaft sei. Zur Einrückung amtlicher Bekanntmachungen gegen die üblichen Gebühren sei der Redakteur einer Zeitung nach § 10 des Preßgesetzes verpflichtet. Es müsse im weiteren den Präsidien der Gerichte überlassen werden, vertragsmäßig mit den in Frage kommenden Blättern mäßige Einrückungsgebühren zu vereinbaren. Seitens der Kommission wurde die Regierung ersucht, in dieser Richtung in entsprechender Weise auf die Gerichtsvorstände einzuwirken; von einem Mitgliede wurde dabei erklärt, daß nach seiner sachkundigen Erfahrung die Zeitungen im Interesse des minder bemittelten Publikums recht wohl einen Preis von 10 Pfennig für die kleinspaltige Zeile zugestehen könnten.

Hierauf wurden die in Nr. IV vorgeschlagenen Bestimmungen des Entwurfs angenommen.

Art. 3.[1])

Zu I Abs. 1 stellte ein Mitglied der Kommission an die Regierung die Frage, ob der Notar, welcher auf Verlangen eine in seiner besonderen Verwahrung befindliche Verfügung von Todes wegen an einen anderen Notar zur besonderen Verwahrung abzugeben in der Lage sei, hierüber eine notarielle Urkunde aufzunehmen habe.

Der Vertreter der Regierung erklärte, die Aufnahme einer notariellen Urkunde sei für einen solchen Fall nicht vorgeschrieben und regelmäßig nicht erforderlich. Das Verlangen des Erblassers auf Abgabe der Urkunde sei selbstverständlich aktenkundig zu machen; werde dem Notar ein schriftlicher Antrag überreicht, so sei dieser im Archiv zu verwahren und es empfehle sich, die erfolgte Abgabe auf demselben zu vermerken; werde das Verlangen mündlich gestellt, so sei hierüber eine von dem Erblasser unterschriebene Erklärung aufzunehmen; die Errichtung eines Protokolls in notarieller Form sei auch im letzteren Falle, wenigstens für die Regel, nicht geboten. Im übrigen verhalte es sich ähnlich, wie im Falle der verlangten Rückgabe eines Testaments an den Erblasser (B. G. B. § 2256 Abs. 2); wie hier die Rückgabe, so sei auch die Abgabe in die Verwahrung eines anderen Notars in dem durch Verfügung des Oberstaatsanwalts vom 24. März 1900 vorgeschriebenen Verzeichnisse zu vermerken (Ziff. 3 Schlußabsatz dieser Verfügung). Ebenso empfehle sich, wenn es sich um eine von dem Notar aufgenommene Verfügung von Todes wegen handele, ein Vermerk im Repertorium, worauf eine Ministerialverfügung vom 19. Januar 1900 unter Ziff. 8 hinweise. Dazu komme zur Entlastung des Notars noch die von dem anderen Notar zu erteilende Empfangsbescheinigung, die zu verwahren sei.

Zu Nr. II wurde der Antrag gestellt, in dem ersten Satze des Abs. 1 die Worte „wenn sich das Notariat nicht am Sitze des Nachlaßgerichts befindet" zu streichen. Der Antragsteller erkannte die Reformbedürftigkeit des geltenden Rechtes, das dem Notar, welcher sich nicht am Sitze des Nachlaßgerichts befindet, entweder die mit der Gefahr des Abhandenkommens verbundene Uebersendung oder die mit Kosten verbundene persönliche Ablieferung der Testamente zumute, vollständig an,

[1]) Art. 4 des Ges.

meinte aber, daß die Regierungsvorlage den Nachteil habe, daß sie die Notare in zwei Klassen teile, nämlich einerseits die Notare, welchen die Befugnis zustehe, die Testamente zu eröffnen und andererseits diejenigen, welche diese Befugnis nicht hätten; die Einheitlichkeit in der Zuständigkeit der Notare sei von großem Wert und dürfe nicht durchbrochen werden; deshalb sollte den sämtlichen Notaren die Eröffnung der in besondere Verwahrung genommenen Testamente übertragen werden. Ein anderes Mitglied stimmte diesen Ausführungen bei und sprach sich ferner dahin aus, daß nicht nur die Eröffnung der letztwilligen Verfügungen, sondern auch noch deren weitere Verwahrung den Notaren zu übertragen seien. Diese Ansicht wurde damit begründet, daß die fraglichen Urkunden bei den Notaren besser aufbewahrt würden als bei den Amtsgerichten, und daß letztere mit den ihnen von den Notaren zu übersendenden Abschriften alle dem Nachlaßgericht obliegenden Verrichtungen wahrnehmen könnten. Von einer dritten Seite wurde ferner beantragt, die ganze Nr. II zu streichen und zu ersetzen durch die Bestimmungen des im Jahre 1903 von dem Abgeordneten Krafft und Genossen eingebrachten Gesetzentwurfs, auf dessen Begründung verwiesen wurde; vgl. die Verhandlungen des Landesausschusses 1903 II. Bd. S. 829. Von einer vierten Seite wurde ebenfalls die Streichung der Nr. II angeregt und dabei bemerkt, daß die Fälle, in welchen der Sitz des ein Testament verwahrenden Notars in so großer Entfernung von dem Nachlaßgerichte wäre, daß durch die Ueberbringung des Testaments an das Nachlaßgericht durch den Notar namhafte Kosten entstehen würden, so selten vorkämen, daß ein Anlaß zur Abänderung des bestehenden Systems nicht vorliege.

Gegenüber den obigen Anträgen und Ausführungen wurde von dem Vertreter der Regierung folgendes erklärt: Einer Erweiterung der unter Nr. II vorgeschlagenen Vorschriften in dem Sinne, daß die in notarieller Verwahrung befindlichen Testamente und Erbverträge unterschiedslos von dem verwahrenden Notar zu eröffnen seien, könne seitens der Regierung nicht zugestimmt werden; er könne in dieser Beziehung nur wiederholen, was er im vorigen Jahre gegenüber dem Antrage Krafft und Genossen und bei der ersten Lesung des Entwurfs ausgeführt habe. Für die allgemeine Eröffnung der Verfügungen von Todes wegen durch die Notare bestehe einerseits kein Bedürfnis, andererseits entspreche sie nicht der Stellung des Nachlaßgerichts im geltenden Rechte. Das Gleiche gelte von der Aufbewahrung der eröffneten Verfügungen, deren Verbleib bei dem Nachlaßgericht auch mit Rücksicht auf die dem letzteren obliegenden Verrichtungen, insbesondere die Erteilung der Erbscheine, geboten sei. In beiden Beziehungen habe sich deshalb der Entwurf auf Ausnahmen von der gerichtlichen Eröffnung und weiteren Verwahrung der Verfügungen von Todes wegen auf [für] diejenigen Fälle beschränkt, in denen ein wirkliches Bedürfnis dies gebiete. Von einer Teilung der Notare in zwei Klassen könne dabei nicht die Rede sein. Jeder Notar könne in die Lage kommen, die von ihm verwahrte Verfügung zu eröffnen, nämlich jedesmal dann, wenn sein Amtssitz nicht mit dem Sitze des Nachlaßgerichts zusammenfalle, was sich erst beim Tode des Erblassers ergebe. Der Entwurf folge hier lediglich dem Bürgerlichen Gesetzbuche, das im § 2261 für die Fälle der Eröffnung der Testamente in Ansehung der Gerichte die gleiche Bestimmung treffe, wie sie der Entwurf in Ansehung der Notare vorschlage.

Die Mehrheit der Kommission erachtete den von der Regierung eingenommenen Standpunkt für zutreffend und nahm die Nr. II unter Zurückweisung der gestellten Anträge unverändert an.

Die Nr. III wurde ohne Bemerkungen angenommen.

Art. 4[1])

wurde ohne Debatte angenommen.

Art. 5[2])

wurde unverändert angenommen, nachdem der Vertreter der Regierung auf eine an ihn gerichtete Anfrage zu Nr. V erklärt hatte, daß unter dem Ausdruck „steuerfrei" selbstverständlich die Freiheit von jeder Abgabe, insbesondere auch die Stempelfreiheit, zu verstehen sei.

Zu Art. 6[3])

wurde beschlossen, die Nr. VIII als Nr. VII und letztere als Nr. VIII in die Vorlage einzusetzen, ferner das Wort

---

[1]) Art. 5 des Ges.
[2]) Art. 6 des Ges.
[3]) Art. 7 des Ges.

„Enteignungskammer“, entsprechend den Vorschlägen der mit der Beratung des Entwurfs eines Enteignungsgesetzes beauftragten Spezialkommission zu ersetzen durch die Bezeichnung „Berufungskammer für Enteignungssachen“. Im übrigen wurde der Art. 6 ohne weitere Bemerkungen angenommen.

Zum Schlusse wurde über zwei von einem Mitgliede der Kommission gestellte Anträge auf Ergänzung des Entwurfs in nachstehenden Richtungen verhandelt:

1. Es wurde geltend gemacht, daß für die Abtretung kleiner Grundstücksteile, wie sie namentlich bei der Anlage von Wegen erfolge, eine Vereinfachung der Förmlichkeiten sowohl hinsichtlich der Beurkundung des Veräußerungsvertrags, wie hinsichtlich der Befreiung der auf dem Grundstücksteile ruhenden Rechte geboten sei.

Der Regierungsvertreter erwiderte, daß, soweit der letzterwähnte Gesichtspunkt in Betracht komme, die Absicht bestehe, dem Landesausschuß einen Gesetzentwurf über die Erteilung sogenannter Unschädlichkeitszeugnisse vorzulegen. Dieser Entwurf sei ausgearbeitet und werde voraussichtlich dem Bundesrat in Bälde zugehen.[1]) Zur Einbeziehung in den vorliegenden Entwurf eigne sich die Angelegenheit nicht. Im übrigen könne eine Vereinfachung in der Richtung in Frage kommen, daß im Falle des § 45 Abs. 1 Ziff. 2 des Ausf.-Ges. zum Reichsges. über die Angelegenheiten der freiwilligen Gerichtsbarkeit — d. h. im Falle von Grundstücksveräußerungen, bei denen Flußbauverbände und autorisierte Genossenschaften beteiligt seien — nicht nur der Kreisdirektor und dessen gesetzlicher Stellvertreter, sondern auch der Bürgermeister und dessen Vertreter als zuständig für die Beurkundung erklärt würden. Es sei tatsächlich nicht zu verkennen, daß die Zuziehung des Kreisdirektors in solchen Fällen, bei denen es sich regelmäßig nur um geringfügige Parzellen handele, mitunter störende Weitläufigkeiten mit sich bringe; andererseits könne der Bürgermeister, der bei Veräußerung oder Erwerb von Gemeindegut als Urkundsperson zuständig sei, auch in diesem ähnlichen Falle für hierzu geeignet gehalten werden. Die Regierung habe daher gegen die Ergänzung der Bestimmung in dem erwähnten Sinne nichts einzuwenden.

[1]) Der Entwurf ist dem L. A. in der Tagung 1905 zugegangen, aber nicht mehr zur Verabschiedung gelangt (Verhdl. I Nr. 8, II S. 493 ff.).

Es wurde daraufhin von dem Antragsteller vorgeschlagen, unter Art. 3 als Nr. IIa folgende Vorschrift aufzunehmen:

„§ 45 Abs. 1 Ziff. 2 erhält folgende Fassung:

folgt der Wortlaut in der Fassung des Ges. Art. 4 III. (S. 54).

Der Antrag wurde seitens der Kommission angenommen.

2. In zweiter Richtung war beantragt worden, den § 40 des Ausf.-Ges. zum B. G. B., der die Haftung des Staates für Schadenshandlungen von Beamten bei Ausübung der ihnen anvertrauten öffentlichen Gewalt ausspreche, dahin abzuändern, daß diese Vorschrift auf Notare und Gerichtsvollzieher keine Anwendung finde. Auf Wunsch der Kommission hat die Regierung dieser die in der Anlage beigefügte Denkschrift über den Rechtszustand vor und nach dem Inkrafttreten des B. G. B. in Elsaß-Lothringen sowie in den deutschen Bundesstaaten vorgelegt, auf deren Inhalt hier Bezug genommen wird.

Seitens des Antragstellers wurde ausgeführt, bei Einstellung des § 40 in das Ausf.-Ges. zum B. G. B. habe lediglich die Absicht bestanden, das damals geltende (französische) Recht über die Haftung des Staates aufrecht zu erhalten. Die Ausdehnung dieser Haftung auf Notare und Gerichtsvollzieher sei nirgends erwähnt und vom Landesausschuß auch nicht beabsichtigt worden. Wenn nun nach der Fassung der Vorschrift dieser doch jene weitere Bedeutung zukomme — und darüber scheine ein Zweifel nicht zu bestehen, wie auch bereits das Reichsgericht die Vorschrift auf Handlungen eines Gerichtsvollziehers angewendet habe —, so sei ihre Einschränkung dringend geboten. Eine solche Haftung des Staates, namentlich bei Verfehlungen und Versehen eines Notars, z. B. bei der Beurkundung eines Testaments, könne zu Benachteiligungen der Staatskasse von ungemessener Höhe führen. Es fehle auch ein innerer Grund für eine so weitgehende Haftung. Notare und Gerichtsvollzieher seien in ihrer Beamteneigenschaft nicht auf die gleiche Linie zu stellen mit den unmittelbar vom Staate mit gewissen Verrichtungen betrauten Beamten. Sie handelten im Auftrag und nach Wahl der Parteien. Es sei zu gewärtigen, daß gerade die großen Entschädigungen vom Staate zu tragen seien, da geringere Beträge wohl meistens von den Beamten selbst beglichen werden könnten. Die Staatshaftung komme dadurch vorwiegend den bei größeren Geschäften Beteiligten, also den vermögenden Leuten zugute. Es sei aber nicht gerechtfertigt die Staatskasse dafür eintreten zu lassen. Was die Gerichtsvollzieher anlange, so glaube er, daß über kurz oder lange deren Amt verstaatlicht werde. Aus der jetzigen Haftung des Staates könne das Gleiche sich für die Notare ergeben, was nicht wünschenswert sei.

Von einem Mitgliede der Kommission wurde die Meinung vertreten, der § 40 des Ausf.-Ges. zum B. G. B. könne schon jetzt auf Notare und Gerichtsvollzieher keine Anwendung finden, weil diese keine Beamten seien, da sie kein Gehalt vom Staate bezögen.

Seitens der Regierung wurde dei letztere Auffassung als offenbar unrichtig bezeichnet. Zum Begriffe des Staatsbeamten gehöre der Bezug eines Diensteinkomuens aus der Staatskasse keineswegs; es gehöre hierzu vielmehr lediglich die Anstellung im Dienste des Staates. Tatsächlich werde die Beamteneigenschaft der Notare und Gerichtsvollzieher nirgends bezweifelt; zu Zweifeln könne vielmehr nur die Frage Anlaß geben, inwieweit ihre Verrichtungen als in Ausübung öffentlicher Gewalt vorgenommen anzusehen seien oder nicht. Es könne in dieser Beziehung auf die vorgelegte Denkschrift Bezug genommen werden. Richtig sei, daß sich für die Anwendung des § 40 in Ansehung der Notare und Gerichtsvollzieher ein Unterschied gegenüber dem früher geltenden Art. 1384 C. c., wie ihn die Praxis und Rechtslehre angewendet habe, ergebe, und daß aus der Haftung des Staates für Verfehlungen und schuldhafte Versehen der Notare und Gerichtsvollzieher weitgehende Folgen für die Staatskasse eintreten könnten, die eine Einschränkung der Vorschrift des § 40 wohl rechtfertigten.

Ein Mitglied der Kommission hob — was insbesondere die Notare anlangt — hervor, daß es ihm inkonsequent erscheine, auch diejenigen Amtshandlungen, welche die Notare auf Grund einer besonderen Uebertragung an Stelle des Richters vornehmen, von der subsidiären Haftung des Staates auszunehmen. Diese Amtsverrichtungen, die teils durch Landesgesetz dem Notar an Stelle des Richters zugewiesen seien, teils (die Nachlaßsicherung) vom Richter nach Ermessen einem Notar zugewiesen werden könnten, seien in der Denkschrift S. 7 [hier S. 143 f.] unter Buchstabe a bezeichnet. Die betreffenden Verrichtungen seien ihrer Natur nach im Sinne der Reichsgesetze richterliche, die nicht von einem durch die Parteien nach Belieben in Anspruch genommenen

Notar, sondern auf Grund gesetzlicher oder richterlicher Delegation vorgenommen würden. Da, falls sie von dem Gerichte vorgenommen würden, der Staat gemäß § 40 des Ausführungsgesetzes haften würde, so sei es folgerichtig, daß sie auch als Amtshandlungen der Notare der gleichen Haftungsvorschrift unterstellt blieben.

Es wurden hierauf zwei Anträge gestellt und zur Abstimmung gebracht.

Der erste Antrag lautete wie folgt:

„in den Entwurf als Art. 2a folgende Bestimmung aufzunehmen:

„Im § 40 des Gesetzes, betreffend die Ausführung des „Bürgerlichen Gesetzbuchs (Gesetzbl. 1900 S. 4), wird hinter „Abs. 1 folgende Vorschrift als Abs. 2 eingestellt:

„Auf Notare und Gerichtsvollzieher finden die Vorschriften des Abs. 1 keine Anwendung."

Der Antrag wurde abgelehnt.

Nach dem zweiten Antrage soll dem im § 40 des Ausf.-Ges. einzustellenden Abs. 2 folgende Fassung gegeben werden:

„Auf die Notare und Gerichtsvollzieher finden „die Vorschriften des Abs. 1 nur insoweit Anwendung, als die Verrichtung, in deren Ausübung der Schaden verursacht wird, dem Notar „oder Gerichtsvollzieher durch das Gericht übertragen worden ist."[1])

Dieser Antrag wurde unter Stimmenthaltung mehrerer Mitglieder angenommen.

Ihre Kommission schlägt Ihnen vor, den Gesetzentwurf in der Fassung der anliegenden Zusammenstellung[2]) anzunehmen.

D. Denkschrift betreffend den § 40 des Ausführungsgesetzes zum Bürgerlichen Gesetzbuch.

Der § 40 des Ausführungsgesetzes zum Bürgerlichen Gesetzbuch lautet:

„Für den Schaden, den ein Beamter des Staates, „eines Bezirks, einer Gemeinde oder einer anderen öffent-

---

[1]) Zu vgl. Art. 3 I des Ges. (S. 8).

[2]) Hier nicht mit abgedruckt.

„lichen Anstalt in Ausübung der ihm anvertrauten öffent-
„lichen Gewalt einem Dritten zufügt, haftet der Staat, „der Bezirk, die Gemeinde oder die öffentliche Anstalt, „in deren Dienst der Beamte steht, in gleicher Weise „wie der Beamte, soweit der Ersatz von diesem nicht „zu erlangen ist. Der Staat, die Bezirke, die Gemeinden „und die öffentlichen Anstalten haben dabei die rechtliche „Stellung eines Bürgen.

„Ausländern kann die Entschädigung verweigert werden, „wenn nicht nachgewiesen ist, daß in dem Heimatstaate „des Beschädigten eine der Vorschrift des Abs. 1 ent- „sprechende Haftung Deutschen gegenüber anerkannt ist."

In der Kommission zur Vorberatung des Gesetzes, betreffend die Aenderung verschiedener Justizgesetze, ist der Antrag gestellt worden, die Haftung des Staates für schädigende Handlungen der Notare und Gerichtsvollzieher auszuschließen und zu diesem Zwecke hinter Abs. 1 des § 40 einen neuen Abs. 2 einzuschieben in folgender Fassung:

„Die Vorschriften des Abs. 1 finden auf Handlungen „der Notare und Gerichtsvollzieher keine Anwendung."

I. Der Rechtszustand bis zum Jahre 1900.

A. Im Gebiete des französischen Rechtes.

Das französische Recht hatte eine ausdrückliche Vorschrift über die Haftung des Staates (der Bezirke, Gemeinden usw.) für schädigende Handlungen der Beamten nicht. Der Code civil enthielt über die Haftung für Schadenshandlungen dritter Personen nur die folgende allgemeine Vorschrift:

Artikel 1384. — On est responsable, non seulement du dommage que l'on cause par son propre fait, mais encore de celui qui est causé par le fait des personnes dont on doit répondre, ou des choses que l'on a sous sa garde.

Le père, et la mère après le décès du mari, sont responsables du dommage causé par leurs enfants mineurs habitant avec eux;

Les maîtres et les commettants, du dommage causé par leurs domestiques et préposés dans les fonctions aux-quelles ils les ont employés.

Les instituteurs et les artisans, du dommage causé par

leurs élèves et apprentis pendant le temps qu'ils sont sous leur surveillance.

La responsabilité ci-dessus a lieu, à moins que les père et mère, instituteurs et artisans, ne prouvent qu'ils n'ont pu empêcher le fait qui donne lieu à cette responsabilité.

Die Bestimmung im Absatz 3 des Artikels 1384, der nach seinem Wortlaute zunächst nur privatrechtlicher Verhältnisse gedenkt, haben die französische Rechtslehre und Gerichtspraxis auch auf das Verhältnis des Staates (und der anderen öffentlichen Anstalten) zu den Beamten angewandt, und zwar nicht nur in bezug auf Handlungen im privatrechtlichen Verkehr, sondern auch in bezug auf Handlungen bei Ausübung der öffentlichen Gewalt. Hierdurch ergab sich jedoch nicht eine Haftung des Staates usw. für Schadenshandlungen **aller** mit einer öffentlichen Amtsgewalt ausgestatteten Personen, sondern es wurde auf der Grundlage des Artikels 1384 Absatz 3 je nach den verschiedenen Klassen der mit einer Amtsgewalt ausgestatteten Personen (fonctionnaires publics, officiers ministériels) geprüft, ob es sich im einzelnen Falle um ein solches Beamtenverhältnis handele, welches den Staat als „commettant" und den Beamten als „préposé" erscheinen lasse. Die Frage wurde bejaht und die Haftung des Staates demgemäß anerkannt, wenn die den Schaden verursachende Amtsperson in ihrer Amtsführung von der oberen staatlichen Behörde abhängig war; in solchen Fällen wurde der Staat als commettant, die Amtsperson als préposé („comme préposé et instrument de l'Etat", Laurent Band XX Nr. 593) angesehen. Lag eine Abhängigkeit von der oberen Behörde nicht vor, sondern hatte die Amtsperson die ihr übertragene öffentliche Gewalt unabhängig von höheren Weisungen, lediglich nach den Gesetzen auszuführen („de son chef, comme exerçant la mission sociale qui lui est déléguée", Laurent a. a. O.), so wurde die Anwendbarkeit des Artikels 1384 Code civil verneint und eine Haftung des Staates nicht angenommen.[1])

[1]) Die oben wiedergegebene Auffassung, die das Reichsgericht fortbildete, war diejenige des französischen Kassationshofs. Im Widerspruch mit ihr vertrat der Staatsrat teils die Unzulässigkeit des ordentlichen Rechtswegs, teils auch die Unanwendbarkeit des Art. 1384 C. c. auf den Staat überhaupt. Zu vgl. Laurent Bd. 20 Nr. 592 ff., Dalloz Rép. suppl. v. competence administrative Nr. 174 ff.

Auf Grund dieser allgemeinen Anschauungsweise war die Rechtsanwendung im einzelnen eine unsichere. So sagt z. B. Sourdat, Responsabilité II Nr. 1304: „C'est un problème difficile que d'en déterminer les bases. Ni la loi, ni la jurisprudence n'ont encore formulé un principe bien arrêté“ und Laurent, XX Nr. 593: „La difficulté est de préciser les conditions requises pour que l'Etat soit commettant.“

Das Reichsgericht hat auch seiner Rechtsprechung für das Gebiet des französischen Rechtes die französisch-rechtliche Anschauung im Prinzip zugrunde gelegt. In wiederholten Entscheidungen hat das Reichsgericht[1]) das Verhältnis eines Beamten zum Staate als das eines „préposé“ zum „commettant“ angesehen und folgeweise die Haftung des Staates für die Handlungen des Beamten anerkannt, wenn

> der Beamte in einem solchen Abhängigkeitsverhältnisse zur staatlichen Oberbehörde steht, daß diese ihm in bezug auf seine einzelnen Handlungen Instruktionen erteilen, ihn zu kontrollieren und zu beaufsichtigen hat.

Das Reichsgericht hat dagegen die Haftung des Staates auf Grund des Artikels 1384 Code civil verneint, wenn

> die öffentlich-rechtliche Verpflichtung des Staates sich darin erschöpft, daß der Staat das Amt errichtet und den Beamten ernennt, dann aber der Beamte in eigenem Namen, „de son chef“, das Amt nach den hierfür geltenden gesetzlichen Vorschriften selbständig verwaltet.

Das charakteristischste Beispiel für diese zweite Beamtengruppe ist der urteilende Richter.

Was insbesondere die Notare und die Gerichtsvollzieher anlangt, so hat die französische Rechtsprechung auf deren Handlungen den Artikel 1384 Code civil nicht angewendet. Auch ein Urteil des Reichsgerichts in diesem Sinne liegt nicht vor; die Frage scheint an das Reichsgericht noch nicht gelangt zu sein.[2]) Dagegen

---

[1]) Zu vgl. insbesondere die Urteile vom 19. Oktober 1883 (Entsch. X S. 287), vom 17. XI. 1896 (Rhein. Arch. Bd. 91 II. Abt. S. 59), vom 18. III. 1898 (Rhein. Arch. Bd. 93 II. Abt. S. 111); ferner das Urteil des O.L.G. Cöln vom 14. III. 1903 (Rhein. Arch. Bd. 99 I. Abt. S. 221).

[2]) Neuerdings hat das O.L.G. Cöln die Haftung des Staates für Gerichtsvollzieher auf Grund des Art. 1384 C. c. angenommen (Zeitschr. für d. preuß. Gerichtsvollz.-Verb. 1904 S. 193); bestätigt durch R.G. 4. IV. 1905.

ist das Reichsgericht von der französischen Anschauung insofern abgewichen, als es die Haftung des Staates für die Handlungen von Lehrern, auf die man in Frankreich den Artikel 1384 Code civil nicht anwendete, angenommen hat.

B. In den anderen deutschen Rechtsgebieten.

Eine erschöpfende Regelung der Haftung des Staates für Beamtenhandlungen in Ausübung der öffentlichen Gewalt fand sich vor dem Jahre 1900 in den deutschen Staaten selten. Nur einzelne kleinere Staaten sprachen diese Haftung ausdrücklich aus (so § 68 des Staatsgrundgesetzes für die vereinigten Herzogtümer Koburg und Gotha vom 3. Mai 1852).

In **Preußen** war die Rechtsprechung des Obertribunals schwankend. Ein Urteil dieses Gerichts vom 6. April 1869 (Entscheidungen Band 61 Seite 1) hatte jedoch als feststehenden Grundsatz ausgesprochen, daß die Haftung des Staates als Trägers von Hoheitsrechten (im Gegensatze zu seiner Stellung auf dem Gebiete des Privatrechtsverkehrs) ausgeschlossen sei.

In **Bayern** fehlte eine ausdrückliche Vorschrift über die Haftungsfrage gleichfalls. Allein die Rechtsprechung des obersten Landesgerichts hatte angenommen, der Grundsatz, daß der Staat für den durch pflichtwidriges Verhalten seiner Beamten verursachten Schaden ersatzpflichtig sei, habe in der Bayerischen Gesetzgebung indirekt Anerkennung gefunden (zu vergl. Urteil vom 7. Oktober 1890, Entscheidungen in Gegenständen des Zivilrechts, Band 13, Seite 149).

II. Der Rechtszustand seit dem Jahre 1900.

A. Im allgemeinen.

Das Bürgerliche Gesetzbuch enthält Bestimmungen über die Haftung des Staates und anderer öffentlich-rechtlicher juristischer Personen für ihre Beamten nur in bezug auf die hier nicht interessierenden Handlungen des privatrechtlichen Verkehrs (§§ 31, 89 und § 831).

Bezüglich der Haftung des Staates usw. für Schadenshandlungen, welche Beamte in Ausübung der ihnen anvertrauten öffentlichen Gewalt begehen, wurde die allgemeine Regelung der Landesgesetzgebung überlassen (Einführungsgesetz zum Bürgerlichen Gesetzbuch Artikel 77).

Reichsrechtliche Vorschriften, welche die Haftung in Sachen der Ausübung öffentlicher Gewalt aussprechen, bestehen jedoch für den Bereich gewisser Angelegenheiten, so namentlich für die Führung des Grundbuchs. Hier haftet kraft reichsrechtlicher Vorschrift (Grundbuchordnung § 12) der Staat unmittelbar (nicht nur subsidiarisch). Der Rückgriff des Staates gegen den Beamten ist für vorsätzliche und grobfahrlässige Schädigungen in Elsaß-Lothringen im § 8 des Ausführungsgesetzes zur Grundbuchordnung ausgesprochen. Zu vgl. die ähnliche Regelung in § 112 des Ausführungsgesetzes zum Bürgerlichen Gesetzbuch für das liegenschaftliche Zwischenrecht.

B. In Elsaß-Lothringen.

Die allgemeine Regelung trifft hier der eingangs aufgeführte § 40 des Ausführungsgesetzes zum Bürgerlichen Gesetzbuch.

Wie dessen an Artikel 77 Einführungsgesetz zum Bürgerlichen Gesetzbuch anschließender Wortlaut ergibt, ist die Unterscheidung nach der Abhängigkeit oder Selbständigkeit der Beamten, welche sich für das französische Recht aus der Anwendung der privatrechtlichen Vorschrift des Artikels 1384 Code civil ergab, im § 40 des Ausführungsgesetzes verlassen und das entscheidende Gewicht darauf gelegt, ob die schädigende Handlung eines Beamten innerhalb der Ausübung der ihm anvertrauten Gewalt, also innerhalb der Betätigung seines staatlichen Auftrags schuldhaft begangen ist. Andererseits ist die Haftung des Staates usw. nach § 40 nur eine subsidiäre, nicht mehr, wie nach Artikel 1384 Code civil, eine unmittelbare.

Daß die Handlungen der Notare und Gerichtsvollzieher an sich von § 40 betroffen werden, ist nicht zweifelhaft, da sie Beamte sind und da sie eine ihnen anvertraute öffentliche Gewalt ausüben. In dieser (grundsätzlichen) Beziehung war die Tragweite des § 40 auch schon vor der bei der Erörterung in der Kommission erwähnten Entscheidung des Reichsgerichts vom 29. Oktober v. Js. nicht wohl zu bezweifeln. In Zweifel gezogen wurde vielmehr nur, inwieweit bei den Handlungen der Notare und Gerichtsvollzieher es sich um die Ausübung einer öffentlichen Gewalt handelt, inwieweit nicht.

In dieser Beziehung wird man zu unterscheiden haben:

1. **bei den Notaren:**

a) Handlungen, welche sie auf Grund einer besonderen Uebertragung an Stelle des Richters vornehmen (bei der Immobiliarzwangsvollstreckung, der Erlösverteilung im Löschungsverfahren, dem erbrechtlichen Auseinandersetzungsverfahren und der Nachlaßsicherung);

b) die Beurkundungstätigkeit, vermöge der sie im staatlichen Auftrage den auf Verlangen der Beteiligten aufgenommenen Akten den Charakter und die Wirksamkeit öffentlicher Urkunden verleihen;

c) Handlungen, welche sie, ohne daß hierfür eine Amtspflicht vorläge, nach freiem Belieben, wenn auch gelegentlich oder aus Veranlassung ihrer Amtsausübung vornehmen (z. B. Einziehung oder Verwahrung von Geldern).

Während man bei den Handlungen unter a und b die Ausübung einer öffentlichen Gewalt anzunehmen haben wird, sodaß Schadenshandlungen, welche sie in der Ausübung dieser Tätigkeit schuldhaft begehen, den Staat (subsidiarisch) verpflichten, wird man die Handlungen unter c als außerhalb der Ausübung öffentlicher Gewalt liegende anzusehen haben, für die den Staat keine Verantwortlichkeit trifft.

2. **bei den Gerichtsvollziehern** — hier liegen die Verhältnisse ähnlich —:

a) Als Ausübung einer öffentlichen Gewalt sind die Handlungen anzusehen, die der Gerichtsvollzieher zur Erledigung der ihm gesetzlich übertragenen Amtsgeschäfte vornimmt, insbesondere also die Zwangsvollstreckung, Zustellungen, sowie auf Grund landesgesetzlicher Bestimmung: die Aufnahme von Wechselprotesten, die Anlegung von Siegeln im Konkursverfahren, die Abhaltung öffentlicher Versteigerungen (nicht deshalb auch die ihm etwa von den Beteiligten übertragene Einziehung des Erlöses).

b) Dagegen werden die gütliche Einziehung von Geldern und ähnliche Handlungen, die nicht notwendig durch einen Gerichtsvollzieher zu erfolgen haben, nicht als Akte der Ausübung der ihm anvertrauten öffentlichen Gewalt angesehen werden können.

Streitig war die Frage geworden, ob der Gerichtsvollzieher, der im Auftrage eines Gläubigers gegen einen Schuldner die Zwangsvollstreckung betreibt, als in Ausübung der ihm anvertrauten öffentlichen Gewalt handelnd anzusehen ist **bloß** dem Schuldner gegenüber, gegen den er zwangsweise vorgeht, oder **auch** dem Gläubiger gegenüber, dem er das vom

Schuldner erlangte Geld (zu dessen Annahme der vollstreckende Gerichtsvollzieher gesetzlich ermächtigt ist) abzuliefern hat. Die Entscheidung dieser Frage hat das Reichsgericht durch Urteil vom 29. Oktober v. Js. in Uebereinstimmung mit dem Oberlandesgericht Colmar in dem letzteren Sinne getroffen.[1]) Danach ist die Tätigkeit des Gerichtsvollziehers in dem erwähnten Falle als eine einheitliche anzusehen; der Umstand, daß er von seiten des Gläubigers durch dessen Auftrag in Tätigkeit gesetzt wird, unterstellt wohl das Verhalten des Gerichtsvollziehers gegenüber dem Gläubiger den privatrechtlichen Vorschriften des Dienstvertrags, hindert aber nicht, daß die Tätigkeit des Gerichtsvollziehers außerdem auch dem Gläubiger gegenüber als Ausfluß der dem Gerichtsvollzieher zustehenden Amtsgewalt aufzufassen ist. Daraus folgt, daß eine Unterschlagung der bei der Zwangsvollstreckung vereinnahmten Gelder, welche der Gerichtsvollzieher zum Nachteil des Gläubigers verübt, unter § 40 des Ausführungsgesetzes zum Bürgerlichen Gesetzbuch fällt und den Staat haftbar macht.

C. In den anderen deutschen Staaten.

Von dem Vorbehalte des Artikels 77 des Einführungsgesetzes zum Bürgerlichen Gesetzbuch, der die Regelung der Haftung des Staates für die in der Ausübung öffentlicher Gewalt vorgenommenen Beamtenhandlungen der Landesgesetzgebung überläßt, hat eine Anzahl deutscher Staaten Gebrauch gemacht, jedoch zum Teil in verschiedener Weise. Im einzelnen ist der Rechtszustand der folgende:

Preußen.

1. Für das frühere Rechtsgebiet des Code civil gilt heute noch der Artikel 1384 Code civil, „soweit er auf die Haftung des Staates, der Gemeinden und anderer Kommunalverbände für den von ihren Beamten in Ausübung der diesen anvertrauten öffentlichen Gewalt zugefügten Schaden Anwendung findet" (Artikel 89 Ausführungsgesetz zum Bürgerlichen Gesetzbuch);

2. Für die übrigen Gebiete der Monarchie besteht eine allgemeine Vorschrift über die Haftung des Staates nicht, ins-

[1]) Vgl. Entsch. Bd. 56 S. 84. S. in dem gleichen Sinne Molitor, Ausf.-Ges. z. B.G.B. Bem. 11 zu § 40.

besondere auch nicht für Handlungen der Notare oder Gerichtsvollzieher.

Bayern.

Der Staat haftet unmittelbar (mit bloßem Rückgriffe gegen den Beamten), und zwar nach ausdrücklicher Bestimmung auch für Gerichtsvollzieher und Notare (Ausführungsgesetz zum Bürgerlichen Gesetzbuch Artikel 60, 61, Notariatsgesetz Artikel 126).

Württemberg.

Der Staat haftet unmittelbar (Ausführungsgesetz zum Bürgerlichen Gesetzbuch Artikel 202). Eine Ausnahmevorschrift für Gerichtsvollzieher besteht nicht.

Hinsichtlich der Notare gilt folgendes:

Es gibt 2 Klassen von Notaren,

a) „Bezirksnotare", welche obrigkeitliche Funktionen ausüben als Grundbuchbeamte, Vorsitzende des Vormundschafts- und des Nachlaßgerichts und dergl.;

b) „öffentliche Notare", welchen die Beurkundungs- und Beglaubigungstätigkeit obliegt.

Mit dem Amte eines Bezirksnotars ist dasjenige eines öffentlichen Notars verbunden.

Die Bezirksnotare fallen unter die Haftpflicht des Staates; dagegen schließt Artikel 99 des Ausführungsgesetzes zum Bürgerlichen Gesetzbuch die Haftung des Staates für die öffentlichen Notare aus.

Baden.

Der Staat haftet allgemein und unmittelbar. Eine Ausnahme für Gerichtsvollzieher und Notare ist nicht gemacht (Ausführungsgesetz zum Bürgerlichen Gesetzbuch Artikel 5).

Hessen.

Der Staat haftet subsidiarisch, nicht jedoch für Gerichtsvollzieher und Notare (Ausführungsgesetz zum Bürgerlichen Gesetzbuch, Artikel 77, 78).

Mecklenburg-Schwerin und Mecklenburg-Strelitz.

Der Staat haftet nur, soweit eine solche Haftung durch Reichs- oder besonderes Landesgesetz vorgeschrieben ist (Verordnungen zur Ausführung des Bürgerlichen Gesetzbuches § 49 beziehungsweise 48). Besondere Vorschriften des Landesrechts, welche die Haftung für Handlungen der Notare oder Gerichtsvollzieher bestimmten, sind nicht bekannt.

Sachsen-Weimar.

Der Staat haftet allgemein und subsidiarisch (Ausführungsgesetz zum Bürgerlichen Gesetzbuch § 91).

Sachsen-Koburg-Gotha.

Der Staat haftet allgemein und unmittelbar (Ausführungsgesetz zum Bürgerlichen Gesetzbuch Artikel 18).

Anhalt.

Die Haftung des Staates besteht nur, soweit sie durch besonderes Reichs- oder Landesgesetz vorgeschrieben ist (Ausführungsgesetz zum Bürgerlichen Gesetzbuch Artikel 32). Für Notare oder Gerichtsvollzieher ist ein solches Gesetz nicht bekannt.

Schwarzburg-Sondershausen.

Der Staat haftet subsidiarisch; für Handlungen „der das Gerichtsvollzieheramt wahrnehmenden Personen" jedoch im Einzelfalle nicht über den Betrag von 300 Mark. Für Handlungen der Notare ist die Haftung ausgeschlossen (Ausführungsgesetz zum Bürgerlichen Gesetzbuch Artikel 19).

Reuß ä. L.

Der Staat haftet allgemein und subsidiarisch (Ausführungsgesetz zum Bürgerlichen Gesetzbuch § 69).

Reuß j. L.

Der Staat haftet allgemein und unmittelbar (Ausführungsgesetz zum Bürgerlichen Gesetzbuch § 48).

Im **Königreich Sachsen** sowie in **Oldenburg, Braunschweig, Sachsen-Meiningen, Sachsen-Altenburg, Schwarzburg-Rudolstadt, Schaumburg-Lippe, Lippe, Lübeck, Bremen** und **Hamburg** besteht eine allgemeine Haftung des Staates, soweit bekannt, nicht.

E. Aus dem Berichte der Spezialkommission über den Entwurf eines Enteignungsgesetzes.

§ 89.[1])

Es lag folgender Antrag vor:

„Als Absatz 2 ist folgende Bestimmung in den § einzufügen:

„Als Beeinträchtigung eines Rechtes im Sinne „des Abs. 1 ist es auch anzusehen, wenn im Wohn-

[1]) Jetzt Art. 3 II der Justiznovelle.

„gebiet einer Stadt oder einer sonstigen Ortschaft „dem Eigentümer eines an einer öffentlichen „Straße gelegenen überbauten Grundstücks durch „die Beseitigung oder die Veränderung der „Straße die Möglichkeit, die Straße in der bis- „herigen Weise zum Verkehr oder zur Befrie- „digung des Luft- und Lichtbedürfnisses zu be- „nutzen, entzogen oder wesentlich erschwert wird. „Auf vorübergehende Beeinträchtigungen, welche „durch gewöhnliche Verbesserungen oder Unter- „haltungsarbeiten oder durch Veranstaltungen, „die der Natur und dem Zweck der Straße ent- „sprechen, verursacht werden, findet diese „Vor- „schrift keine Anwendung".

Zur Begründung des Antrags wurde folgendes ausgeführt: Nach der Rechtsprechung des Reichsgerichts unterliege es für das französische Rechtsgebiet keinem Zweifel, daß die Beseitigung oder Veränderung von Straßen in Städten oder Dörfern, wenn sie für die Straßenanlieger die Entziehung des Lichtes oder der Luft oder die Unmöglichkeit der Kommunikation mit dem Straßennetze zur Folge habe, den beeinträchtigten Anliegern einen Anspruch auf Entschädigung gebe. Das Reichsgericht gründe diesen Anspruch auf ein servitutenartiges Verhältnis zwischen den Anliegern und der öffentlichen Verwaltung, welcher die Herrschaft über die Straße zustehe. Auch die Begründung des Entwurfs gehe davon aus, daß ein solcher Entschädigungsanspruch auf Grund des § 89 für die Zukunft fortbestehe; jedenfalls stehe die Regierung, wie die Begründung zum § 89 ergebe, auf dem Standpunkte, daß die Interessen der Straßenanlieger auch weiterhin durch Gewährung dieses Anspruchs zu schützen seien; allein es sei zweifelhaft, ob die Konstruktion eines servitutenähnlichen Verhältnisses unter der Herrschaft des Bürgerlichen Gesetzbuchs zulässig sei, und ob sonach ein „Recht" der Anlieger, wie es § 89 voraussetze, weiterhin anzuerkennen sei; die Fassung des beantragten Abs. 2 entspreche der vom Reichsgericht für das frühere Recht in wiederholten Entscheidungen angenommenen Rechtslage wie den tatsächlichen Bedürfnissen.

Der Vertreter der Regierung erklärte, diese Ausführungen seien nicht ohne Berechtigung. Bereits in der Begründung zu § 89 sei dem Zweifel Ausdruck gegeben, ob die Konstruktion des Schadensersatzanspruchs infolge öffentlicher Arbeiten in bisherigem Umfange ohne besondere Bestimmung aufrecht erhalten werden könne. Diesen Erwägungen verdanke der § 89 des Entwurfs seine Entstehung. Das Recht der Straßenanlieger finde dabei keine ausdrückliche Berücksichtigung, und es könne in der Tat die Frage aufgeworfen werden, ob und wie dieses Recht seit Inkrafttreten des Bürgerlichen Gesetzbuchs begründet und aufrecht erhalten werden könne, besonders, nachdem das Reichsgericht bereits in einer Entscheidung vom 30. April 1902 (Entsch. 51 S. 251 ff. a. E.) davon ausgegangen sei, daß aus dem neuen Rechte weder ein Dienstbarkeitsverhältnis noch ein (stillschweigender) Vertrag des fraglichen Inhalts sich ableiten lasse.

Hierauf nahm die Kommission den Antrag auf Einfügung der obigen Vorschrift als Abs. 2 des § 89 an.

In Uebereinstimmung zwischen Regierung und Kommission wurde sodann noch folgendes festgestellt:

Nur da, wo durch das Verhalten der öffentlichen Verwaltung, also insbesondere durch Bereitstellung der Straßen zur Anbauung, die gerechtfertigte Erwartung der Anbauenden begründet worden sei, die Straße bestimmungsgemäß benutzen zu können, solle, entsprechend dem geltenden Rechte, der Anspruch des § 89 gewährt werden. Dies werde zum Ausdruck gebracht durch die Worte „innerhalb des Wohngebiets einer Stadt oder sonstigen Ortschaft", und aus dieser Erwägung ergebe sich auch die Bedeutung des Wortes „Wohngebiet". Wie weit sich dies erstrecke, sei Tatfrage. So könne ein Haus, das zum Beispiel innerhalb der erweiterten Festungsumwallung einer Stadt, aber außerhalb jeglicher Grenzen eines Bebauungsplanes im freien Felde an einem bestehenden Wege erbaut werde, zwar im Stadtgebiete liegen, nicht aber im Wohngebiete der Stadt; denn zum Anbau mit Wohnhäusern sei jener Gebietsteil noch nicht von der Stadtverwaltung bestimmt und zur Verfügung gestellt. Andererseits könne ein Haus als im Wohngebiet einer Gemeinde liegend angesehen werden, wenn es zwar von der zusammenhängenden Ansiedelung getrennt sei, aber noch in dem nach den tatsächlichen örtlichen Verhältnissen zum Anbau bestimmten Gebiete stehe. Der Ausdruck „oder einer sonstigen Ortschaft" sei, wie der Zusammenhang ergebe, gewählt, um auch Dörfer und Annexen unter der Vorschrift zu begreifen, er habe daher nicht die enge Bedeutung, wie in der Gemeindeordnung.

Die übrigen Absätze des § 89 wurden ohne Debatte unverändert angenommen.

F. Aus den stenographischen Berichten des Landesausschusses.

Die erste Lesung des Entwurfs der Justiznovelle fand am 27. April 1904 statt (Verhandl. II. S. 717 ff.), die zweite Lesung am 26. Oktober 1904 (Verhandl. II. S. 1215 ff.), die dritte Lesung am 3. November 1904 S. 1390 ff.). Es sind hier die Verhandlungen der Spezialdiskussion insoweit abgedruckt, als sie für das Verständnis oder die Anwendung des Gesetzes von Interesse sind.

a) Aus den Verhandlungen der 2. Lesung des Entw. der Justiznovelle.

Der Vors.: Die Kommission schlägt hier vor, einen neuen Artikel 2a [1]) einzuschalten. Derselbe lautet wie folgt:

„Im § 40 des Gesetzes, betreffend die Ausführung des „B. G. B. (Gesetzbl. 1900 S. 4) wird hinter Abs. 1 folgende „Vorschrift als Abs. 2 eingestellt:

„Auf die Notare und Gerichtsvollzieher finden die Vor„schriften des Abs. 1 nur insoweit Anwendung, als die „Verrichtung, in deren Ausübung der Schaden verursacht „wird, dem Notar oder Gerichtsvollzieher durch das Gericht „übertragen worden ist".

Abg. Ditsch: Meine Herren! Zum Abs. 2 des Artikels 2a will ich folgendes bemerken. Die Kommission hat die Garantie vom Staat abwälzen wollen. Man will durch diese Bestimmung eine Ausnahme machen für solche Sachen, die dem Notar durch das Gericht übertragen sind; nur in diesen Fällen soll der Staat haften. Ich glaube, daß man noch eine weitere Unterscheidung machen müßte. Es gibt zwei Fälle, in denen Sachen dem Notar durch das Gericht übertragen sind, nämlich erstens der Fall, daß der Notar oder der Gerichtsvollzieher durch die Parteien vorgeschlagen wird, und zweitens der, daß er ex officio durch das Gericht ernannt wird. Ich glaube, um konsequent zu sein, sollte man die Haftung des Staates nur für den zweiten Fall gelten lassen, nicht aber für den ersteren, wenn also der Beamte durch die Parteien vorgeschlagen ist. Dies stelle ich der Erwägung anheim. Diejenigen, die diese Bestimmung angeregt haben, mögen, um konsequent zu sein, in der dritten Lesung einen dahin-

[1]) Jetzt Art. 3 I des Gesetzes.

gehenden Antrag einreichen, der die Unterscheidung macht, die ich angegeben habe.

Abg. Fürst: Die Entstehungsgeschichte dieses Art. 2a ist die folgende: Es wird Ihnen erinnerlich sein, daß gelegentlich der Diskussion des Etats der Justizverwaltung der Herr Abgeordnete Koechlin den Landesausschuß darauf aufmerksam gemacht hat, daß der § 40 des Ausf.-Ges. z. B. G. B., welcher den Grundsatz ausspricht, daß der Staat verantwortlich ist für die Handlungen, welche die Beamten in Ausübung ihres Amtes vornehmen, durch ein Urteil des Reichsgerichts auf die Handlung eines Gerichtsvollziehers angewandt worden ist. Unser hochverehrte Herr Kollege Koechlin hat damals vorgetragen, der § 40, als er von dem Landesausschuß angenommen worden sei, habe nach der Meinung der Mitglieder des Landesausschusses nur auf die Beamten Anwendung finden sollen, nicht aber auf die Notare und die Gerichtsvollzieher. Der Herr Abgeordnete Koechlin hat auf die Gefahren aufmerksam gemacht, welche für die Staatskasse erwachsen könnten, wenn der Staat für schädigende Handlungen in Anspruch genommen werde, die die Notare in Ausübung ihres Amtes vornehmen. Er führte aus, daß nach dem durch das Urteil des Reichsgerichts für die Gerichtsvollzieher geschaffenen Präzedenzfalle zu befürchten sei, daß das Reichsgericht auch annehmen könne, daß der Staat für die sämtlichen Handlungen, welche die Notare in Ausübung der ihnen übertragenen staatlichen Befugnisse vornehmen, verantwortlich sei.

Diese Frage ist nun in der Kommission, welche mit der Beratung des vorliegenden Entwurfs beauftragt war, zur Sprache gekommen. Es wurde in dieser Kommission von einer Seite darauf hingewiesen, daß dieser § 40 durch die Entscheidung des Reichsgerichts eine Tragweite erhalten habe, die von dem Landesausschuß nicht beabsichtigt gewesen sei.[1]) Infolge dieser Ausführung wurde ein Antrag gestellt, der dahin ging, daß in den gegenwärtigen Entwurf die Bestimmung aufgenommen werde, daß der § 40 auf Notare und Gerichtsvollzieher keine Anwendung finden solle. Von anderer Seite wurde darauf aufmerksam gemacht, daß der § 40 für das Publikum von großem Vorteil sei, indem das Publikum sicher sei, daß es durch Amts-

[1]) Wie in der Denkschrift (S. 143) ausgeführt, ist es irrig, die Beziehung des (bisherigen) § 40 auf die Gerichtsvollzieher (und Notare) erst in der erwähnten Entsch. des R.G. zu finden.

handlungen von Notaren und Amtshandlungen von Gerichtsvollziehern keinen Schaden erleiden könne; daß es infolgedessen im Interesse des Publikums zu empfehlen sei, diesen § 40 in seiner jetzigen Fassung beizubehalten, zumal der Staat die Möglichkeit habe, sich gegen Schaden dadurch zu schützen, daß er die für die Notare und Gerichtsvollzieher geltenden Bestimmungen in dem Sinne abänderte, daß die Regierung diese Beamten zwingen könnte, sich gegen den Schaden, welcher in Ausübung der Amtshandlungen entstehen kann, zu versichern. In dieser Beziehung ist in der Kommission von verschiedenen Mitgliedern darauf hingewiesen worden, daß es Versicherungsgesellschaften gebe, welche gegen solche Schäden versichern. Von einer dritten Seite ist darauf aufmerksam gemacht worden, daß seit der Einverleibung von Elsaß-Lothringen zu Deutschland die Stellung der Notare nicht mehr die nämliche sei wie früher, daß die Notare jetzt kraft Gesetzes und auch kraft Übertragung durch die Gerichte richterliche Funktionen auszuüben haben. Man sei der Meinung, daß nach § 40 der Staat verantwortlich sei für die Handlungen seiner richterlichen Beamten; es sei daher nicht zu billigen, wenn der Staat nicht verantwortlich wäre für Handlungen, welche der Notar kraft einer gesetzlichen oder richterlichen Delegation vornehme.

Die Majorität Ihrer Kommissin hat die Richtigkeit dieser letzten Ausführung anerkannt und schlägt Ihnen in Artikel 2a vor, die Verantwortlichkeit des Staates bestehen zu lassen für Amtshandlungen von Notaren und von Gerichtsvollziehern, welche vorgenommen werden infolge einer Uebertragung durch die Gerichte, im übrigen aber diese Verantwortlichkeit zu beseitigen. Dieser Vorschlag der Kommission des Landesausschusses geht von der Ueberlegung aus, daß man die Staatskasse gegen bedeutenden Schaden schützen müsse. Man hat unter anderem an den Fall gedacht, daß ein Testament, worin über eiu großes Vermögen verfügt wird, infolge eines Formfehlers oder durch ein sonstiges Versehen eines Notars nichtig sei; in diesem Falle müßte dann der Staat für den Schaden aufkommen. In dem Berichte befindet sich eine Denkschrift, welche anläßlich der Beratung der von mir besprochenen Frage von der Regierung ausgearbeitet worden ist. Sie haben diese Denkschrift sicher gelesen und gesehen, daß diese Frage in Deutschland durchaus verschieden behandelt wurde, daß aber der bei weitem größte Teil der deutschen Staaten die Haftung des Staates, wie sie in dem § 40 angegeben ist, nicht anerkennt. Als Berichterstatter der Kommission empfehle ich Ihnen die Annahme des Artikels 2a, wie er in dem von der Kommission angenommenen Entwurf enthalten ist.

b) Aus den Verhandlungen der 3. Lesung über den Entw. eines Enteignungsgesetzes.

(Verh. 1904 II. Bd. S. 1381).

Der Vors.: § 92, das ist der § 89 der Regierungsvorlage. Hierzu ist ein Abänderungsantrag Fürst und Genossen eingegangen. Der Antrag, der Ihnen gedruckt vorliegt, lautet:

„Der Landesausschuß wolle beschließen:

„In der Ueberschrift des sechsten [fünften] Abschnitts die „Worte: „Oeffentliche Arbeiten" sowie den § 92 (nach den „Beschlüssen in zweiter Beratung) behufs Einstellung des „letzteren in den Entwurf eines Gesetzes, betreffend die „Aenderung verschiedener Justizgesetze, zu streichen."

Abg. Fürst: Ich habe den Antrag gestellt, den § 92 zu streichen, weil ich die Absicht habe, bei der Beratung in dritter Lesung des Gesetzentwurfs, betreffend die Abänderung verschiedener Justizgesetze, zu beantragen, daß die Bestimmung des fraglichen Paragraphen in letztere Vorlage aufgenommen werde. Der § 92 füllt nämlich eine Lücke unserer Gesetzgebung aus, und es wäre nicht im Interesse der Eigentümer, wenn die Bestimmung dieses Paragraphen nicht zur Anwendung käme. Wie Sie von Seiten der Regierung gehört haben, hat der Gesetzentwurf, den wir jetzt beraten, keine Aussicht auf Annahme; dies ist der Hauptgrund meines Antrags.

Unter der Herrschaft des Code civil, welcher heute, wie Ihnen ja bekannt ist, vollständig abgeschafft ist, hatte im Falle, daß bei Ausführung einer öffentlichen Arbeit oder dem Betrieb eines dem allgemeinen Nutzen dienenden Unternehmens einem Eigentümer Sachschaden zugefügt worden war, der Eigentümer, um eine Entschädigung zu erlangen, lediglich den Nachweis zu führen, daß er durch den Unternehmer in seinem Eigentum geschädigt worden sei. Diese Rechtsgrundsätze haben sich hergeleitet aus dem Art. 1382 des Code civil und aus der diesen Paragraphen ergänzenden Rechtsprechung. Nun, meine Herren, ist die Rechtslage in dieser Beziehung durch das Bürgerliche Gesetzbuch geändert worden. Das Bürgerliche Gesetzbuch macht die Geltendmachung eines Schadensersatzanspruches davon abhängig, daß denjenigen, welcher Schadensersatz zu leisten hat, ein Verschulden trifft. Nun hat der Regierungsentwurf und Ihre Kommission gewollt, daß die Lage der Eigentümer, welche in ihrem Eigentum beeinträchtigt werden sollten, durch die neue Gesetzgebung nicht schlechter werde, als sie zur Zeit des Code civil war. Das ist der Zweck des Abs. 1 des § 92.

Was nun den zweiten Absatz anbelangt, so verhält es sich mit demselben wie folgt. Nach der französischen Jurisprudenz hat der Eigentümer eines Anwesens, welches sich an einer Straße befindet, für den Fall der Beseitigung dieser Straße oder der Veränderung derselben einen Ersatzanspruch, wenn ihm die Verbindung mit der Straße oder die bisherige Benutzung der Straße entzogen wird, wenn dadurch sein Verkehr gestört wird oder wenn ihm dadurch Luft und Licht weggenommen worden ist. Die Rechtsprechung hat den Grund dieses Schadensersatzanspruchs in der Weise konstruiert, daß sie annahm, daß der Angrenzer einer öffentlichen Straße durch einen stillschweigenden Vertrag eine Dienstbarkeit oder ein dienstbarkeitähnliches Recht an der Straße erworben hat, daß ein Verhältnis begründet sei, welches ihm das Recht gebe, auf die Straße zu gelangen, die Straße zu benützen, von der Straße Luft und Licht zu bekommen. Und aus dieser juristischen Konstruktiom hat man das Recht des Eigentümers des Hauses hergeleitet, in den obigen Fällen eine Entschädigung zu verlangen.

Nun, meine Herren, in einem Urteil des Reichsgerichts, dessen Inhalt mit dem Bürgerlichen Gesetzbuch in Einklang steht, ist angenommen, daß nach dem geltenden Recht, also nach dem Recht des Bürgerlichen Gesetzbuchs, ein derartiges Rechtsverhältnis in bezug auf die öffentliche Straße nicht erworben werden kann. Die Folge dieses Urteils des Reichsgerichts wäre, daß, wenn dem Eigentümer eines Hauses Licht und Luft oder der Verkehr mit der Straße entzogen wird, er einen Anspruch auf Entschädigung nicht mehr hat. Der Antrag, der im Schoße der Kommission gestellt worden ist, daß dieser Abs. 2 in diese Vorlage aufgenommen werde, bezweckte, daß diese Rechtsunsicherheit beseitigt werden und das bisherige Recht in Kraft bleiben möge.

Was nun den Abs. 3 anbetrifft, so ist darin die streitige Frage der Zuständigkeit der Gerichte entschieden, nämlich ob die fraglichen Entschädigungsansprüche vor den Zivilgerichten oder vor den Verwaltungsgerichten geltend gemacht werden sollen. Meine Herren! Da das Enteignungsgesetz nach Erklärung der Regierung wahrscheinlich nicht zur Annahme gelangen wird, so wäre es für die Eigentümer ein bedeutender Nachteil, wenn sie das Recht, das sie unter der Herrschaft des Code civil geltend zu machen berechtigt waren, in Zukunft nicht mehr geltend machen könnten.

Aus diesen Gründen, meine Herren, bitte ich Sie, meinem Antrag zustimmen zu wollen, den § 92 in der vorliegenden Vorlage zu streichen; ich werde dann, wenn wir zur Beratung der Regierungsvorlage, betreffend die Abänderung verschiedener Justizgesetze, kommen, den weiteren Antrag stellen, den § 92 einzuschalten, und werde mir dann die nähere Begründung desselben vorbehalten.

Der Vors. Da niemand mehr das Wort wünscht, schließe ich die Diskussion.

Wir werden abstimmen.

Der Abänderungsantrag ist angenommen. § 92 ist also unter Vorbehalt gestrichen.

c) Aus den Verhandlungen der 3. Lesung des Entw. der Justiznovelle.

Der Vors.: Art. 3. Hierzu ist ein Abänderungsantrag Fürst und Genossen eingegangen. Derselbe liegt Ihnen gedruckt vor. Er lautet:

Der Landesausschuß wolle beschließen:

„Der Art. 3 (nach den Beschlüssen in zweiter Beratung) erhält folgende Fassung:

„Das Gesetz, betreffend die Ausführung des Bürgerlichen „Gesetzbuchs (Gesetzbl. 1900 S. 4) wird dahin geändert: folgt der Wortlaut wie im Art. 3 des Gesetzes.

Abg. Fürst: Mein Antrag bezweckt nicht allein den § 92, beziehungsweise 89 des Regierungsentwurfes, betreffend die Enteignung, aus dem Schiffbruche dieses Gesetzes zu retten; er bezweckt auch, die Bestimmungen des fraglichen Paragraphen an die richtige Stelle zu setzen. Wie Sie aus § 41 des Ausf.-Ges.

z.B.G.B. entnommen haben, trägt er die Randschrift: „Schadensersatz für öffentliche Arbeiten". Es wäre nun logisch und besser, unter diese Randschrift alle Bestimmungen, welche anläßlich der Schadensersatzansprüche für Schaden infolge von öffentlichen Arbeiten getroffen werden sollen, zu stellen, als diese Bestimmungen in dem großen Gesetzentwurf, betreffend die Enteignung, stehen zu lassen.

Ich muß zunächst hervorheben, daß ich durch meinen Antrag dem § 89 keine weitergehende Bedeutung geben will, als diejenige, die in ihm nach der Begründung der Regierungsvorlage und durch die Begründung im Berichte der Kommission enthalten ist. Das Ausf.-Ges. z. B.G.B soll im übrigen dadurch in keiner Weise abgeändert werden. Es soll nur ergänzt werden, und zwar in dem Sinne, daß dasjenige, was unter der Herrschaft des Code civil bestand, fernerhin auch weiter bestehen wird, das heißt, daß die Sachschäden, und zwar sowohl an Immobilien wie an Mobilien, welche aus Anlaß von öffentlichen Arbeiten oder von Betrieben öffentlicher Unternehmungen einem Eigentümer zugefügt werden, entschädigt werden nach den Grundsätzen, die vor dem Jahre 1900 galten. Ich bitte Sie, meine Herren, um Annahme meines Antrages, welcher im Interesse der etwa geschädigten Eigentümer ist.

Abg. Dr. Back: Ich bin mit der Tendenz des Antrags vollständig einverstanden. Ich halte namentlich die Bestimmung, wie sie in Abs. 1 enthalten ist, der Billigkeit entsprechend, und, soweit ich unterrichtet bin, entspricht sie auch der gegenwärtigen Rechtsprechung. Ich werde also meinerseits keinen Anstand nehmen, für den Abs. 1 zu stimmen. Dagegen finde ich im Abs. 2, der von der Kommission hinzugefügt worden ist, doch mancherlei Unklarheiten. So in dem ersten Satze, wo es heißt:

> „Als Beeinträchtigung eines Rechtes im Sinne des Abs. 1
> „ist es auch anzusehen, wenn im Wohngebiet einer Stadt
> „oder einer sonstigen Ortschaft dem Eigentümer eines an
> „einer öffentlichen Straße gelegenen überbauten Grundstücks
> „durch die Beseitigung oder die Veränderung der Straße
> „die Möglichkeit, die Straße in der bisherigen Weise zum
> „Verkehr oder zur Befriedigung des Luft- und Licht-
> „bedürfnisses zu benutzen, entzogen oder wesentlich er-
> „schwert wird."

Das ist doch gegenüber der Darlegung in den Motiven

bezüglich der Rechtsprechung des Reichsgerichtes ein wesentlicher Unterschied. Auf S. 15 der Begründung des Kommissionsberichts zum Enteignungsgesetz und zwar zu § 89 wird darauf hingewiesen, daß nach der Rechtsprechung des Reichsgerichts es keinem Zweifel unterliege, daß die Beseitigung oder Veränderung von Straßen in Städten oder Dörfern, wenn sie für die Straßenanlieger die Entziehung des Lichtes oder der Luft oder die Unmöglichkeit der Kommunikation mit dem Straßennetze zur Folge hätte, den beeinträchtigten Anliegern einen Anspruch auf Entschädigung gebe. Hier ist angenommen, daß durch die Veränderung der Straße dem Eigentümer die Kommunikation mit dem Straßennetz überhaupt entzogen sein müsse, während nach der Fassung, wie sie die Kommission gebracht hat, eine Unklarheit in die Sache dadurch kommt, daß es heißt:

„Die Möglichkeit, die Straße zum Verkehr zu benutzen, „entzogen oder wesentlich erschwert wird."

Es ist doch dem richterlichen Ermessen außerordentlich viel Spielraum gelassen, wenn man eine Bestimmung bringt, die nicht nur sagt „wenn entzogen wird", sondern auch „wenn wesentlich erschwert wird".

Auch darüber möchte ich eine Erklärung haben, vielleicht von Seiten des Urhebers des Antrages, des Herrn Abgeordneten Fürst, was sich die Kommission unter Veranstaltungen, die der Natur und dem Zwecke der Straße entsprechen, denkt; ich weise da auf den letzten Satz hin.

Es heißt dort:

„Auf vorübergehende Beeinträchtigungen, welche durch „gewöhnliche Verbesserungen oder Unterhaltungsarbeiten „verursacht werden, findet die Vorschrift keine Anwendung";

dann aber heißt es:

„oder durch Veranstaltungen, die der Natur und dem „Zwecke der Straße entsprechen".

Ich möchte besonders fragen: Entspricht es nach der Auffassung der Kommission der Natur und dem Zwecke der Straße, wenn in die Straße Röhren für die Wasserleitung, Beleuchtung, Kanalisation usw. gelegt werden? Durch den Ausdruck „der Natur und dem Zweck der Straße entsprechend" scheinen mir diese Anlagen nicht unzweifelhaft in Betracht gezogen zu sein, und nach den bestehenden Verhältnissen gibt es doch kaum eine Möglichkeit, diese Anlagen anders herzustellen als in den Straßen.

Ich möchte zur Interpretation dieser Bestimmung daher um die authentische Erklärung bitten, ob bei dem Begriffe „der Natur und dem Zwecke der Straße entsprechend" auch an die Einlegung der Röhren für die Wasserzuführung, für die Beleuchtung und für die Kanalisation gedacht ist, oder nicht. Wie gesagt, ich finde in der ganzen Fassung eine solche Unklarheit, daß ich fürchte, daß sie der Rechtsprechung nicht eine bestimmte klare Direktive, sondern Anlaß zu sehr weit auseinander gehenden Ansichten bezüglich der Auslegung gibt.

Abg. Fürst: Ich bin dem hochgeehrten Herrn Kollegen Dr. Back sehr dankbar für seine Anregung, aber ich bin auch in der angenehmen Lage, ihn vollständig beruhigen zu können. Die Arbeiten, von denen er sprach, sind nur vorübergehende Beeinträchtigungen. Auf diese bezieht sich der zweite Satz des Absatzes 2, welcher lautet:

> „Auf vorübergehende Beeinträchtigungen, welche durch „gewöhnliche Verbesserungen oder Unterhaltungsarbeiten „oder durch Veranstaltungen, die der Natur und dem „Zwecke der Straße entsprechen, verursacht werden, findet „diese Vorschrift keine Anwendung."

Nun scheint es mir klar, wenn in einer Stadt Kanalisationsarbeiten unternommen werden, wenn man für das elektrische Licht oder die Gasleitung Arbeiten macht und zu dem Zweck Gräben in den Straßen aushebt, die die Kommunikation in den Straßen verhindern, daß dafür eine Entschädigung nicht verlangt werden kann. Der Satz 1 hat den Sinn, daß eine Entschädigung nur verlangt werden kann für Beeinträchtigungen, welche einen dauernden Charakter haben; für alle anderen Beeinträchtigungen greift der Absatz 2 nicht Platz, sondern der Absatz 1.

Nun teile ich allerdings die Ansicht des Herrn Kollegen nicht, wenn er sagt, daß man dem richterlichen Ermessen einen zu großen Spielraum nicht lassen solle. Unsere neuere Gesetzgebung geht vom entgegengesetzten Standpunkt aus nnd ist der Ansicht, daß dem Richter in seinem Ermessen keine Hindernisse entgegengesetzt werden sollen. Ich glaube, daß das eine richtige und gesunde Aüffassung ist, weil die vielen Rechtsfälle, die im Leben entstehen können, nicht so genau normiert werden können, daß dem Richter gewisse Grenzen auferlegt werden müssen. Man muß annehmen, daß die Gerichte aus Richtern zusammengesetzt sind, die den allgemeinen Menschenverstand haben und die noch etwas mehr haben, und daß sie bestrebt sind, in allen Lagen das Richtige zu treffen. Sollten sie das nicht getroffen haben, so würde das Berufungsgericht da sein, um ihre Ansicht zu rektifizieren.

Nun, meine Herren, um auf den neuen Absatz 2 zurückzukommen, so glaube ich, daß der Herr Kollege Dr. Back durch meine Erklärung vollständig zufrieden gestellt sein wird; übrigens wird für die Auslegung dieses Paragraphen die Rechtsprechung und die bisherige Gesetzgebung die richtige Quelle sein. Etwas anderes als das vormals bestehende System beizubehalten und die Lücke, die durch die Einführung des Bürgerlichen Gesetzbuches entstanden ist, auszufüllen, soll damit nicht bezweckt werden.

Unterstaatssekretär Dr. Petri: Ich glaube, auch vom Standpunkt der Regierung aus den Herrn Abgeordneten Dr. Back beruhigen zu können. Der § 92 Absatz 2 entspricht nicht nur seinem Sinne, sondern auch seiner Fassung nach der Rechtsprechung des Reichsgerichts und der Begründung verschiedener Urteile dieses Gerichts. Es unterliegt keinem Zweifel, daß Beeinträchtigungen, die durch die Einlegung von Gas- oder Wasserleitungsröhren entstehen, solche Beeinträchtigungen sind, die § 92 Absatz 2 Satz 2 meint, die also einen Schadensersatzanspruch nicht begründen; es ist dies sogar der Hauptfall, den dieser Satz im Auge hat. Vielleicht schwebt dem Herrn Abgeordneten Dr. Back der Fall vor, daß ein dauernder Schaden entsteht anläßlich der Einlegung eines Gas- oder Wasserleitungsrohrs; für einen solchen Schaden muß die Stadt aufkommen. Es ist zum Beispiel der Fall recht wohl denkbar, daß durch Einlegung eines solchen Rohres ein Haus ins Wanken kommt und dauernd geschädigt wird. Dann greift aber nicht der Absatz 2, sondern der Absatz 1 des § 92 Platz. Wenn dagegen der Schaden lediglich darin besteht, daß die Bewohner des Hauses im Ein- und Ausgehen durch Einlegung eines Gas- oder Wasserleitungsrohres vorübergehend beeinträchtigt werden, so kann keine Rede davon sein, daß ein Schadensersatz ihnen hierfür zuzusprechen ist; denn dieser Schadensersatz ist gerade durch den letzten Satz des Absatzes 2 ausgeschlossen. Uebrigens bemerke ich noch, daß in § 92 Absatz 1 ausdrücklich auf die Vorschriften des § 906 des Bürgerlichen Gesetzbuches hingewiesen wird, und dieser § 906 schließt auch gleichfalls jeden Schadensersatzanspruch aus, wenn es sich nur um unwesentliche Beeinträchtigungen oder um eine Beeinflussung des anderen Grundstücks handelt, die nach den örtlichen Verhältnissen bei Grundstücken dieser Lage gewöhnlich ist. Die Befürchtungen, die der Herr Abgeordnete Dr. Back hegt, werden somit wohl nicht zutreffen.

Der Vors.: Da niemand mehr das Wort wünscht, schließe ich die Diskussion.

Wir werden abstimmen. — —

Der Abänderungsvertrag ist angenommen.

Nachträge.

Zu S. 50, Schlußabsatz der Bem. 1. Von Interesse sind zwei neuerliche Entsch. des Reichsgerichts:

1. Ziv. VII v. 30. I. 1905, wo eine Gemeinde für Schaden aus mangelhafter Instandhaltung eines öffentlichen Weges auch dann haftbar erklärt ist (§ 823 Abs. 1 B. G. B.), wenn Grund und Boden des Weges nicht der Gemeinde gehört; es genügt, daß die Gemeinde auf Grund einer Wegservitut den öffentlichen Weg eingerichtet hat. Zeitschr. für Rechtspflege in Bayern I. (1905) S. 203.

2. Ziv. VI v. 16. III. 1905: Haftung einer Stadtgemeinde für Schaden, der infolge Fällens von Bäumen auf der nicht genügend gesicherten städtischen Straße eintrat (§ 823 Abs. 1, § 31 B. G. B.). Jur. Wochenschr. 1905 S. 284 Nr. 8.

3. Ziv. VI v. 6. IV. 1905: Keine besondere Schutzvorrichtung bei Anlagen, die ihrer Zweckbestimmung nach solche nicht gestatten (Kanalschleuse); aber es fragt sich, ob ein allgemeiner Zugang zu solcher (gefährlichen) Anlage eröffnet war und werden durfte. Jur. Wochenschr. 1905 S. 340.

Zu S. 63 f. Bem. 18. Die Ansicht, daß die in einem gemeinsch. Testament getroffenen Verfügungen des Ueberlebenden nach dessen Tode in dem besprochenen Falle nicht zu eröffnen seien, vertritt auch Dernburg, Bürgerl. Recht Bd. V S. 252 f. Er bezieht sich hierfür auf eine Entsch. des preuß. Kammergerichts v. 24. XII. 1900 im Jahrbuch Bd. 21 B S. 7. Diese Entsch. läßt sich aber in Wahrheit nur für die entgegengesetzte, hier S. 63 f. vertretene Ansicht verwerten. Das K. G. verneint die Erhebung der Verwahrungsgebühr für die Entgegennahme eines zur Eröffnung abgelieferten eigenhändigen Testaments. Die Gebühr könne nur berechnet werden für die besondere Verwahrung, in diese sei das (eröffnete), wegen Untrennbarkeit ganz verkündete Testament bisher noch nicht zurückgelangt. Es wird weiter ausgesprochen, „daß diese Gebühr für die vom Beschwerdeführer als Mittestator in der Eröffnungsverhandlung verlangte amtliche Verwahrung seiner eigenen letztwilligen Verfügung in Zukunft zu erfordern sein wird". Auf ein Verlangen des Ueberlebenden kommt es nach elf.-lothr. Rechte auch bei eigenhändigen Testamenten nicht an (Ausf.-Verf. § 27 a Abs. 4).

Sachregister.

Die Zahlen bezeichnen die Seiten. Das Register umfaßt die Materialien (S. 84 bis 160) nicht; auf die einschlägigen Stellen der Materialien ist in den Erläuterungen jeweils hingewiesen.

Abgrenzungsakte 19.
Abschrift von notariellen Urkunden 55, 76, v. Verf. v. Todeswegen, s. Erbvertrag, Testament.
Amtsrichter, Vertretung eines Mitglieds des Ob.L.G. durch den — 5, Abwesenheit oder Verhinderung bei Ablieferung einer Verf. v. Todesw. 77.
Amtsverweser, notarieller 1, 3 f. 75.
Arbeiten öffentliche (gemeinnütziges Unternehmen) Bedeutung 21 (c) ff., 23 (d), 24 ff., 29, Schadensersatzpflicht 23, 28 bis 47, Veranstalter 29.
Arrêtés de délimitation 19.

Beamte, Haftung des Staates usw. für — 9 ff.
Bediensteter im Gegensatz zum verfassungsm. Vertreter 14 f., 34, 50.
Beeinträchtigungen durch öffentl. Arbeiten 9, 28, 32, des Rechtes der Straßenanlieger 37 ff., 45.
Bekanntmachungen, gerichtliche 6 ff., notarielle 7.
Benachrichtigung der Beteil. von dem Inhalt einer Verf. v. Todeswegen 54, 62, 83.
Bezirke, s. Schadensersatzpflicht, Staat.
Billigkeitsrecht 25, 44.
Blätter für gerichtl. Bekanntmachungen 6 ff. 74.

Denkschrift bei Klagen gegen Staat 47.
Dinglich Berechtigte, Anspruch auf Entschädigung 30 f., 41.

Eigentümer, Anspruch auf Entschädigung 30 f., 41.
Eigentumsbuch, Einträge, Notariatsgebühr 69, Eintragung des Eigent. v. Abkömmlingen oder des Ehegatten des bish. Eigentümers 72, Eintr. v. Zwangshypotheken 73.
Enteignung s. Zwangsenteignung.
Entschädigung s. Schadensersatz.

Erbbauberechtigte 41.
Erbschein 64, 79.
Erbvertrag, Ablieferung 58 ff., 77, an ausl. oder ausw. Behörden 65 f.; auswärts oder im Ausl. eröffneter Nachlaß 66 f.; Abschrift 53, 63 f., 64, 76; — des alten Rechtes 61; Eröffnung 53, 57 ff., mangelhafter, aufgehobener 78; Not.-Gebühr bei Ablieferung 59, Verkehrssteuer 73, Verwahrung 53 f., 81, Wechsel der Verwahrungsstelle 53, 55; zweiseitiger — 53 f., 56, 63 f., s. auch Testament.

Fischereirechte 31.
Flußbauverbände 54, 67.
Freiwillige Gerichtsbarkeit, Ergänzung des Ausf.-Ges. 53.

Gemeinde, s. Schadensersatzpflicht, Staat.
Gemeinnützige Arbeiten 21 (c) ff. Duldungspflicht und Entschädigungsanspruch ebda.
Genossenschaften autorisierte 54, 67.
Gerichtsverfassungsgesetz, Ausf.-Ges. 5.
Gerichtskostengesetz für Elf.-Lothr., Änderung 71.
Gerichtsschreiber, Entgegennahme von Verf. v. Todeswegen 77.
Gerichtsvollzieher, Haftung des Staates für — 8, 17.
Gewalt, öffentliche 9 ff.
Gewalten, Trennung der — 10 ff.
Gewerbebetrieb ein Recht i. S. des § 40 a Ausf.-Ges. z. BGB., 31.

Grundbuch 72 f.
Grundstücke, überbaute 41.

Handelsregister, Eintragungen 71.
Hilfsarbeiter bei der Staatsanwaltschaft 5.
Hilfsrichter 5.
Hinterlegungsschein, Gebühr 69, Verkehrssteuer 70.

Immobiliarzwangsvollstreckung 4, 70.
Justizverwaltung, Organe 6.

Konzessionär einer öffentl. Arbeit, Haftung 35, Veranstalter 29.

Lebensschein 69.

Mietsrecht 31, 42.

Nachlaßsicherung 4, 69 f.
Nachlaßwesen, Gesetz 53, Erläuterungen 55 ff., Ausführungsverordnung 76 ff.
Notare, Delegierte des Gerichts 2, 4, Haftung des Staates für — 8, 16.
Notariat, Behörde 2, Erledigung der Stelle 1 ff., Wiederbesetzung 1 ff., Amtsverweser 1, 3, Archiv 1 ff.
Notariatsgebühren 68 ff., bei Ablieferung von Verf. von Todesw. 59, 68; bei Mitteilung der gesetzl. Erben an Nachlaßgericht 59; bei Eröffnung von Verf. von Todesw. 60, 69; bei Einträgen in das Eigentumsbuch 69; bei Uebermittelung einer Verf. von Todesw. in eine andere Verwahrungsstelle 56.

Notariatsurkunden, Verwahrung 1, 5, Abschrift vor Herausgabe 55, 76, s. auch Erbvertrag, Testament.

Oberlandesgericht, Vertretung durch ein Mitglied des Landesgerichts oder einen Amtsrichter 5.
Oeffentl. Arbeiten, s. Arbeiten öffentliche.
Oeffentl. Gut, Haftung für Mängel desselben 47.
Ortschaft, Bedeutung 39.

Pachtrechte 31.
Personenschäden, französ. Recht 23, geltendes Recht 28, 47 ff.

Rechte, deren Beeinträchtigung 8 f., 31.
Rechtsweg 9 ff., 11, 25, 27, 46.
Reichsmilitärfiskus, Haftung 14, 15.

Schaden, Aufrechnung der Vorteile 36, 46, eigenes Verschulden 36, 39, 53, höhere Gewalt 32 f., künftiger 34, Ursache 32 f., 34.
Schadensersatzpflicht des Staates, der Bezirke, Gemeinden für Handl. v. Beamten 8, 9 ff., für Notare und Gerichtsvollzieher 8, 16 ff., für Verletzung von Privatrechten 8, 19 ff., 28 ff., für Schaden infolge Mängeln des öfftl. Gutes 47 ff., Natur des Entschädigungsanspruchs 11, 25, 27 f., 46, 48, 51.
Schenkungen auf den Todesfall 61, 79.
Schießplätze, militärische, Haftung des Reichsmilitärfiskus 14.
Siegelungsprotokolle 70.
Sondergesetze über Enteignung 19, 20 ff.
Staat, Haftung für Beamte 10 ff., 34, für Notare und Gerichtsvollzieher 8, 16 f., für Verletzung von Privatrechten 8, 19 ff., 28 ff., für Mängel des öffentlichen Gutes 47 ff., s. auch öffentliche Arbeiten; Zuständigkeit bei Klagen gegen den — (Rechtsweg) 9 ff., 11, 25, 46, 51.
Stempelfreiheit v. Urkunden 70.
Straßen, öffentl. 40, Beseitigung, Veränderung 42, Haftung für Schäden aus schlechter Beschaffenheit 48.
Straßenanlieger, Dienstbarkeit an der öffentl. Straße 26, 37 f., Entschädigungsanspruch 9, 37 ff., Rechtsgrund ihres Anspruchs 37, Umfang ihres Rechtes 42 ff.
Straßenbahnen 46.
Straßennetz 42.

Testament, Ablieferung 58 ff., 77, an ausw. oder ausl. Behörden 65 f.; auswärts oder im Ausland eröffneter Nachlaß 66 f.; — des alten Rechtes 55, 57, 58, 60; Benachrichtigung der Beteiligten 62, 80, 83; eigenhändiges 56, 65, 81, 82; vor Gemeindevorsteher 55; Eröffnung 53 f., 57 ff., 60 ff., 78 ff.; gemeinschaftliches 55, 63 ff., 79, 80, 82, 161; gerichtliche Verwahrung 77; mangelhaftes, widerrufenes 78; Uebermittelung an einen anderen

Notar 56; Verwahrung 53 f.; nach Eröffnung 54, 81, 82; Wiederverschließung 54, 63 ff., 80, 81, 161.
Testamentseröffnung, Verfahren 60, 77 ff.
Travaux publics, s. Arbeiten öffentl.
Tribünen auf der Straße 45.

Ueberbaute Grundstücke 41.
Unternehmen, gemeinnütziges, s. Arbeiten öffentliche.
Unternehmer (entrepreneur), Haftung 35.
Unterschrift, Beglaubigung, Gebühr hierfür 69.
Untersuchungsrichter, Bestellung 5.
Urkunden, notarielle 54 f., 76, Herausgabe in Urschrift 55, 67; s. auch Erbvertrag, Testament.

Vertreter, verfassungsmäßiger 14, 34, 50.
Verfügungen von Todesw., s. Erbvertrag, Testament.
Verkehrssteuerfreiheit von Urkunden 70.
Verjährung der Schadensersatzklage bei öffentl. Arbeiten 9, 47.
Verwahrung, s. Erbvertrag, Testament.
Verwaltungsakt 10 ff., 46, 51 f.
Verwaltungszwangsverfahren 67.
Vorentscheidung 10 ff.
Vorteile, Aufrechnung 36, 46, bloß tatsächliche kein „Recht“ 44, 45.

Wasserentziehung von Nachbargrundstücken 32.
Wiederverschließung von Verf. von Todesw., s. Erbvertrag, Testament.
Wohngebiet 39.

Zivilprozeßordnung, Ausf.-Ges. 67.
Zuständigkeit, s. Rechtsweg.
Zwangsenteignung, im allgem. 19, Sondergesetze 19, 20.

Sollten für das Reichsland ähnliche gesetzgeberische Maßnahmen wie die beiden preußischen Bergnovellen besonders im Sinne der Einführung eines Betriebszwanges und einer Verschärfung der Bestimmungen über die Bergwerksentziehung erforderlich werden, so könnte die vorliegende Zusammenstellung der hinsichtlich des Bergwerkseigentums in Elsaß-Lothringen geltenden Gesetzesvorschriften vielleicht von Nutzen sein.

Inhalts-Verzeichnis.

I. Einleitung.
II. Zum ersten Titel. Die einleitenden Bestimmungen des Gesetzes.
III. Zum zweiten Titel. Von der Erwerbung des Bergwerkseigentums.
Allgemeine Grundsätze.
Zum ersten Abschnitt. Vom Schürfen.
Zum zweiten Abschnitt. Vom Muten.
Zum dritten Abschnitt. Vom Verleihen.
Zum vierten Abschnitt. Vom Vermessen.
IV. Zum dritten Titel. Von dem Bergwerkseigentume.
Zum ersten Abschnitt. Von dem Bergwerkseigentume im allgemeinen.
Zum zweiten Abschnitt. Von der Konsolidation, der Feldesteilung und dem Feldesaustausch.
Zum dritten Abschnitt. Von dem Betriebe und der Verwaltung.
V. Zum vierten Titel. Von den Rechtsverhältnissen der Mitbeteiligten eines Bergwerks.
VI. Zum fünften Titel. Von den Rechtsverhältnissen zwischen den Bergbautreibenden und den Grundbesitzern.
Zum ersten Abschnitt. Von der Grundabtretung.
Zum zweiten Abschnitt. Von dem Schadensersatze für Beschädigungen des Grundeigentums.
Zum dritten Abschnitt. Von den Verhältnissen des Bergbaus zu öffentlichen Verkehrsanstalten.
VII. Zum sechsten Titel. Von der Aufhebung des Bergwerkseigentums.
VIII. Zum achten Titel. Von den Bergbehörden.
IX. Schluß.
X. Literatur.

Systematische Sammlung

der in

Elsaß-Lothringen geltenden Gesetze.

Herausgegeben im Auftrag des Kaiserlichen Ministeriums.

Erster und zweiter Band

Privatrecht

bearbeitet von

Karl Baffrath und **Franz Großmann,**
Landgerichtsräthe in Straßburg.

I. Band: Lex. 8° XXII, 660 S. 1900. Geheftet *M.* 15.—,
in solidem Halbfranzband *M* 17.—.

II. Band: Lex. 8° XXXIV, 1200 S. 1901. Geheftet *M* 24.50,
in solidem Halbfranzband *M* 26.50.

In Vorbereitung:

Dritter Band

Öffentliches Recht, 1. Teil:

Allgemeine Bestimmungen über das Finanzwesen, die direkten Steuern und Verkehrssteuern, sowie verwandte Materien

bearbeitet von **Karl Jacob,** Ministerialrat.

Lex. 8° ca. 35 Bogen.

Die Einführung des Bürgerlichen Gesetzbuchs hat auch eine neue Bearbeitung der alten Möller'schen Gesetzsammlung nötig gemacht, da sie durch die neue Gesetzgebung und die damit verbundene Aufhebung einer großen Anzahl alter Gesetze nur noch in beschränktem Umfange gebrauchsfähig war. Auf Anweisung des Kaiserlichen Ministeriums erscheint die neue Ausgabe nicht mehr chronologisch, sondern systematisch nach den einzelnen Rechtsmaterien geordnet.

Systematische Sammlung der in Elsaß-Lothringen geltenden Gesetze (Fortsetzung).

Die Sammlung wird mit dem Privatrecht eröffnet, das in zwei Bänden vollständig vorliegt. Der erste Band enthält das Bürgerliche Gesetzbuch, das Gesetz über die Angelegenheiten der freiwilligen Gerichtsbarkeit, die Grundbuchordnung, das Handelsgesetzbuch, die Wechselordnung, das Gerichtsverfassungsgesetz, die Civilprozeßordnung, die Konkursordnung, das Gesetz über die Zwangsversteigerung und die Zwangsverwaltung, ferner die sämtlichen zu diesen Gesetzen gehörigen Ein- und Ausführungsgesetze, die Gerichtskostengesetze und die Gebührenordnungen: alles mit auf Elsaß-Lothringen bezüglichen kurzen Erläuterungen versehen; der zweite Band enthält in der gleichen Bearbeitung die sämtlichen übrigen Gesetze und Verordnungen privatrechtlichen Charakters bis auf die neueste Zeit. — Ein ausführliches Register am Schlusse des zweiten Bandes gewährt einen vollständigen und sicheren Überblick über den heutigen Rechtszustand.

Alte Möller'sche Gesetzsammlung.

Sammlung der in Elsaß-Lothringen geltenden Gesetze. Auf Anregung des Wirkl. Geheimen Raths Dr. von Möller bearbeitet und herausgegeben in Verbindung mit anderen reichsländischen Juristen von F. Althoff, ordentlichem Professor, R. Förtsch, Landgerichtsdirektor, A. Harseim, Justizrath und Gouvernementsauditeur, A. Keller, Oberlandesgerichtsrath und A. Leoni, Landgerichtsrath. 6 Bde. und Register. XXX, 761; VI, 1007; 1183; XXXII, 815; XXXVIII, 981; XXXV, 1073; 181 S. 1880—1896. Herabgesetzter Preis: brosch. *M* 76.—, geb. in eleg. Halbfrzbd. *M* 88.50.

Daraus einzeln: V. Band, die Gesetze von 1886—1890 mit Register enthaltend. Bearbeitet von R. Förtsch, Reichsgerichtsrath.

VI. Band, die Gesetze von 1891—1895 mit Gesamtregister für alle Bände enthaltend. Bearbeitet von C. Jacob, Ministerialrath.

Preis: geheftet *M* 20.—, geb. *M* 22.—.

Von diesem Werk sind nur noch wenige vollständige Exemplare vorhanden; nur die Bände V und VI werden noch einzeln abgegeben.

Praktische Handausgabe des Bürgerlichen Gesetzbuches für Elsaß-Lothringen.

Das Bürgerliche Gesetzbuch

mit den

dazu gehörigen Nebengesetzen

für

Elsaß-Lothringen.

Bürgerliches Gesetzbuch
Gesetz über die Angelegenheiten der freiwilligen Gerichtsbarkeit
Grundbuchordnung
Gesetz über die Zwangsversteigerung und Zwangsverwaltung nebst den Einführungsgesetzen und den für Elsaß-Lothringen erlassenen Ausführungsgesetzen.

Bearbeitet von

Karl Paffrath und **Franz Großmann,**
Landgerichtsräthe in Straßburg.

XVI, 848 S. 1901. Geheftet ℳ 3.—, in elegantem Halbfranzband ℳ 4.—

Vorwort: Die vorliegende Ausgabe ist ein Abdruck aus der Systematischen Sammlung der in Elsaß-Lothringen geltenden Gesetze. Das Bedürfniß einer Handausgabe des Bürgerlichen Gesetzbuchs bedarf keiner weiteren Begründung. Daß dieses Bedürfnis zur Zeit schon mehr oder weniger Befriedigung erfahren hat, dürfte der vorliegenden Ausgabe ihre Berechtigung nicht nehmen. Sie enthält neben dem Bürgerlichen Gesetzbuch auch noch die wichtigeren Nebengesetze und die für Elsaß-Lothringen erlassenen Ausführungsgesetze und beschränkt sich nicht auf die bloße Wiedergabe des Gesetzestextes, sondern verweist in den Bemerkungen auf verwandte und ergänzende Bestimmungen und erleichtert dadurch den praktischen Gebrauch der Gesetze.

Ausführungsgesetze.

Das Gesetz, betreffend die Ausführung des Bürgerlichen Gesetzbuchs in Elsaß-Lothringen vom 17. April 1899 in der Fassung der Bekanntmachung des Kaiserlichen Statthalters vom 22. Dezember 1899. Erläutert von Hugo Molitor, Kaiserl. Landgerichtsrath in Straßburg. 8°. XXIV, 595 S. 1900.

Geheftet *M* 10.50, in Leinwand gebunden *M* 11.—.

„Die Bedeutung des nunmehr zum Abschluß gelangten Werkes dürfte den reichsländischen Juristen aus der Praxis genügend bekannt sein. Die den Kommentatoren gegebenen Grenzen weit überschreitend, hat Verfasser neben den eigentlichen Erläuterungen zu den Paragraphen eine systematische Entwicklung des ganzen berührten Rechtsgebiets gegeben, wie sie gründlicher kaum geboten werden kann . . .“

Jur. Zeitschr. f. d. Reichsl. Elf.-Lothr. XXV, 9/10.

„. . . Jetzt erst läßt sich ein Ueberblick über die Arbeit gewinnen, die Kommentar und Lehrbuch zugleich ist. Bei den Vorschriften zum Sachenrecht wird eine systematische Entwicklung des gesammten Grundeigenthumsrechts unter besonderer Behandlung des Zwischenrechts, bei denjenigen zum Familienrecht eine solche des ehelichen Güterrechts eingefügt, Abhandlungen, die durch ihre Gründlichkeit, Vollständigkeit und Uebersichtlichkeit für das Studium das beste Hülfsmittel sind . . .“

Zeitschr. f. Deutsches bürgerl. Recht u. franz. Civilrecht XXXI, 3.

„Der treffliche Kommentar zum elsaß-lothringischen Ausführungsgesetz von Molitor ist jetzt vollendet.“

A. v. Thur, Deutsche Juristenzeitung V, 17/18.

„. . . Der Bearbeitung des vorliegenden Kommentars, dessen Verfasser an der Vorbereitung des G. in hervorragender Weise betheiligt war, haben die gesammten Materialien des Ministeriums zu Grunde gelegen. Sie bilden naturgemäß das beste Auslegungsmittel und sind deshalb in ausführlicher Weise verwendet. Außer diesen enthalten die Bemerkungen die Darstellung des derzeitigen Rechtszustandes sowie die Berührungspunkte mit der Reichsgesetzgebung insbesondere dem Bürgerlichen Gesetzbuch und seinen Nebengesetzen . . .“ Centralblatt für Rechtswissenschaft, Bd. 18, Heft 10.

Das elsaß-lothringische Gesetz, betreffend die Ausführung des Reichsgesetzes über die Angelegenheiten der freiwilligen Gerichtsbarkeit vom 6. November 1899 nebst den zugehörigen Ausführungsverfügungen. Auf amtliche Veranlassung erläutert von Hugo Molitor, Oberlandesgerichtsrath. 8°. X, 242 S. 1901.

Geheftet *M* 4.50, in Leinwand gebunden *M* 5.—.

Ausführungsgesetze (Fortsetzung).

Im Mai 1905 erscheint:

Das Gesetz für Elsaß-Lothringen betreffend die Änderung verschiedener Justizgesetze vom 13. Febr. 1905 (Justiznovelle) nebst Ausführungsverordnung und Materialien auf amtliche Veranlassung mit Erläuterungen herausgegeben von Hugo Molitor, Geh. Regierungsrat im Ministerium für Elsaß-Lothringen. 8°. ca. 10 Bogen. 1905.

Kartonniert ca. *M* 3.50.

Inhalt: I. Gesetz betr. die Änderung verschiedener Justizgesetze (Justiznovelle): Art. 1 (Notariats-Gesetz v. 23. XII. 1873 §§ 9, 10). — Art. 2 (Ausf.-Ges. zum Gerichtsverfassungsgesetz v. 4. XI. 1878). — Art. 3 (Ausf.-Ges. zum B.G.B. § 40, § 40a, Exkurs). — Art. 4 (Ausf.-Ges. zum Reichsges. über die Angel. der freiw. Gerichtsbarkeit, § 28, § 28a, § 56). — Art. 5 (Ausf.-Ges. zur Z.P.O. und K.O. § 7). — Art. 6 (Gerichtskostengesetz für Els.-Lothr.). — Art. 7 (Gebührenordnung für die Notare). — Art. 8 (Schlußbestimmung).

II. Ausführungsverordnung. Verfügung des Ministeriums, betr. das Notariat und das Verfahren in Angel. der freiw. Gerichtsbarkeit, v. 28. II. 1905.

III. Materialien.

Die Elsaß-Lothringischen Ausführungsgesetze und Verordnungen zu den Reichs-Justizgesetzen nebst einigen weiteren Gesetzen über Gewerbegerichte, Forststrafrecht, Erbbescheinigungen, Feld- und Fährpolizei-Übertretungen, Vormundschaften und Zwangsenteignung. Textausgabe mit französischer Übersetzung und Anmerkungen. Zweite verbesserte und vermehrte Auflage. — Les lois et ordonnances d'exécution des lois de justice de l'Empire d'Allemagne et les lois concernant les Prud'hommes, de Droit pénal forestier, les Certificats de Qualité d'héritier, les Contraventions en matière de police rurale et des bacs et bâteaux, les Tutelles et l'Expropriation pour cause d'utilité publique. Texte allemand et français avec annotations. 2e édit. revue et augmentée. 8°. 445 S. 1887.

Geheftet *M* 5.—, gebunden *M* 6.30.

Siehe auch Bürgerliches Gesetzbuch S. 3.

Baurecht.

Das Elsaß-Lothringische Baurecht, enthaltend eine systematische Darstellung der auf Bauten bezügl. Vorschriften des öffentlichen und Privatrechts, sowie eine Zusammenstellung

Baurecht (Fortsetzung).

der zugehörigen Gesetze und Verordnungen in deutscher Übersetzung. Herausgegeben von R. Förtsch, Kammerpräsident in Metz, und M. Caspar, Abteilungsbaumeister in Straßburg. 8°. XII, 394 S. 1879. Vergriffen.

Neue Bearbeitung in Vorbereitung.

Bürgerliches Gesetzbuch.

Siehe S. 3 und Ausführungsgesetze S. 4.

Erbbescheinigungen.

Gesetz, betreffend die Ausstellung gerichtlicher Erbbescheinigungen und die Zuständigkeit der Amtsgerichte vom 10. Mai 1886. — Loi sur la délivrance de certificats judiciaires constatant la qualité d'héritier et la compétence des tribunaux cantonaux du 10 mai 1886. Texte allemand et français. 8°. 11 S. 1886. Kart. ℳ —.50.

Erbschaftssteuergesetz.

Das Erbschaftssteuergesetz für Elsaß-Lothringen. In amtlichem Auftrage erläutert und herausgegeben von Karl Jacob, Ministerialrath. Zweite, gänzlich umgearbeitete Auflage unter Zugrundlegung der Fassung vom 17. Juni 1900. 8°. VIII, 236 S. 1900. Geheftet ℳ 4.50, gebunden in Ganz-Leinwand ℳ 5.—.

Feld- und Fährpolizei.

Gesetz, betr. die Bestrafung von Zuwiderhandlungen gegen die Vorschriften der Feld- und Fährpolizei, vom 30. März 1887.

Siehe Ausführungsgesetze zu den Reichsjustizgesetzen.

Feldpolizeistrafgesetz vom 9. Juli 1888. Mit Anmerkungen nach amtlichen Quellen bearbeitet. 8°. 45 S. Vergriffen.

Fischereigesetz.

Das Gesetz für Elsaß-Lothringen, betr. die Fischerei, vom 2. Juli 1891. Im Auftrag des Ministeriums, Abtheilung für Finanzen, Landwirthschaft und Domänen, erläutert und herausgegeben von Freiherrn von Bibra, Ministerialrath, und Lichtenberg, Regierungsassessor. 8°. VI, 111 S. 1893. Amtliche Ausgabe. Geheftet ℳ 3.—, in Ganz-Leinwand gebunden ℳ 3.50.

Forststrafrecht. S.: Ausführungsgesetze zu den Reichsjustizgesetzen.

Freiwillige Gerichtsbarkeit.

Siehe: Ausführungsgesetze S. 4 und Bürgerliches Gesetzbuch Seite 3.

Fuhrwesen.

Die in Elsaß-Lothringen geltenden Gesetze über das Fuhrwesen. Übersetzt und herausgeg. im Auftrage des kaiserl. Oberpräsidiums. 8°. 52 S. 1877. Kart. ℳ —.60.

Gemeindegesetzgebung.

Die Gemeindeordnung für Elsaß-Lothringen vom 6. Juni 1895 nebst den zu derselben ergangenen Ausführungsbestimmungen. Bearbeitet von A. Halley, Kais. Geh. Oberregierungsrath, Kommissar des Kaiserlichen Statthalters von Elsaß-Lothringen beim Bundesrath. 8°. VIII, 379 S. 1896. Vergriffen.

Neue Bearbeitung von Dr. Bruck erscheint im Herbst 1905.

Gewerbegerichte. S.: Ausführungsgesetze zu den Reichsjustizgesetzen.

Grundbuchordnung. Siehe: Bürgerliches Gesetzbuch S. 3.

Grundeigentum und Hypothekenwesen.

Die elsaß-lothringischen Gesetze betreffend Grundeigenthum und Hypothekenwesen sowie die Einrichtung von Grundbüchern nebst den Kostengesetzen und Ausführungsverordnungen. Mit Erläuterungen herausgegeben von A. Leoni, k. Ministerialrath. 8°. VIII, 248 S. 1892. In Glanz-Leinwand gebunden ℳ 4.—.

Jagdgesetze.

Das Elsaß-Lothringische Jagdgesetz. Textausgabe mit französischer Uebersetzung und Anmerkungen von einem Mitgliede des Landesausschusses. — Loi sur l'exercice du droit de chasse en Alsace-Lorraine. Texte allemand et français avec annotations par un membre de la Délégation. 8°. 31 S. 1881. Kart. ℳ —.80.

Das Elsaß-Lothringische Jagdpolizeigesetz nebst der darauf bezüglichen Verordnung. Textausgabe mit französischer Uebersetzung und Anmerkungen von einem Mitgliede des Landesausschusses 2. Auflage. — Loi et ordonnance ministérielle sur la police de la chasse. Texte allemand et français avec annotations par un membre de la Délégation. 2e édit. 8°. 41 S. 1883. Kart. ℳ —.80.

Katastergesetz.

Das Elsaß-Lothringische Katastergesetz vom 31. März 1884 und das Gesetz vom 6. April 1892 betreffend Abänderung des Katastergesetzes sowie Ausgleichung der Grundsteuer. Text mit französischer Uebersetzung und Anmerkungen von Dr. Wilhelm Gunzert, Mitglied des Landesausschusses. — Loi sur le renouvellement du cadastre

Katastergesetz (Fortsetzung).
en Alsace-Lorraine du 31 mars 1884 et sur la Péréquation des impôts fonciers du 6 avril 1892. Texte allemand et français avec annotations par Guill. Gunzert, député à la Délégation. 8°. 102 S. 1892. Kart. M 1.—.

Kirchenrecht.
Das Staatskirchenrecht in Elsaß-Lothringen. Zusammenstellung der betreffenden Gesetze, Verordnungen, Staatsrathsgutachten und Ministerialverfügungen. Im Auftrage des Oberpräsidenten übersetzt und herausgegeben von E. Dursy, Kaiserl. Ministerialrath.
I. Katholischer Cultus. 8°. 1876. Vergriffen.
II. Protestantischer Cultus. 8°. XXII, 624 S. 1879. M 8.—.

Strafgesetze.
Schöffenbüchlein für Elsaß-Lothringen. Ein Hilfsbuch für Schöffen, Amtsrichter, Amtsanwälte, Rechtsanwälte, Bürgermeister und Polizeikommissare, von R. Förtsch, Landgerichtsdirektor in Metz. — Manuel des échevins, d'Alsace-Lorraine. Guide pour Messieurs les échevins, juges et procureurs cantonaux, avocats, maires et commissaires de police. Traduction française par G. Gunzert, président de Chambre à Strasbourg. 8°. 432 S. 1881. Kart. M 2.40

Verwaltungsrecht.
Theorie des französischen Verwaltungsrechts. Von O. Mayer, Professor des französischen Rechts an der Universität Strassburg. Gr. 8°. X, 533 S. 1886. M 10.—.

Vormundschaften.
Siehe: Ausführungsgesetze zu den Reichsjustizgesetzen.

Wassergesetz.
Das Gesetz für Elsaß-Lothringen, betr. Wasserbenutzung und Wasserschutz, vom 2. Juli 1891. Im Auftrag des Ministeriums, Abtheilung für Finanzen, Landwirthschaft und Domänen, erläutert und herausgegeben von den Ministerialräten Jacob und Fecht. Mit Anhang, enthaltend die sonstigen wassergesetzlichen Vorschriften, die Ausführungsbestimmungen und eine Uebersicht über die Eintheilung der Wasser- und der Meliorationsbauverwaltung. 8°. IV, 180 S. 1892. Amtliche Ausgabe. Brosch. M 3.—, in Ganz-Leinwand gebunden M 3.50.

Zwangsenteignung und Zwangsvollstreckung.
Siehe: Ausführungsgesetze zu den Reichsjustizgesetzen.

Zwangsversteigerung und Zwangsverwaltung.
Siehe: Bürgerliches Gesetzbuch S. 3.

FSC
www.fsc.org
MIX
Papier | Fördert gute Waldnutzung
FSC® C083411

Kolibri 360 GmbH
Ferdinand-Jühlke-Straße 7
99095 Erfurt, Deutschland
produktsicherheit@kolibri360.de